编写委员会

主　　任：张炳贤

副主任：唐　宏　陈　勇　李从道

成　　员：龚培华　崔　华　王振琦　刘殿伯

主　　编：陈　勇

统　　稿：刘殿伯

中国老年大学发展研究

陈勇 主编

南京师范大学出版社

图书在版编目(CIP)数据

中国老年大学发展研究 / 陈勇主编. —南京：南京师范大学出版社，2016.9
　ISBN 978-7-5651-2916-2

　Ⅰ. ①中… Ⅱ. ①陈… Ⅲ. ①老年大学－研究－中国 Ⅳ. ①G777

中国版本图书馆 CIP 数据核字(2016)第 236349 号

书　　名	中国老年大学发展研究
主　　编	陈勇
责任编辑	刘　俣　左　宓　于丽丽
出版发行	南京师范大学出版社
地　　址	江苏省南京市宁海路 122 号(邮编：210097)
电　　话	(025)83598919(总编办)　83598412(营销部)　83598297(邮购部)
网　　址	http://www.njnup.com
电子信箱	nspzbb@163.com
照　　排	南京理工大学资产经营有限公司
印　　刷	盐城市华光印刷厂
开　　本	710 毫米×1000 毫米　1/16
印　　张	16.25
字　　数	204 千
版　　次	2016 年 9 月第 1 版　2016 年 9 月第 1 次印刷
书　　号	ISBN 978-7-5651-2916-2
定　　价	41.60 元
出 版 人	彭志斌

南京师大版图书若有印装问题请与销售商调换
版权所有　侵犯必究

序
Prologue

中国历史正在翻开改革开放的崭新一页，迎来社会经济发展大潮，与国际市场经济成功接轨。经济的发展和科技的进步，让我国的人均寿命越来越长，人们惊奇地发现，人口老龄化浪潮已悄然而至，同样与国际社会融为一体，汇入人口老龄化不可逆转的全球性趋势。如何应对来势汹汹的人口老龄化浪潮，这一全新的课题摆到了人们面前。特别是20世纪80年代初，我国实行干部制度改革，一大批离退休干部从工作岗位上退了下来，如何安排他们离退休后的晚年生活成为当务之急。中国的各级党政领导和一些离退休的老领导发挥聪明才智，针对中国实际，借鉴国际做法，经过探索与实践，找到了老年大学这把解决问题的钥匙，以创办起的一批又一批老年大学为主阵地，对老年群体进行规模化、规范化的终身教育，并逐步将老年教育引入国家发展战略层面，通过老年教育给经济社会发展注入正能量。

1983年初，山东省率先办起第一所老年大学，之后，老年大学的创办在全国形成燎原之势，至今已办有各级各类老年大学6.11万所，在校学员810多万人。尽管这项事业已初现气势和规模,但仍然不能满足日新月异的经济社会发展需求和越来越多老年人的求学愿望。《中华人民共和国老年人权益保障法》明确规定:"老年人享有接受教育的权利,国家发展老年教育,把老年教育纳入终身教育体制,鼓励社会办好各类老年学校。"《中华人民共和国教育法》明确要求:"国家鼓励发展多种形式的成人教育,使公民接受适当形式的政治、经济、文化、科学、技术、业务教育和终身教育。"《国家中长期教育改革和发展规划纲要(2010—2020年)》强调要"重视老年教育"。这些都为我国老年教育事业的发展和各级各类老年大学的兴办提供了前所未有的机遇,也对各级党委政府和广大老年教育工作者提出了全新的要求。在新的历史起点上推进老年教育科学发展,创办现代化的老年大学,需要高水平的理论成果做支撑,而且办学实践也急需理论指导。因此,我们迫切需要对老年大学的体制模式、学科发展、内在规律等进行总结,明晰老年大学未来的发展思路。江苏省盐城市老年大学作为一所创办较早的地级市老年大学,在学校创办三十周年之际,市人大常委会原常务副主任、市老年大学校长张炳贤,市委老干部局局长唐宏和市老年大学副校长李从道高瞻远瞩,敏锐地意识到,回顾总结三十多年来中国老年大学的发展历史非常重要,很有价值,很有意义,不仅可以为今后老年大学的发展提供信息参考、实践指导和理性支撑,而且可以为后人留下一笔宝贵的精神财富。中国老年大学协会副秘书长、江苏省老年大学协会副会长、中共盐城市委老干部局副局长、盐城市老年大学常务副校长陈勇,从事老年教育工作三十余年,既是中国老年大学发展的参与者,又是中国老年大学发展的见证人,也是盐城市老年大学的创办者,由他领衔主编的这本《中国老年大学发展研究》,以真实、客观的态度,写实、归纳的手法,还原中国老年大学发展的历程,总结三十多年来中国老年大学的发展规律,探索未来中国老年大学发展的方向,较好地满足了大家的期盼,不失为一种事业之追求,治学之态度,奉献之精神。

《中国老年大学发展研究》的编写者立足国内、放眼国际,立足当下、放眼未来,在搜集大量资料的基础上,遵循矛盾的普遍性存在于特殊性之中的哲理,围绕中国老年大学发展的主题,对全国各级各类老年大学办学成功的典型进行分析研讨,将先进做法上升至理性层面,把握中国特色老年大学发展的一般规律,形成新颖的前瞻性理论,力图对中国老年大学未来发展做出理论指导。本书对中国老年大学的发展成因和三十多年的发展历程进行细致的回顾与分析,指出它是中国经济发展、社会进步的必然产物,并经历起步、探索、普及和科学发展四个阶段;系统地介绍现阶段中国老年大学发展状况,用平实的文字辅以让人信服的数据,推介出组织网络结构,给人们架起时空概念;通过多种办学形式的对比分析,提出中国特色老年大学办学的合理模式;将从全国各地各级各类老年大学搜集的管理经验,进行系统的比对分析,去粗取精,梳理成中国老年大学教学管理的特征、流程和规则;对三十多年中国老年大学的办学成果及其社会影响做出了客观公正的评估,用事实说明各级各类老年大学通过坚持社会主义办学方向,坚持以人为本的办学理念,明确办学目标和办学宗旨,在全面提高老年人的综合素质上下功夫,培养出一批又一批紧跟时代步伐、自强自主的新时代老年人,用实例证明广大老年人通过老年大学的学习,在构建和谐社会、维护社会稳定、弘扬先进文化等方面,发挥出了正能量,产生了应有的社会影响,充分体现了中国共产党的正确领导和社会主义制度的优越性,得到国际社会的广泛称赞。在总结中国特色老年大学的发展规律时,还对中国老年大学逐步形成的"坚持政治建校方向、恪守以人为本宗旨、追求人民满意目标、弘扬改革创新精神、践行求真务实作风和彰显与时俱进品格"等一系列办学理念与实践经验进行了理性升华。最后,还客观分析了中国老年大学发展三十多年间所存在的不足和积累的问题,以及当前面临的机遇与挑战,明确提出了必须顺应历史潮流,与时俱进,加强立法,制定规划,采取措施,不断创新老年大学办学机制,努力办成人民满意的老年教育。

中国的老年大学是"夕阳工程,朝阳事业",前景十分光明。其发展虽经历了三十多年,但在历史的长河中仅是一瞬间,未来发展之路漫漫悠长,任重道远。如果说老年大学的发展对实现中华民族伟大复兴之梦作出了贡献,那么《中国老年大学发展研究》一书则为中国老年大学的发展注入了一股活力。而对中国老年大学发展的研究,将伴随着中国老年大学发展的进程不会停步,永远在路上。《中国老年大学发展研究》起到了抛砖引玉的作用。其编写者参考吸纳了大量相关资料和有关专家的研究成果,因而本书可谓是广大老年教育工作者集体智慧的结晶。希冀大家将这一课题的研究延续下去,不断推出崭新成果,用以指导中国老年大学发展实践,推动中国老年教育事业不断迈向新的目标,助力中国经济社会的飞跃和发展。

中国老年大学协会常务副会长 袁新立
2016 年 8 月

前 言
Foreword

当今时代是教育的时代,以青少年为主要对象的阶段性教育体系,正转向以全民为对象的终身教育体系,从学前教育、学历教育、成人教育一直延伸到老年教育的纵向教育序列和从普通教育、职业教育、社区教育一直扩展到闲暇教育的横向教育序列,正在世界许多国家和我们国内形成。老年教育是我国教育史上的新生事物,是成人教育的最终阶段,是终身教育体系的重要组成部分。中国老年大学的发展走过了三十三年的路程,虽历史尚短,但发展的速度和取得的成果令世人瞩目,其曲曲折折的过程让我们积累起诸多的经验和教训,形成一座可以让人从中吸取精华、探索规律、指导未来实践的宝库。《中国老年大学发展研究》一书正是从中国老年大学发展的广泛实践中,经过深入研究后得出的真知灼见之文汇。

《中国老年大学发展研究》一书的内容来源于广泛的办学实践。盐城市老年大学作为地市级老年大学,从1986年经市委批准创办至今,在各级党政领导的关心重视下,在相关部门的大力支持下,学校从无到有,从小到大,与全国各地老年大学同步发展,共同前进,参与和见证了中国老年大学发展的每个阶段和过程,解决了大家共同面临的困难和问题,取得了良好的办学成果和社会效益。我们作为老年大学的创办者和工作者,有三十多年的艰苦创业经历和诸多的经验教训,怀着对这项工作的深厚感情,以及对这项事业的时代责任,深刻认识到需要认真总结过去,探索发展规律,理性思考未来,形成一种共识,以对历史负责,为后人留下一笔宝贵的精神财富。《中国老年大学发展研究》一书的编写者都是长期从事盐城市老年大学工作的实践者,他们多年来积极争取各级领导和有关部门的支持,团结协调学校各方面力量,求真务实,爱岗敬业,勤于实践,无私奉献,努力把盐城市老年大学办成一流学校;他们又是老年教育理论的研究者和创新者,怀着时代的使命感和光荣的责任感,热衷于老年教育事业发展和老年大学工作理论与实践相结合的探求,立足中国实际,吸收国外经验,展望未来发展,精于思考,善于总结,求索创新,形成了一系列独特的见解。这本书既是庆祝盐城市老年大学创建三十周年的献礼,也是盐城市老年大学奉献给中国老年教育事业的一部力作。

《中国老年大学发展研究》一书的编写者研读了大量中央、地方及行业内外许多领导的重要讲话以及老年教育事业发展和老年大学工作的相关法律法规、文章资料,汲取了许多领导、专家、学者的思想精髓和科研成果,对一些文献专著的观点和数据,进行了反复的比对考证,对全国部分省、市、县老年大学以及基层老年学校发展的先进经验和成功做法,进行了认真细致的研究分析,结合盐城市老年大学的办学实践和作者的综合思考,逐步形成了本书的重点内容。本书也可谓是全国许多老年教育理论研究者和老年大学工作者与创业者心血的汇聚、智慧的结晶。

《中国老年大学发展研究》一书的许多理念还来源于国际终身教育思想以及国外第三年龄大学及港澳台地区老年大学的实践成

果。不同的社会制度面临着相同的人口老龄化浪潮所带来的社会问题,虽然解决方法不尽相同,对老年教育的政策措施也各有千秋,但把创办老年大学作为应对措施的认识是基本一致的。本书编写者触类旁通,博采众长,用不同国度第三年龄大学先进的办学理念和成功实践对本书的重要观点加以佐证,对重要内容作结构性补充。

中国老年大学在人类历史发展的长河中才刚刚起步,未来的发展方兴未艾。《中国老年大学发展研究》一书也只是在研究中国特色老年大学发展方面作了一些积极的探索。众人拾柴火焰高,敬请各位领导、专家、学者和广大老年教育工作者对本书提出宝贵意见。在中国老年大学发展三十三周年之际,热切期盼通过《中国老年大学发展研究》一书的出版发行,能够引起全国各地老年教育工作者对老年大学实践探索与理论研究的进一步关注,不断推进我国老年教育事业科学、健康、快速、可持续发展。

江苏省盐城市老年大学校长　张炳贤
2016 年 8 月

目录
Contents

序 ……………………………………………………………… (001)

前　言 ………………………………………………………… (001)

第一章　中国老年大学的创建成因和发展历程 ……… (001)

　　第一节　中国老年大学的创建是时代进步的产物 …… (002)

　　第二节　中国老年大学的兴起是社会发展的必然 …… (010)

　　第三节　中国老年大学的发展是开拓创新的结果 …… (016)

第二章　中国老年大学的领导体制和组织架构 ……… (025)

　　第一节　组织领导体制复杂多元 ……………………… (025)

　　第二节　相关部门办学各显特色 ……………………… (035)

　　第三节　办学层级基本形成网络 ……………………… (040)

　　第四节　各种行业办学异军突起 ……………………… (043)

　　第五节　基本实现多种办学类别 ……………………… (046)

第三章　中国老年大学的教学规范和管理体系 ……… (049)

　　第一节　服务为先，学员管理人性化 ………………… (049)

　　第二节　科学主导，教学工作自主化 ………………… (070)

　　第三节　内容丰富，教学活动多样化 ………………… (089)

　　第四节　成果丰硕，教学研究前瞻化 ………………… (100)

第四章 中国老年大学的办学成果和社会影响 ………（122）
第一节 老年人的综合素质得到显著提高 …………（122）
第二节 老年大学的社会功能得到充分发挥 ………（133）
第三节 中华传统先进文化得到大力弘扬 …………（146）
第四节 老年大学的国际影响得到明显提升 ………（160）

第五章 中国老年大学的办学特色和基本经验 ………（167）
第一节 比较中外老年大学，突显中国办学特色 ……（167）
第二节 比较国内各类教育，彰显老年教育特色 ……（180）
第三节 不断总结经验教训，努力探索发展规律 ……（193）

第六章 中国老年大学面临的问题和未来展望 ………（217）
第一节 当前我国老年大学发展的机遇和挑战 ……（217）
第二节 今后我国老年大学发展的方向和展望 ……（229）

参考文献 ……………………………………………（244）

后 记 ………………………………………………（246）

第一章　中国老年大学的创建成因和发展历程

20世纪70年代后期,中国实行以经济建设为中心的全方位改革开放,经济水平大幅提高,社会发展进程不断加快。由于人们生活条件的改善,科学技术水平的提高,社会成员健康水平随之得到迅速提升,人均寿命明显增长。截至20世纪80年代中期,我国已是9亿人口的大国,人口基数庞大,60岁以上老年人所占比例已近8%,老龄化趋势初露端倪,在经济发展与发达国家接轨的同时,人口老龄化也与国际发达社会趋同。截至2015年底,全国60岁以上人口达2.2亿,占比达16%。

面对滚滚而来的老龄化浪潮,科学应对,综合施策,为发展经济、稳定社会作贡献成为各级党委政府和相关职能部门的共同任务。学习借鉴国际上的成功做法,结合中国改革开放实际,"老年教育"这项新兴的事业应运而生,按照社会和老年人自身的需求创办老年大学,使老年人接受继续教育,实现老年人的继续社会化。老年教育属于成人教育,是终身教育不可缺少的组成部分。老年教育可分为老年学校教育、老年社会教育、老年社区教育、老年远程教育。而作为老年学校教育的老年大学则是老年教育的主要平台和重要载体。自1983年山东省建立起全国第一所老年大学至今,中国老年大学的发展已走过三十多年的历程,目前,全国老年大学(学校)已发展到6.11万所,在校学员达810万人。学校遍及全国各地,形成了具有中国特色的老年学校教育网络。可以说,快速增长的老年群体,是发展老年教育的广泛社会基础;广大老年人以学习求发展的迫切要求,是发展老年教育的强大社会动力;遍布我国城乡的各级、各类、各种形式的老年大学(学校),是老年教育事业持续发展的有利社会条件。总之,中国老年大学的产生与发展有其特定的历史条件和时代背景,有它成熟的社会环境和群众基础。

第一节 中国老年大学的创建是时代进步的产物

中国是具有五千多年历史的文明古国,有着深厚的民族文化积淀和深远的历史文化渊源。优秀、灿烂文化的代代传承依靠的是教育,其中包括家庭教育、社会教育和学校教育,而学校教育则是人类社会化和再社会化过程中的主要渠道。中华民族的教育特征在于追求教育内容的高雅平实、教育形式的正当规范和接受教育群体的互比性,而老年大学的兴办更是迎合了民族传统的特征需求。我国老年大学的兴办还与当时的国情紧密相连,其后的发展和各个不同阶段的拓展,也与政治经济改革深化和社会的持续发展密不可分。

一、改革开放与科技进步引发知识快速更新

综观世界老年教育发展史,一般是在形成老龄化社会之后,才有老年教育的产生和发展。世界上第一所以老年人为对象的第三年龄大学,是在法国成为老龄型国家100年后的1973年在图卢斯诞生的;而我国老年大学的出现却是在我国人口老龄化之前。1983年,我国60岁及以上老龄人口仅占人口总数的7.6%。这一年,我国诞生了第一所老年大学。1983年4月20日,山东省红十字会正式向山东省教育厅提出《关于举办山东省红十字会老年人大学的请示》;6月4日,省教育厅批复同意开办山东省红十字会老年大学;9月17日,山东省红十字会老年大学正式成立,并任命省红十字会原副会长、年逾75岁的李衡为常务副校长,负责日常工作。学校由山东省委组织部老干部处和山东省红十字会合办,并作为省级机关老干部活动中心的一部分。从此,我国老年大学的发展拉开序幕。虽

然我国老年大学的发展比国际第三年龄大学晚十年,但是由于其发展迅速,被我国中央领导看成是"我国教育史上的一大创举",并获得国际第三年龄大学协会的广泛赞扬。这一创举是当时的政治经济社会客观条件成熟的必然结果。

到1992年时,我国老龄人口占全国总人口的9%,这时我国老年大学已经遍布全国城乡。我国老年大学的迅速发展,一个重要原因就是我国20世纪70年代末开始的改革开放,它成为我国老年教育产生和发展的契机。改革开放为中国经济飞速发展创造了良好的坏境,推动了生产力的发展,创造出越来越好的物质条件。中国从20世纪70年代末实行改革开放以来,1978—1988年年均经济增长率10.1%,1988—1998年年均经济增长率为9.5%,经济总量已居世界第六。2012年,中国超越日本成为世界第二大经济体。经济的发展为社会生活的稳定奠定了基础。与此同时,政治稳定,社会安定,人民安居乐业。在大、中城市,绝大多数老年人的生活是有保障的。人民生活水平逐年提高,养老、医疗保障制度日益完善,多数老年人的基本生活需求得到了满足。老年人在物质生活水平达到一定程度之后,精神生活方面的需要就成为重点追求的目标,这种旺盛的精神需求是老年教育发展的必备条件。

改革开放使人们开阔了眼界,解放了思想,帮助人们正确地理解和解决发展中的一系列新问题。特别是随着经济的发展和科技的进步,全世界进入知识迅速增长和更新的时代,有人形容为知识爆炸时代,原有的观念和知识可能一夜之间就成为过去,难以为当前所用。广大老年人离开岗位后,学习接受新知识的机会减少,很快就落后于日新月异的形势,逐步被社会边缘化。对此,广大老年人盼望着能够让他们更新知识的机会的到来——老年大学的兴办成了及时雨。为退出工作岗位的老年人安排学习型、有意义的晚年生活,这对老年大学的诞生起了催化作用。

二、离退休制度催生对精神文化生活新的追求

中国老年大学的产生与中国干部制度改革有着直接的联系。1982年国家开始实行干部制度改革,全面实行干部离退休制度。一大批老干部、老知识分子和老职工从工作岗位上相继离休和退休,导致短时期内大批老同志脱离工作岗位,闲了下来。据统计,1982年仅山东省离退休老干部就有27万之众。此时各级党委相继成立了老干部管理服务部门,离退休老干部的继续学习得到相关部门的关注。除可以参加以时事政策为内容的报告会、接受以政治思想修养为内容的教育外,还可以参加各种专业知识讲座,如卫生保健、体育锻炼、书法国画、摄影、花卉等以保健养生、休闲娱乐为主要内容的学习。但是这种学习一般是松散和随意性较大的。

老同志们急需在角色转换与适应方面建立一种新的生活方式,以消除空虚感、失落感,适应新的生活环境,寻找精神寄托并跟上时代的步伐,为社会再做贡献。"老有所学"便成了广大老同志的内在要求和强烈愿望。为适应社会的需要和离退休老同志的要求,在各级党政领导的关心支持和老干部部门的直接领导下,一批热心老年教育事业的离退休老同志纷纷创办起老年大学和老年学校,开始进入以课堂授课为主的老年非学历学校教育模式。这种老年学校,因需施教、因地制宜,本着颐养康乐与进取有为相结合的办学宗旨和学为结合的施教方针,多渠道办学,多层次教学,开设的课程门类广泛,深受老年人欢迎。老年人在为自己专设的学校中参加有计划、系统的学习,成为二十世纪八九十年代我国老年教育的主要形式。各级党委、政府及社会各界无论在解决校舍和教学设备等基础设施问题上,还是在解决师资和课程等一系列教学问题上,都给予了重视和扶持,从而为我国老年教育这一新生事物的诞生和成长,创造了良好的环境和适宜的土壤,催生出老年教育的雏形。

三十多年来，学员们在老年学校接受政治、经济、社会形势教育，思想紧跟国际国内发展大势，观念得到及时更新，觉悟得到提高；他们静心学习各类文化专业知识，提高发挥余热的技能，继续为经济发展、社会进步出智出力；他们参与多种文化娱乐活动，愉悦身心，在晚年培养浓厚的生活情趣，实现精神文化养老，和谐家庭气氛，稳定社会秩序。各级各类老年大学将老年教育的社会功能发挥到极致，减轻了人口老龄化浪潮给经济社会发展带来的负担，为实现积极老龄化增添了社会的正能量。

三、终身教育理念推动老年大学的迅速发展

多年来，人们习惯把人生划分为学习、工作、退休三个截然分开的阶段，因而习惯于把一次性的学校教育当成教育的终结。1965年，法国职业教育家保罗·朗格朗在联合国教科文组织召开的成人教育会议上提出"永恒教育"（permanent education）的新概念，并将"永恒教育"一词改为"终身教育"（lifelong education）。1970年，朗格朗出版了他的代表作《终身教育导论》，对终身教育这一具有革命意义的教育思想作了全面系统的论述。他认为，数百年来人们一直把个人生活分为两半，前半生用于受教育，后半生用于劳动，这是毫无科学根据的。教育应该是每个人从生到死继续着的过程，应当是每个人在需要的时候以最好的方式向其提供必要的知识和技能。终身教育是指个人在生命周期的各个阶段所接受的不同形式、不同层次和不同内容的教育。1972年，联合国教科文组织的报告《学会生存——世界教育的今天和明天》，认同了终身教育的理论，在该报告中明确指出："唯有全面的终身教育，才能培养完善的人。我们再也不能刻苦地一劳永逸地获取知识了，而需要终身学习如何建立一个不断演进的知识体系——'学会生存'。"由此可见，终身教育是指教育系统为个人提供一生参与有组织的学习的机会，使其不断学

习,提高素质,以适应社会发展的需要。

终身教育体系的建立,是教育自身发展的必然选择,它一方面是通过社会组织,建立各种教育机构,提供各种教育场所和机会,建立和架构一个使学习者能够终身受到教育的体系,最大限度地创造学习的条件,使人们在不同阶段和不同层次的各种学习需求的实现得到保障;另一方面是促进个人的终身学习,使每一个社会成员在一生中能持续地学习,以满足其在一生中各个时期各个阶段的各种学习需求。终身教育体系的特点:一是教育体系的开放性,即尽可能有效地向社会开放;二是教育体系结构的有机联系和终身学习的教育网络,最终实现各级各类教育之间的沟通与衔接;三是教育体系内部不同教育形式和教育类型之间具有包容性,人文教育与科学教育、普通教育与职业教育相互渗透、相互融合。终身教育的核心思想就是认为随着科学技术的发展,人类社会生活日益复杂和瞬息万变,过去那种在人的一生中只接受一次性教育的传统教育模式已不能满足人们的需要。教育不是人生的某一个阶段的事,而应该是贯穿人的一生;同时也不能把学校看成是接受教育的唯一场所,不能认为在学校的学习生活结束,学习也就结束了,而应该是当每个人需要的时候,教育能随时随地以最好的方式给人们提供必要的知识和技能,以适应社会的发展。

1995年,我国颁布的《中华人民共和国教育法》中规定,要建立完善的终身教育体系,明确老年教育是终身教育体系的最后阶段,把它归属于成人教育的最后形式。如果没有老年教育,则终身教育体系既不完全,也不完善。因此,终身教育包括各个年龄段的各种形式的教育,从幼儿教育到老年教育,都应被纳入终身教育之中。从这个意义上看,老年教育是人生大教育系统中的一个子系统,是教育事业的有机组成部分,是继续教育的最后阶段,是终身教育体系中重要的、不可缺少的最后阶段。中国老年大学正是在终身教育理念的推动下产生和发展起来的。

四、国际第三年龄大学的先进经验为我所用

21世纪将是全球人口老龄化的一个世纪,也是人类迈进知识经济的新世纪。处在社会经济急剧变化中的人们越来越感受到,教育已不仅是青少年时期的任务,也不仅是中年时期的继续过程,随着人口老龄化、高龄化趋势的发展,要全面提高人的素质,促进社会经济发展与文明进步,必须将教育贯穿于人的一生。国际上把老年教育统称为第三年龄教育。教育专家把人的一生分为四个年龄段,第一年龄段为幼年到青年,以学校学历教育为主;第二年龄段为成年期,以职业技能教育为主;第三年龄段是退休或低龄老年期,以老年非学历教育为主;第四年龄段为老年体衰阶段,以自我休闲为主。我国老年大学的创建不同程度地受到了国际第三年龄大学先进经验的影响。

1. 世界"积极老龄化"触动

近几十年来,在一些经济发达国家,由于出生率、死亡率的大幅下降,平均寿命逐渐延长。一些发展中国家由于采取了控制人口出生率的政策,出生率也有所下降。因此,老年人口占比越来越大。据联合国人口司预测,到2025年,全世界老年人口将达8亿以上,老年人占世界总人口的比重将达到13.7%,这意味着那时几乎每7个人之中就有一个是老年人。所以,人口老龄化问题是当今世界上存在的重大社会问题,也是涉及各国经济社会发展和人口规划的战略性问题。联合国先后提出了大力推进"健康老龄化"和"积极老龄化"的应对措施。中国的老年大学既是在"健康老龄化"和"积极老龄化"的影响下创办发展起来的,同时又促进了"健康老龄化"和"积极老龄化"在中国逐步实现。

2. 联合国《行动计划》推动

当越来越多的个人获得更长寿命的同时,世界上也经历着科学

和技术的革命,这种革命引起20世纪末和21世纪初知识和情报的剧烈变化。在大多数老年人的生命中,他们生活着的环境性质和含义也都已改变,在过去不太复杂和比较稳定的文化中,老年人能充当知识和资料的储藏库。可是,现代化社会中的老年人所处的窘境,可以描述为知识的过时,而这又影响到社会。这些变化表明,社会教育制度,过去传统地一再强调让老年人适应社会需要,以承担成年人的责任,包括他们的准备就业,而现在则必须予以扩充,以包括所谓终身教育这样的内容。这种一辈子教育的观点表明,需要进行连续的成人教育,包括为老年人做准备,以及创造性地利用家务和工作以外的时间。应该注意的是,发展中国家与地区人民包括老年人的文盲率很高,即使是那些受过正规教育的老年人,也是在与今天不相同的教育体系中受教育的,获得的知识也与今天不一样。我国属于发展中国家,在教育上是底层很大、顶层甚小的多层次文化金字塔。1982年全国第三次人口普查数字表明:老年人中文盲约占79.4%。以有较高社会层次的整个干部队伍而论,平均受教育的文化层次也仅相当于初中水平。正因为如此,联合国在《1982年维也纳老龄问题国际行动计划》(以下简称《行动计划》)中强调:"作为一项基本人权,提供教育必须避免对年长者的歧视。教育政策应当通过调拨适当资金和制定适当教育方案让老年人享受大学教育。"中国正是在这一《行动计划》的指导下,在一些较早进入"老年型"国家的终身教育理论和实践的启发下,为了使广大老年人与其他年龄组人们一样,能够得到基本文化教育,并能利用社会中所具备的一切教育设施,发展老年教育,先后创办各种类型的老年大学。

3. 国外第三年龄大学带动

从1978年12月起,中国实施全方位的对外开放,中国人纷纷学习经济发达国家先进的生产技术和科学的经济管理手段。国外老年教育的先进理念和成功做法也影响着中国。国外的老年教育模式大体有三种：一是普通大学敞开大门，对老年人开放，与年轻人共同学习；或者编成老年班，受普通大学教育。这种类型在北美、欧洲的发达国家较为普遍。当前在美国接受这种教育的老年人有8万多。二是大学办老年学院，或设老年班。三是由政府、社团、慈善机构、企业、社区等独立办的老年大学。鉴于对老年人和老年教育地位与作用的认识不同，因而在办学思想、学校体制、教学和经费管理等方面，又显示了各自不同的特点。从老年教育的内容来讲，一种是和普通大学生一样受同等的教育，属一般的高等教育；一种是老年学校教育，主要针对老年人特点，适应老年人的要求，如为了身体健康、陶冶情操而学习体育、保健、艺术等课程；还有一种是关于老年学和为老年服务的内容，这类学科既有老年人学习，也有青年人和老龄工作者学习。再从老年人接受教育的目的看，一是为了追求知识，完善自我。有些老年人觉得自己学得不够，需要学习更多的东西，希望自己的知识系统和价值系统更为完善一些。也有一部分是为了取得学历和学位。二是追求对社会的更积极的影响，这种影响是通过学习而达到。三是为了追求更丰富的生活内容，主要是为了解决退休后如何度过闲暇时间的问题。

随着国外第三年龄大学的蓬勃发展，世界上逐步建立起有关老年教育的国际组织，并相继开展了各种国际活动，进一步推动和促进了世界老年教育事业的发展。目前，世界上完全属于老年教育的国际组织主要有两个：一个是国际第三年龄大学协会（International Association of Universities of the Third Age，简称 IAUTA），另一个是第三年龄学习国际研究（Third Age Learning International Studies，简称 TALIS）。中国老年大学协会于1990年参加了 IAUTA，成为这个组织中最大的团体会员。受到国际第三年龄大学及老年教育国际组织的深刻启迪，中国的相关组织和有识之士，通过创办各级各类老年大学，对庞大的老年群体进行终身教育，让他们释放正能量,推动经济社会健康发展。中国老年大学协会牵头和组织各地老年大学加强与老年教育先进国家与地区的互访,参与国际老年大学协会的研讨活动,向全世界推介我国老年大学的办学现状,向国内传播国外老年大学的办学信息。

第二节　中国老年大学的兴起是社会发展的必然

改革开放让经济迅猛发展,物质文化随之得到丰富,人们的生活水平提升,向着小康迈进,衣食无忧之后人们将精神文化生活的追求摆到了重要位置。许多老同志对党的建设、国家的发展、国内国际政治经济形势十分关注,仍保留着为当地建设献计出力的雄心壮志,他们寻求观念和知识的更新,希望能够结合自身的丰富经验,借助于适当的途径,余热生辉,进一步提升人生的价值。老年人倍加珍惜健康,他们需要丰富的医疗保健知识,提升生活健康水平,以期延年益寿。从中央到地方各级党委政府也更加重视老年人工作,保障他们享有公平的受教育权利,圆了老年人的求学需求和愿望。

一、应对人口老龄化浪潮的有效措施

人口老龄化是世界性的发展趋势,随着人口老龄化趋势不断加快,老龄问题日益突出,引起世界各国的普遍关注。在我国,现有60岁以上老年人口2.2亿,占总人口的16%以上。据预测,到2025年老年人口将达到2.8亿,占18.4%,到2050年全国老年人口将达到4亿左右,届时我国每4个人中就有1个老年人。如此庞大的老年群体引发的老龄问题,已成为当今世界上存在的重大社会问题,也是涉及各国经济社会发展和人口规划的一个战略性问题。我们要通过老年大学对广大老年人进行终身教育,提高这一庞大群体的综合素质,对经济和社会发展起到推动作用,这是社会进步的必然。

改革开放后陆续进入老龄期的中国老年人,他们的青壮年期是处于创立和建设新中国的年代,虽然中国发生了有史以来最深刻、最彻底的社会变革,但是他们依然传承着"攒钱养老"的传统观念,并为自己进入老年生活积攒着一定的物质财富。改革开放后,经济发展加速,人民群众温饱问题得到解决,迈步奔向小康,老年人物质生活已无大虞。而这时人们缺少的正是精神文化养老,他们急需得到文化娱乐等情操感觉方面的愉悦满足,从而享受物质条件和精神条件双支持的美妙晚年生活。老年大学的开办,给人们提供了追求这一憧憬的宽阔平台。

物质文化丰富,生活水平提高,日子越过越红火,人们对自己的生命倍加关爱,自然而然会追求健康长寿,尤其是老年人更加珍惜生命,注重养生,遵循健康养老的理念。有经济头脑的商家抓住老年人的心理,开发出名目繁多的保健项目和产品,借助发达的媒体进行广泛的宣传,对老年人的养生保健提供了帮助。但利益驱使下的商业行为难免鱼龙混杂,虚假信息、伪劣产品、高价服务让老年人遭受损失,心理留下阴影。以全心全意为老年人服务为唯一宗旨,老年大学开办健康保健班,传授正确的健康知识和保健信息,引导老年人科学养生,让老年人受益终身,使他们健康养老的理念成为现实。

学习活动既能增长知识才干,又能增强生活的兴致,焕发老年人生活的光彩,从而促进健康水平的提高。老年人在老年大学系统地学习几门专业知识,无论成绩如何,都会产生一种成就感。借助老年大学提供的机会,及时展示自己的能力和才华,自豪感油然而生,人生的自信心增强。学习活动是一项实实在在、科学有趣的脑力运动。提到保健,人们都会想到身体运动和服用保健品,其实脑力运动是老年人保持身体健康的首选项目。经常用脑才能保持头脑的活力,活跃思维才能清晰思维,经常锻炼大脑记忆才能增强记忆功能,有效减缓脑衰,脑力健康方能敏思善辩,老年人对幸福的晚年生活才能清晰有效感知,更能安度晚年。虽然许多老年人保持着自学的习惯,但老年大学营造的集体学习、互帮互助、及时交流、共同提高和"比、学、赶、帮、超"的良好氛围更符合人们的需求,这种氛围在保持和增强学习的兴致、提升学习的效果上,是个人自学所不能及的。

老年人最难打发的是无聊的时光,最可怕的是赶不走的孤独,许多时候自娱自乐确也无济于事。没有听众的独唱无论如何也不如众人合唱能激荡起歌唱者的心境;器乐独奏比不过团组合奏那样撩拨人的情怀;集体表演的舞蹈个人怎么折腾也难以达到恢宏的效果。老年大学的开办解开了这些缠绕老年人头脑中的纠结,让悬在心头的石头落地。诗书画班的学员佳作连连;歌咏队的歌声十分激扬,荡漾起队员们昂扬的心志;民乐团队合奏的悠扬激越的曲调让演奏者豪情满怀,得意连连;群体舞蹈的气势让演员徜徉在美妙欢乐的氛围中。学员们笑在脸庞,喜在心头,乐融于日常生活之中,原有的被社会群体边缘化的心态荡然无存,感觉到人生的时时刻刻都是充实的。

二、提高老年人综合素质的重要途径

1991年12月第46届联合国大会通过的《联合国老年人原则》规定,"老年人应能享用教育、文化、精神和文娱资源"。随着社会经济的发展,老年人在得到基本的或较好的物质生活保障的同时,他们所追求的精神文化生活的目标也越来越高,进而出现了提高老年人生活质量的新需要。生活质量包括经济保障、健康状况、精神文化生活和生活环境四大要素。其中精神文化生活所包括的文化教育、情趣爱好、感性需求等新需要,与老年教育有着密切的联系。

一个人从少年成长为青壮年,后又进入到老年,这是生命存在的客观规律,这并不可怕,就该顺其自然,可怕的是人进入老龄阶段思想观念的陈旧老化。老年人对经济和社会的发展是提供正能量还是形成负面影响,取决于他们对当前形势的认识正确与否。他们退出工作一线步入老年生活,对于发展规律的认识、发展成果的评价,常打着时代的烙印,如不与时俱进更新观念,可能会出现用旧时的观念看待现时,用过去的框架看待发展了的现实的现象。必须与时俱进更新观念,按当时的时空条件认识事物,把握规律,指导实践。广大老年人自身也迫切希望及时准确地认清形势,在政治思想等各方面与党中央保持一致。老年大学教室内系统正规的政治理论辅导和形势报告教育,让他们的希望成为现实,让他们升华认识能力,辨明事实真相,激荡满怀豪情,服务发展大业;老年大学教室外的社会调研活动让他们直接触摸发展的丰硕成果,亲身感受发展的大好形势,增强对实现中国梦的信心。学员在课内外不拘形式的交谈,让少数偏颇的认识归集到紧随大势的正确潮流中,推进着改革开放、经济建设和社会事业向前进步。

三、满足老年人学习愿望的理想场所

当代中国的老年人,他们整个青壮年时期正好伴随着新中国的建设。离退休后,面对社会的机会少了,特别是由于改革开放的大变革、大转折,社会上仍然存在着众多的问题和矛盾,对此他们心理上往往难以接受,出现了精神、心理和情感上的失落。为了保持心理、精神上的平衡,在自身无法解决的情况下,他们也只能到社会上去寻找一种自以为适合他们的解决方式。社会上的一些迷信活动,都是与人们心理和精神的失衡分不开的。老年人更容易受封建迷信蛊惑,在很大程度上是由于老年人的共产主义信仰淡漠,科学知识缺乏,没有良好的文化氛围和健康的文化活动,以至于不能对某些社会事物有一个正确认识。尤其是在广大的农村和小城镇,虽有一些文化站这样的老年人活动场所,但人们只能在一起喝喝茶、聊聊天、下下棋、打打麻将,以聚会的形式消除寂寞。有的举办一些民间活动作为娱乐,有的干脆修一处小庙来供养神、佛,赚取零散的香火钱等,他们无法真正地有组织地开展有益的文化活动。而老年教育正可以把广大老年人组织起来,通过各类课程的教育和各种形式的文化活动,来丰富老年人的精神文化生活,改善和活跃老年人思想认识,从而实现"老有所教""老有所学"与"老有所乐"的有机结合,促进社会的稳定。

有几十年工作经历的老年人积累了丰富的经验,思维和智力成熟稳定,又有充裕的自由支配时间,虽然因年龄退休,但许多人依然身心健康、体力盈余,而且为经济建设、社会发展贡献力量的壮心不已,常寻觅着余热生辉的渠道。老年大学可以帮助老年人及时把握知识的前沿动态,根据服务经济社会的需求,学习掌握新的知识。进入21世纪以来,知识的更新换代日新月异,老年人原有的知识已不适应新时期发展的需求。他们在老年大学课堂里系统学习掌握新的知识,实现知识的更新,更加准确地对位于发展的需要。不少老年人原有的知识层面、技术档次偏低,"电量"明显不足,通过老年大学的课堂充电,提升知识层面、技术档次,实现余热的充分释放,增大对发展的贡献份额。可以教会老年人服务经济社会发展的专业技能,宣传党和国家的方针政策,讴歌经济社会发展大好形势,以鼓舞广大人民群众发展经济社会事业的斗志,教育引导人们释放正能量,这些是老年人服务发展最常见的手段、最直接的途径和最喜爱的形式。但大多数人在职时并非从事这些工作,他们对宣传、教育、鼓舞活动往往是眼高手低,深觉力不从心,尽管平时有这类爱好,但能力水平往往很"业余",距离发表有分量的作品、表演有质量的节目有明显差距。有些人存有这方面的潜能,同样需要得到开发。老年大学开办种类繁多的基础写作、诗书画、声乐、器乐、舞蹈等课程,帮助老年人提升自身技能,展现正能量,让老年人进一步领悟人生的价值,进而服务社会。可以为老年人提供服务发展的平台,让他们给党委政府建言献策,参与经济社会发展调研与社会公益事业,发表文化艺术作品,出演文艺节目,等等。通过老年大学,让老年人的服务项目更好地与服务对象实现对接,产生理想的效果。

四、保障老年人享有权利的公益事业

1982年,在维也纳召开的世界老龄问题大会呼吁各国政府采取有效措施以解决人口老龄化带来的问题。会上通过的《维也纳老龄问题国际行动计划》明确提出了发展老年教育的问题,指出"老年人应当和其他年龄组的人们一样,能够得到基本文化教育,并能利用社会中所具备的一切教育设施""作为一项基本人权,提供教育必须避免对年长者的歧视。教育政策应当通过核拨适当资金和制定教育方案来体现老年人受教育权利的原则""按照联合国教育、科学及文化组织提出的终身教育的概念,应当促进制定各种非正式的、以社区为基础的老年人休养教育方案,以便帮助他们树立自力更生的思想和对社会的责任感"。这次会议既把老年教育纳入老龄问题的范畴,同时又纳入人道主义的范畴,既明确了老年教育对于解决老龄问题的重要性,又明确了老年教育的社会公益性质。

2000年,中央领导做出了"老同志仅有老有所养、老有所乐是不够的,还要老有所教、老有所为"的重要批示,使我国的老龄工作方针在过去的"老有所养、老有所医、老有所乐、老有所为"的基础上,增加了"老有所教、老有所学",变为"六个老有",从而充分反映了老年教育在老龄工作中的地位和作用,同时也充分说明了"老有所教、老有所学"和其他"四有"一样走入现代老年人的生活之中,成为新世纪"建立一个不分年龄,人人共享"社会的基石。

我国党和政府对老年教育事业十分重视,党的十六大明确要求:"形成比较完善的现代国民教育体系、科技和文化创新体系、全民健身和医疗卫生体系。人民享有接受良好教育的机会,形成全民学习、终身学习的学习型社会,促进人的全面发展。"并先后出台了《中华人民共和国教育法》《中华人民共和国老年人权益保障法》等法律法规,有些省、市、自治区还出台了老年人教育条例,以法律法规的形式将老年教育工作提升到国家级事业发展的层面。这些法律法规和条例对老年教育的历史和现实意义做出阐释,对老年教育的方式、途径与阶段性目标做出具体的规定,明确了做好老年教育是各级领导义不容辞的责任,给今后老年教育的发展指明了方向。党的十六大、十七大、十八大会议都对终身教育提出了要求。尤其是党的十八大以来,从中央到地方各级党委政府都将老年教育作为民生保障的一项重要内容。党和国家领导人多次视察全国老年教育工作,亲临办得出色的老年大学调研,培植典型,总结经验推向全国,推动老年教育事业的扎实全面展开。

第三节 中国老年大学的发展是开拓创新的结果

我国的老年大学在各级党委政府的关心、支持和各涉老部门的领导下,经过广大老年教育工作者的艰苦创业、开拓创新和老年学员的奋发图强、积极参与,随着我国社会经济的迅速发展而发展,随着社会进步而提高。可以说,中国老年大学每一阶段的发展都是开拓创新的结果。回顾过去的30多年,中国老年大学的发展大体经历了以下几个阶段。

一、艰苦奋斗的起步初创阶段

1982年,随着干部制度改革,一大批曾为中国革命和建设事业创造过丰功伟绩,并准备为革命事业奋斗终生、死而后已的老干部退出了一线工作岗位。为了使他们适应退休后的生活，找到新的精神寄托，并与社会同步前进，一些省市的涉老部门开始组织离退休老干部参加以健身、书法、国画为主要内容的多种形式的活动和讲座。1983年9月17日，山东省红十字会老年人大学（现更名为山东老年大学）开学典礼在济南东郊饭店礼堂举行，中国第一所老年大学由此诞生，学员有936人。继山东省红十字会老年人大学成立之后不久，广州、长沙、哈尔滨等一些省市也相继成立了老年大学。截至1985年底，全国已有老年大学61所，在校学员4万余人。

这些老年大学当时突出的特点是基本上都是在一无经费、二无编制、三无校舍（简称"三无"）的情况下，白手起家。难能可贵的是，山东省红十字会老年人大学校长李衡、济南市老年人大学常务副校长郑涵生、宁夏老年大学校长薛宏福、天津老年大学校长鲁学政、哈尔滨老年人大学校长杨国权、贵州老年大学校长李冀峰、武汉老年大学校长杜子才、四川老年大学校长马骏之、福建老年大学校长程序、广州军区老干部大学校长王之明、北京海淀老龄大学校长齐心、上海市老干部大学校长沈怡、重庆老年大学校长罗淑芳、澳门理工学院长者书院校长林中宝、西安老战士大学校长谷凤鸣、宁夏老年大学校长强锷等一大批热心老年教育事业的老同志，面对"三无"情况，艰苦创业、勇于开拓、上下呼吁、无私奉献，一方面积极向各地党政领导和有关部门宣传办学意义，另一方面从实际出发，明确办学宗旨，利用多种形式介绍办学成果，逐步得到各级党委政府的重视、支持和社会的认可，为老年大学迅速普及和发展奠定了基础。这些老同志在中国大地上点燃老年大学事业的"星星之火"，被时任中国老龄问题全国委员会主任的于光汉同志誉为"燃烧的火种"，受到社会广泛赞誉。他们是中国老年教育事业的开拓者和创造者，是中国老年大学创办和发展的奠基人，他们的业绩和贡献为后来中国老年教育事业的健康、快速、有序发展奠定了坚实的基础，他们艰苦奋斗、勤劳勇敢、坚定不移、无私奉献的精神是我们学习的榜样,是一笔宝贵的精神财富,必将永载史册。

二、总结经验的探索开拓阶段

1985年由哈尔滨老年人大学发起,济南老年人大学为东道主,与办学较早的山东、辽宁、北京海淀、南京金陵等6所老年大学在济南召开了协作会议,建议中央有关部门召开全国性会议,及时总结经验,逐步完善老年大学,使老年教育健康发展。这个建议立即得到中国老龄问题全国委员会的支持。

中国老龄问题全国委员会于1985年12月在北京召开了"全国老年大学经验交流会"。这次会议受到中央领导同志的重视。李鹏、宋任穷、严济慈等党和国家领导人亲切会见了出席会议的代表并作重要讲话,对我国老年大学这一新生事物给予充分肯定。李鹏同志在讲话中明确指出:"老同志退下来以后,确实有这样的问题,除了极少数人身体不大好,绝大多数的同志还是有相当大的精力,能够为社会主义事业,为教育后代做工作。""把老人组织起来,让他们学他们愿意学的东西,我认为这是一种很好的形式。所以,我们党和国家应该给予支持,应该不断总结经验,使它能够完善起来。"这次会议是我国老年大学发展史上具有极其重要意义的会议。中央领导同志对老年大学这一新生事物的肯定,极大地鼓舞了老年人学习的积极性,增强了教学人员的工作热情,坚定了办学人员发展老年教育事业的决心。会议结束后,各地党和政府加强了对老年大学工作的领导,在祖国的大地上,老年大学像雨后春笋般涌现,老年教育事业开始进入快速发展阶段。

老年大学这一新生事物的出现填补了过去我国终身教育体系中的最后一段空白。同时,也正因为这是一项新的工作,大家未能掌握其内在规律,不仅缺乏理论指导,而且无经验可循,在办学、教学中存在很多问题急待研究解决。为了寻求正确的办学方向,明确办学宗旨,找到适合老年人需要的教学方法,各老年大学认为需要在一起磋商探讨、交流经验并进行合作。为此,办学较早、规模较大的老年大学倡议成立一个全国群众性老年大学校际间的协作组织,以解决上述问题。在一些省、市老年大学以及一大批老年大学老校长们的要求和推动下,在中国老龄问题全国委员会和国家教育委员会领导的关心重视下,在时任中国老龄问题全国委员会宣教室主任刘平生的热情支持和积极筹备下,经中国成人教育协会批准,于1988年12月在武汉成立了中国老年大学协会。协会的成立在校际间和学校与政府间发挥了桥梁、导向和凝聚作用。协会的成立,标志着我国的老年大学进入了一个新的阶段,成为我国老年教育事业发展的一个重要里程碑。

这个阶段老年大学的特点是学校数量增长迅速,规模逐步扩大,开始分层次、多渠道办学。据1988年12月统计,1986—1988年三年间老年人的学校已由61所发展到916所,增长了14倍;老年学员由4万人增长到13万人,增长了2.25倍。遵照李鹏同志提出的多设分校,让老同志就近入学和面向全社会老年人招收学员的指示,在各级党和政府支持下,老年教育逐步广泛发展。各地不仅在县以上城市办老年大学,基层街道、乡镇也开始创办老年学校;不仅政府办,工矿企业、军队、大专院校、科研单位以及社会团体都兴办老年大学、老年学校,老年人的学校教育在中华大地上蓬勃发展。

三、全面推进的普及提高阶段

中国老年大学协会成立后,协会办公室与各地的理事和各会员校加强交流,协调沟通,积极争取上级领导重视,主动工作,广泛宣传,动员社会力量支持,推动了我国老年教育事业快速发展。从1993年开始,老年学校教育逐步向县、乡(镇)扩展。同年10月,中国老年大学协会企业校代表大会在山东莱芜钢铁总厂召开,选举产生了企业校委员会。

协会组织各地会员校共同协作,总结交流经验,开展理论研究,探讨教学、办学规律,并由副会长杨国权牵头在哈尔滨老年人大学成立了中国老年大学协会老年教育理论研究专业委员会,组织动员全国各方力量,对老年学校教育的办学宗旨、教学方针、教学方法等进行广泛深入的研究,使大家在思想上取得共识,在宏观上形成了一些基本的办学和教学框架,对全国老年大学工作研究事业的发展起到了积极的作用。

1. 明确了统一的办学宗旨

老年教育的性质决定了老年学校教育必须贯彻的教育方针和老龄工作宗旨,就是要提高老年人的全面素质,包括体能、智能、心理、政治各方面素质和审美情趣、品格情操等,并要为应对人口老龄化的需要而实现"六个老有"的目标。老年人因身体逐渐衰老,有颐养天年、健康长寿的愿望,同时又有对国家强烈的责任感,愿意为社会继续做贡献。因此各校的办学宗旨虽然表述得不尽相同,但都包括了颐养康乐与健康有为两个方面。1996年中国老年大学协会在福州召开二届二次常务理事会,会上张文范会长提出了"增长知识、丰富生活、陶冶情操、促进健康、服务社会"的"二十字"办学宗旨。

2. 形成了多元的办学形式

在办学渠道上,各校办学虽然都得到当地政府支持,但并非完全依赖政府,而是公办、民办、民办公助、军民共建、企校共建等多渠道办学。在学校类型上,由于各地条件不同,学员要求各异,因此有多学科综合性老年大学,有专攻书法、国画的艺术型老年学校,有以传授养殖、种植技术为主的老年学校等多种类型。在教学层次上,根据课程内容不同,分为一年、二年、三年和短训班多种学制;同时按照学员个人条件,设置基础班、提高班和研究班,分班教学。

3. 提出了科学的施教方针

1992年中国老年大学协会在福建省老年大学召开全国老年大学"学为结合"研讨会,通过全国各地老年大学领导和专家以及老年教育工作者的广泛讨论研究,提出了老年大学"学为结合,以学促为"的施教方针。后来,还有学校提出了"快乐学习,学习快乐"的老年大学的办学方向。老年人入校学习,对课程的选择性极强,只有按照老年人的需求设置课程,学校才有吸引力;在教学过程中实施休闲教育,使学员从学习中获得满足和快乐;开设的课程不仅要按需施教,还要与时俱进,调整更新。办学之初多为卫生保健、文学、历史、书法、国画、舞蹈、音乐、养殖、种植等课程,随着社会发展,逐步增设了法律、金融、外语以及计算机等课程。实践证明,老年大学学员发挥余热,服务经济社会发展,一个重要形式就是宣传教育群众,凝聚人心,形成合力,为中华复兴贡献力量。老年大学开设了政治经济形势讲座、朗诵、声乐、乐器等能够尽快培养出宣传人才的专业,让一批又一批学员身怀宣传才艺,走进社会大舞台,更加有效地为社会发展造势。而广大学员表演节目得到群众认可,自豪感、成就感油然而生,身心愉悦,更觉生活充实,有滋有味。

4. 总结出实用的教学方法

根据老年人生活、心理特点,教学中采取了课堂讲授、小组讨论、参观实习相结合的教学方法以及利用录像、图片、实物等多种媒介的直观教学方法。中国老年大学协会组织各地会员校相互协作,通过教学实践不断总结经验,进行理论研究,探索老年教育规律,改进教学方法,提高教学质量,增强了学校的吸引力、凝聚力,使老年教育得到长足发展。

据1993年数据统计,全国老年大学(学校)发展到5 331所,在校学员47万人。1996年,上海老年大学开办了"空中老年大学",吸引了30多万老年人观看。现代教学手段的运用,促进了老年教育的更快发展。截至1996年底,全国老年大学(学校)发展到8 000所,在校学员69万人。

四、创新转型的科学发展阶段

随着我国法治建设的加强和老龄事业的发展,1996年10月1日,《中华人民共和国老年人权益保障法》公布实施,为老年教育事业发展带来新的机遇。《中华人民共和国老年人权益保障法》第三十一条第一款规定"老年人有继续受教育的权利"。于是,老年人受教育作为公民的权利受到了国家法律保护。同条第二款规定"国家发展老年教育,鼓励社会办好各类老年学校",表明发展老年教育事业的主体是国家,兴办老年学校是国家意志的体现。

1999年全国老龄办出台《关于印发全国老龄工作委员会成员单位职责的通知》,规定今后文化部将"全面负责全国老年非学历教育工作,指导各级各类老年大学的工作",明确了老年教育的政府管理、指导部门为文化部。

进入21世纪,各地各级老年大学在兴办过程中注重创新,在数量迅速增加的同时,办学质量得到不断提升。这期间,老年教育理念得到及时更新,老年大学的办学宗旨得到进一步明晰,专业设置更加科学合理,教材的编写更加贴合实际,教学手段初步现代化,教学管理向科学化迈出一大步。这时,全国老年大学(学校)发展到17 000所,在校学员130万人。

2001年6月22日,中组部、文化部、教育部、民政部、全国老龄工作委员会办公室下发了《关于做好老年教育工作的通知》,在肯定多年来各有关部门积极兴办各类老年大学,取得显著成绩的同时,要求各级党委政府和有关部门,今后要进一步采取措施巩固老年教育事业取得的成果;文化行政部门要会同有关部门认真学习和借鉴各单位发展老年教育事业的成功经验,尽快制定老年教育事业的发展规划和远景目标,进一步加强领导,科学指导,逐步规范老年教育的发展。这一通知不仅说明各级政府对老年教育有加强领导的责任,同时规定政府有关部门对老年教育有统一规划的任务。通知下达后,各地各级政府贯彻通知精神,认真研究,根据当地实际情况,分别制定出老年教育发展规划,有的地区还明确提出学员入学率的具体指标,有力地推动了老年教育事业的发展。

到2003年,全国老年大学(学校)发展到26 000余所,在校学员超过230万人。许多老年大学已发展成为多学科、多层次、多学制的综合性老年教育基地。2003年全军创办老年大学70多所,拥有2.3万平方米的教学场所和600多万元的教学设备,组成了一支680余人的专兼职教职工队伍,先后有4.2万名军队老干部参加学习。2005年5月13日,西藏老年大学挂牌成立。至此,我国32个省、自治区、直辖市及香港、澳门两个特别行政区,均已建立老年大学。

2007年以后,全国各地用科学发展观统领老年教育事业,把老年教育纳入了全面发展、协调发展和可持续发展的轨道之中,老年大学迎来了第二次发展和创新的高潮。许多地区教学环境有了新的改善,建起了高标准的教学楼,引进了现代化的教学设备,展现了老年大学的勃勃生机。据不完全统计,截至2007年,我国老年大学和老年学校已发展到32 697所,在校学员已达330万余人。其中,具有一定规模,拥有较为完善的教学设施,教学管理较为规范,办学质量较高的有3 000所左右。中国老年教育已经形成一个全方位、多层次、多学科、多功能、开放式的教育与教学管理体系。

2009年,为庆祝我国老年教育事业发展25周年,进一步宣传我国老年大学发展成果,扩大社会影响,充分发挥先进典型和先进模范人物的激励示范作用,推动老年教育事业更好、更快发展,中国老年大学协会在全国老年大学、老年学校范围内开展了"全国老年教育"先进集体、先进个人表彰活动。2009年10月28日上午,中国老年大学协会在北京人民大会堂隆重召开"全国先进老年大学、先进老年教育工作者"表彰大会。会上表彰了25年来为老年教育事业发展作出贡献的先进老年大学和奉献在老年教育战线上的先进工作者。全国人大常委会原副委员长、中国老年大学协会名誉会长顾秀莲,全国老龄工作委员会办公室常务副主任陈传书等领导同志亲切接见了与会代表,并向获奖代表颁奖。至此,全国老年大学(学校)共有36 205所,在校学员达408.9万余人。

中国老年大学发展至今,可归纳为"六个初步",显示出其30多年不平凡的发展历程:初步形成了全方位、多层次、多学科、多学制的老年大学教育体系;初步形成了老年学校教育、远程教育、社会教育相结合的教育模式;初步形成了独具特色的老年课程体系、教材体系;初步改善了各级老年大学办学设施和设备;初步形成了省(直辖市、自治区)、地(市、区)、乡(镇)、社区老年大学教育网络;初步明晰了未来老年大学科学发展的思路。

截至2015年底,全国老年大学(学校)已发展到6.11万所,在校学员810万人,如加上接受远程教育的老年学员,参加老年大学(学校)学习的老年人达到1 000万人,形成了一支庞大的学习大军。老年大学引领着2.2亿老年人,讲政治、讲文明、讲科学,更新知识,增长技能,培养高尚的情操和健康的生活方式,在不断提高自身生活质量的同时,为社会主义精神文明和物质文明建设再做贡献,不仅老年人欢迎,也得到党和国家领导人的赞许和社会的好评,同时在国际上赢得了良好声誉。

第二章 中国老年大学的领导体制和组织架构

中国老年大学在领导体制和组织架构方面虽还未能形成国家行政事业体系,全国也尚无统一、规范化的办学管理模式,但在实践中摸索总结出了中国特色明显的领导体制和组织架构模式,发挥着党政部门管理老年教育的职能,承担起国家层面的老年教育工作,推动这项具有现实和深远意义的事业朝着正确的方向发展。现有的体制和模式克服了诸多不利因素和种种条件的局限,汇聚了有效的社会资源,轰轰烈烈地创办起各类老年大学,满足了一大批老年人享受终身教育的精神文化需求,对党政部门领导和推动经济建设、社会事业发展的职能做出有效补充,在有些方面这种体制和模式所发挥的作用还是无可替代的。当然,目前这种体制、模式和组织架构还有许多不足甚至缺陷,随着全国老年教育历史重任的分量不断加重,相对而言承担的能力明显不足,亟待进行规范化的改进完善,并尽快成型,形成中国优势特色明显的老年大学发展领导体制和架构模式,切实担负起组织、领导、协调全国老年大学发展的重任。

第一节 组织领导体制复杂多元

中国老年大学到目前尚未形成统一、规范的组织领导体制,就其主管部门和单位而言,可算多方牵头。党政系统的由老干部局、老龄委、民政、教育、文化等部门直接组织创办老年大学。行业、企业、部队等在办公室、政工部门设立老年大学管理科室。民间兴办的老年大学多数挂靠当地党政部门。老年大学自主成立校务委员会,实行自我管理,规范运行。就其学校管理章程而言,各级各类老年大学也不尽相同,各自按照常规,结合当地特点,建立起适应教学管理需要、有明显当地特色的管理办法。尽管组织领导体制各不相同,在创办老年大学方面都发挥着同样的职能,将老年大学办得有声有色,铸就老年教育事业的辉煌。

一、各级党政主管部门发挥重要作用

由于历史原因,在我国老年大学诞生之初,国家对老年教育体制进行了选择性安排,最早的是为满足对离退休老干部进行教育的需要而形成的老干部的部门体制;其后是针对向社会老年人开放的需要而形成的建立地区老年大学协会或老年教育协会,以协调老年教育工作的体制;再后是克服老年大学协会不能行使行政管理职能的弱点而形成的建立地区教育委员会或老年教育领导小组,进行统一管理的体制;最后是以上海市为代表的在政府统一管理中加上教育厅(局)承担老年教育行政管理职责的体制。目前,比较成型的发挥主导作用的正是党委行政主管部门创办管理老年大学的体制。党委行政部门是相关法律法规和条例的执法责任主体,《中华人民共和国教育法》《中华人民共和国老年人权益保障法》等法律法规颁布后,行政部门兴办老年大学正是在履行法律赋予的责任,组织实施老年教育带有一定程度的强制性。行政部门具有普遍的社会公信度,兴办的老年大学对老年人有较强的召唤力,增强了老年人入学接受教育的信心。行政部门办学是非营利性的公益行为,减轻了老年人入校就学的经济负担,从而提升了入学率。行政部门具备配置各类资源的职能和手段,在办学的财政物质投入、师资力量的选调、社会安全的保障等方面有着独到的优势条件。各级党委政府行使着对社会成员进行教育的责任和义务,兴办老年大学对广大老年人进行各种教育属于义不容辞的责任。事实上,全国老年大学进入

到普及提高阶段和科学发展阶段,规模迅速扩大、质量明显提高得益于行政主管部门兴办老年大学的力度的不断增强,这对推进老年大学事业向前迈开大步起着决定性的作用。

二、社会团体、民间力量发挥积极作用

随着改革开放的不断深入,中国原有的公有集体所有、以计划经济为主的模式,逐步转为多种经济成分并存的、以市场经济为主体的模式。进入21世纪,市场经济机制被引入社会事业领域,民办学校跻身普通教育行业,并显示出独特的优势。与之相适应,有实力的社会团体及个体民间人士参与到老年大学的兴办中来。在现有的6万多所老年大学中,社团、民办的老年大学所占比例较小,但却是一支不可或缺的老年教育办学力量。较之于行政部门兴办的老年大学,他们所办的学校特色比较明显。一是依据市场规律配置资源,办学的时间、专业、规模、层次完全由市场机制调节,与当地的老年教育实际需求基本对位,并且不断适时作出合理调整。二是大幅补充行政部门办学资源不足的部分。通过兴办老年大学将社团民间的资本引入老年教育事业,壮大老年大学办学力量。同时,挖掘和利用民间文化教育人才资源,让闲散在社会的人才汇聚到老年大学,发挥出各自的专长。三是通过社会民间渠道吸引和动员更多的老年人到老年大学接受教育。四是引入市场竞争机制设定老年大学的管理模式,确立老年学员满意为唯一办学目标,老年大学办学质量有了可靠保障。

与此同时,为综合协调指导工作,全国成立了中国老年大学协会,各省、直辖市、自治区和地级市设立了省市级的老年大学协会,行业、企业、部队等老年大学建有老年大学协会、老年教育促进会、老年教育联谊会等,以充分发挥社会团体的作用。

三、中国老年大学协会发挥引导作用

中国老年大学协会是组织老年大学、地方老年大学协会和老年学校校际之间协作的全国性非营利社会组织,创建20多年来,在团结、协调全国老年大学各项事务,推动全国老年大学发展上的作用十分明显。

1. 协会的创建

老年大学在中国是前所未有、无章可循的新生事物,在一些老年大学校长的倡议下,中国老龄问题全国委员会认为建立一个全国性社团组织,便于校际间团结协作、统一认识,共同探讨老年教育规律,这无疑会促进老年大学朝着正确方向发展。经全国老龄委宣传教育室策划,由山东老年大学筹备,于1988年4月在济南召开筹建中国老年大学协会座谈会,成立了由山东、上海、辽宁、北京、甘肃、宁夏、黑龙江、贵州、江苏、广东、四川、浙江、湖北等地共18所学校参加的中国老年大学协会筹备委员会。1988年6月,中国老龄问题全国委员会通知各省、自治区、直辖市老龄委员会,调查各地老年大学、老年学校基本情况,并与会员学校共同研究,提出理事候选人推荐名单。当月,中国老龄问题全国委员会将《关于成立中国老年大学协会的报告》送交国家教育委员会。国家教育委员会认为老年教育属成人教育范畴,协会应作为中国成人教育协会二级协会。同年10月8日,中国成人教育协会批准建立中国老年大学协会,1988年12月2日,在武汉市召开了中国老年大学协会成立大会。中国老年大学协会报请中国老龄问题全国委员会并向民政部申请作为具有法人资格的全国性社团挂靠在民政部(即由二级协会改为一级协会),民政部于1990年12月12日批准同意。

中国老年大学协会的成立,是我国老年教育史上的一个重要里程碑,标志着我国的老年大学进入了新的发展阶段。自此,中国的

老年教育事业由星星之火,逐渐形成燎原之势。各位常务理事、理事依据协会章程规定,按照民主程序,主动分担任务,积极开展工作。各会员校在协会的组织、领导下,通过信息沟通、资料交换、经验交流、理论探讨,办学、教学质量不断提高,社会效益明显。

2. 协会的架构

协会的最高权力机构是会员代表大会,各会员校均有一名代表参加会员代表大会。按地区和系统推选理事参加理事会,理事会是会员代表大会的执行机构。理事会选举常务理事,组成常务理事会,常务理事会分工产生会长、副会长,领导协会工作。协会第一届常务理事会由原中央组织部副部长、中国老龄问题全国委员会主任王照华任会长,中央和国家有关部门的领导以及部分老年大学的校长为副会长,中国老龄问题全国委员会宣教室主任刘平生同志兼秘书长。随后历届中国老龄委主任均兼任协会会长职务。周谷城、黄镇、刘宁一、郭林祥、顾秀莲等领导同志先后担任协会名誉会长。

协会成立后,先后召开了四次代表大会。1988年2月,在武汉召开了协会成立大会暨第一次会员代表大会;1993年10月,在山东召开了第二次会员代表大会,协会会长王照华作了大会报告,并充实了协会领导机构的建构;2005年11月,在天津召开了第三次会员代表大会,协会会长张文范作了大会报告,提出"要用科学发展观统领老年教育发展",强调"坚持在创新中发展,在发展中创新"等新的理念;2012年8月,在吉林召开了第四次会员代表大会,全国人大常委会原副委员长、中国老年大学协会名誉会长顾秀莲出席会议并作重要讲话。现任协会会长是由《求是》杂志社原总编张晓林担任,全国老龄委办公室原副主任袁新立为常务副会长,全国老龄委办公室原人事部主任臧伟洋为秘书长。

协会在既无政府拨款,又无社会赞助的情况下,通过各地理事的团结协作、艰苦创业和努力工作,在会员校的大力支持、通力合作下,为中国老年大学的巩固、提高和发展作出了积极的贡献。为更好地开展工作、发挥作用,协会规范了各大区协作组的工作,逐步理顺完善了各省、直辖市、自治区老年大学的组织体制,还先后建立了必要的办事机构和各专业委员会。

（1）办公室。协会办公室设在北京,由秘书长负责日常工作和对外联络。协会办公室在各位常务理事的支持、帮助下,联络、协调、组织召开了会员代表大会、理事会、常务理事会,研究决定在各个不同时期、不同形势下的协会工作方针与任务;定期编印《中国老年大学协会通讯》,传达中央和有关部门关于老年教育工作的指示精神;及时沟通各地信息,介绍各地老年教育发展情况和会员校办学、教学经验;在国际交流方面除接待各国来访和组织出访外,还成功举办了四次国际第三年龄大学协会会议,展示了我国老年教育成就,赢得了国际赞誉,并在国际同行间建立了良好的合作关系。

（2）社会活动部。社会活动部设在北京,与协会办公室合署办公。其职责为广泛开展老年大学校际间各专业的交流;适时开展老年大学全国性和校际间的各项社会活动;积极组织老年大学参与社会公益性活动。社会活动部2008年成功组织全国96所老年大学3 300多名学员参加文艺汇演,现已举办了四次全国性文艺汇演,社会反响强烈,大大丰富了全国老年大学学员的文化生活。

（3）国际联络部。为了扩大国际交流,更好地学习、借鉴各国发展老年教育事业的经验,协会在广州市老干部大学设立了国际联络部。其职责是代表中国参与国际第三年龄大学协会的活动;广泛开展与国际老年教育的各项合作;组织各地老年大学与国际同行考察、互访,学习借鉴国外发展老年教育的经验,对外宣传我国办学成果。当今世界由于互联网的作用紧紧联系在一起了,全球化浪潮席卷所有的国家,老年教育信息沟通和交流越来越密切。各国第三年龄大学网站的漫游浏览、信息发布、下载分享成为国际交流对接的主桥梁。协会成立后,不仅接待过百余个国际友好团体到我国各地老年大学访问参观,还数次组团参加国际会议,并与国家教育委员会合作,在中国成功举办了有法国、俄罗斯、澳大利亚等国家参加的第三年龄教育国际研讨会。

国际第三年龄大学协会(IAUTA)与世界经济合作与发展组织(OECD)、联合国教科文组织(UNESCO)、世界卫生组织(WHO)、世界银行(The World Bank)等国际组织建立了良好的合作关系,也与许多国家的政府有协作关系。IAUTA理事会指定专人负责对上述机构的联络。IAUTA目前有130多个团体会员及个人会员,是国际老年教育思潮兴起的主要传播者和研究者,是世界各地老年大学沟通信息、交流经验、开展合作、协作科学研究的良好平台,是推动全球老年大学共同发展的工作网络。1994年4月,经民政部、财政部、外交部批准,中国老年大学协会向IAUTA提出入会申请,同年8月IAUTA在芬兰召开的第17届会议上接纳我协会为该国际组织成员。加入IAUTA后,中国老年大学协会成为其最大的团体会员。加入时双方达成共识,中国老年大学协会是中国所有老年大学的唯一代表。

入会后,协会多次出席IAUTA会议并发表论文,宣传中国老年教育工作成就。我国办学、教学和发展老年教育事业的经验得到越来越多国家的重视,国际影响日益扩大。1998年8月在第19次会议上,时任中国老年大学协会会长的张文范当选为该国际组织理事,同年12月在巴黎召开的理事会上张文范被推举为副主席。现在,中国老年大学协会常务副会长袁新立当选为IAUTA的常务副主席,中国老年大学协会副会长、广州市老年干部大学校长林元和当选为理事。2002年在马德里召开的第二届老龄问题世界大会上,协会秘书长刘平生作为中国非政府组织代表团成员出席会议,在"中国论坛"上宣读论文并布置了中国老年大学学员作品展厅,展示了中国老年教育事业成就和老年学员风采,引起各国友人极大关注,获得一致好评。

(4) 事业发展部。事业发展部设在北京东方妇女老年大学。其职责为组织开展推动老年教育事业发展的各项活动;筹集资金创办或合作兴办老年教育项目;协助基层建设和改善老年教育设施,扩大老年人受教育面;宣传发展老年教育事业的意义和作用,动员社会力量支持老年教育事业。事业发展部成功地在人民大会堂举办了两次老年大学大型文艺晚会,引起社会广泛关注。

(5) 老年教育学术委员会。老年教育学术委员会设在南京金陵老年大学内,负责组织对老年教育的基础理论研究、应用理论研究和政策研究;总结交流老年教育学术研究的经验和成果;协助协会办好重大的理论研究活动;向协会提出开展学术研究的咨询意见和建议。学术委员会根据各个时期国家形势和老年大学发展情况,每2—3年确定一次重点课题。至今,学术委员会已召开过12次全国性的理论研讨会,并于会后编辑出版《老年教育》论文集,宣传科研成果,指导老年大学沿着正确方向发展。

(6) 宣传出版工作委员会。老年教育宣传出版工作委员会设在山东老年大学内。负责整合各地老年大学宣传资源,发挥优势,按照协会各个时期的工作部署与要求,做好我国老年教育的宣传报道工作,在校际间沟通信息,在社会上扩大影响。1989年4月,中国老年大学协会一届二次常务理事会决定,《老年教育》杂志成为中国老年大学协会会刊。《老年教育》现有三个版本:上旬版《长者家园》面向全国老年大学学员,因其较强的知识性、趣味性和高雅的文化品位,受到了广大学员的欢迎;中旬版《老年大学》面向全国的老年教育工作者,具有较好的工作指导性;下旬版《书画艺术》则是国内唯一面向老年大学书画班师生的专业刊物,具有较强的知识性、实用性和收藏鉴赏价值。此外,根据老年大学需要,编辑出版老年教育相关读物和音像、画册等资料。

（7）远程教育工作委员会。远程教育工作委员会设在上海老年大学内，负责宣传老年远程教育的意义、作用；统筹建立老年远程教育的资源共享机制，筹划开办老年远程教育的平台，扩大老年教育覆盖面；合作开发老年远程教育课程与教材编写；推广办学模式及教学经验，组织理论研究。

（8）教学工作委员会。老年教育教学工作委员会设在北京师范大学内，负责研究老年大学教学管理的原则、方法，探讨老年大学学科教学的内容和方法；组织老年大学教学大纲和教材的推荐选用、编写与修订；开展教学管理和教材工作的调查和研究，提出提高教育、教学质量的对策建议；开展教学、教研工作经验交流，组织管理人员与任课教师的培训；介绍国内外老年教育教学理论，交流教学信息。

（9）企业老年大学工作委员会。该委员会由具有一定经济实力和影响力的企业老年大学组成，负责组织全国企业老年大学的各项活动。具体负责沟通企业老年大学之间以及企业校与地方老年大学之间的信息。加强经验交流、资料交换，加强教学工作、理论研究等各方面工作的合作。在中国老年大学协会的指导帮助下适当开展国际学习交流。主动接受协会的领导，承担中国老年大学协会安排的工作，积极参加协会组织的各项活动。

（10）高校老年大学工作委员会。该委员会是中国老年大学协会的分支机构，主要任务是团结全国各高校老年大学，推进高校老年大学的交流与协作，促进老年教学事业的繁荣发展，为构建全面学习的学习型社会作贡献。具体工作职责：组织高校老年大学校际间的经验交流和信息沟通；开展老年教育学术、理论和教学研究；推动高校老年大学规范化建设，不断提高办学水平与教学质量；编写、推荐及评选优秀教学大纲、教材；开展老年教育工作者的培训工作；开展国际的交流和合作。

3. 协会的作用

（1）桥梁作用。协会是沟通老年大学（学校）与政府的桥梁。协会及时向政府有关部门反映老年教育动态，向全国各地老年大学（学校）传达中央及各涉老部门对老年教育工作的指示精神，协助有关部门制定老年教育的法规和政策。协会参加了《中华人民共和国老年人权益保障法》的调查研究和有关条文的制定工作；协助有关部门制定《中国老龄工作七年发展纲要》和《关于加强老年文化工作的意见》；向中宣部以及有关部门和各大新闻媒体介绍全国老年教育事业发展情况，向各地老年大学推荐典型材料，以便在社会上进行宣传报道，使社会各界了解老年大学，关注支持老年教育事业。协会在各地的常务理事、理事结合当地实际情况和需要，及时向当地党政领导及有关部门反映情况，提出建议，协助涉老部门制定老年教育发展规划，推动了我国老年教育事业的迅速发展。

（2）导向作用。协会通过各种会议以及公开发行的协会会刊《老年教育》和内部刊物《中国老年大学协会通讯》，向各地老年大学（学校）及时贯彻中央各个时期的方针政策，引导老年学员跟上社会发展脚步，与时俱进，特别强调在老年学员中进行老年人生观和老年价值观的教育，使课堂成为对老年人进行政治思想教育的重要载体，把老年大学办成社会主义精神文明建设的坚强阵地。协会通过举办教学、办学经验交流会，使各校在办学宗旨、教学方针、课程设置、办学模式、学校管理等一系列重大问题上达成共识。通过理论研讨会，使学校按照国家政治经济形势，依照老年教育事业发展进程，引导老年大学面向全社会，扩大老年人受教育面；加强政治思想教育，促进社会主义精神文明建设；实现健康老龄化以及学校规范化建设，使我国老年大学始终沿着正确的方向健康发展。

（3）凝聚作用。我国老年学校教育的主办单位涉及各地老龄委、老干部局、教育厅（局）、高等院校、科研机构、部队、工矿企业、民主党派、群众团体等多个部门，这些部门在办学指导思想上各有侧重。邀请上述各有关部门负责同志担任常务理事，共同组成常务理事会，建立中国老年大学协会这一老年教育的全国性协调机构，通过协商、讨论，寻找发展老年教育的最佳方案，具有广泛的代表性、权威性，体现了各涉老部门的齐抓共管，使隶属于不同系统、不同部门的老年大学统一思想、团结协作、相互支持，在全国各地各类老年人的学校中起到了凝聚作用。

第二节　相关部门办学各显特色

中国的老年大学从起步到在全国普及发展，都是在各级党委政府的领导下，由老干部部门、教育部门、老龄办、文化部门具体工作部门和部分社会力量牵头兴办的。虽然它们各自的工作职能不同，但在老年大学的发展上都尽职尽责，发挥自身力量，同时依据自身优势，在办学过程中彰显出各自的特征。

一、老干部部门办学起步早、经验丰富

中国的老年大学起初一般都是由省、市委老干部局发起兴办的，三十多年来，全国由老干部部门牵头兴办的老年大学、老年学校数和在校学员数都超过老年大学总量的75%。

中国老年学校教育的发展，借助于改革开放的东风，起源于离退休老干部的客观需求，首创于党委组织、老干部工作部门，充分说明了我们的老干部工作从兴办老年大学开始就已经在推进我国老龄事业的发展中发挥着积极的作用。1982年党和国家对干部人事制度作出重大改革，废除领导干部终身制，一大批老干部离开工作岗位。各级党委成立老干部局作为离退休干部管理服务部门，负责

落实老干部的政治待遇和生活待遇。其中政治待遇的落实主要是开办培训班,组织大家一起学文件,谈形势,议发展,这就是老年大学的雏形,后来很快扩展成老干部学校。老年大学大多起源于老干部培训班,其职能由老干部局落实老干部政治待遇扩展而来,老干部部门牵头兴办老年大学理所当然、顺理成章。

中共中央组织部就老年大学工作召开了三次座谈会,分别是2002年7月在广东、2004年7月在福建、2006年7月在云南召开的老年大学、活动中心工作座谈会。中共中央组织部、人力资源和社会保障部在《关于进一步加强新形势下离退休干部工作的意见》中要求:推进老干部活动中心、老干部大学(老年大学)工作。各地各部门要按照建设全民学习、终身学习的学习型社会的要求,适应离退休干部活动、学习的需要,制定老干部活动中心、老干部大学工作计划和长远规划,健全组织机构,保障工作经费,规范各项工作,提高管理效能,推进老干部活动中心、老干部大学工作持续、健康发展。2016年1月,中共中央办公厅、国务院办公厅印发《关于进一步加强和改进离退休干部工作的意见》的通知,要求加强离退休干部思想政治工作,指出老干部活动中心、老干部(老年)大学建设要纳入公益类文化事业发展总体规划。加强基础设施建设,推进老年教育文化资源共建共享;加强社区教育机构和老年文化活动场所建设,各类公共文化设施和活动场所要为离退休干部活动、学习创造条件,离退休干部活动、学习场所要探索服务社会的途径和方法。坚持老有所教、老有所学、老有所乐、老有所为相统一的原则,把政治性、科学性、趣味性有机结合起来,组织丰富多彩、积极健康的文体活动。

中国的传统文化中干部是群众的领头人,老干部局兴办老年大学,培训老干部政治、业务能力,让一批批离退休干部端正思想观念,提升专业水平,增强社会活动能力,进而引导大家服务经济建设和社会发展,让老干部在焕发第二青春的同时,对国家的繁荣昌盛作出新的贡献,让老龄化浪潮带来正能量,消除和限制负面影响。干部带了头,群众有劲头,以离退休干部为骨干学员,吸引带动了一批批社会老年人来老年大学学习,让普通老年人享受老干部的政治待遇,体现出党的温暖和政府的关怀,老年人入学率得到大幅提高。老干部部门牵头兴办的老年大学教学管理先进规范,所选教材正规,内容积极向上,符合老年学员的需求,迎合大多数人的心理,深得老年人的信任,学员的学习兴趣浓厚,热情高涨。老干部部门创办的学校公益性十分明显,不给学员增加经济负担,深受老年学员的欢迎。老干部部门领头兴办的老年大学数量多、规模大、时间长、质量好,已形成行业办学优势,自身已形成比较规范的管理协作体系。老干部系统发挥这一优势,不断探索办学新思路,总结办学经验,完善办学法规,在提升自身办学水平的同时,给其他部门和社会力量兴办老年大学提供指导和帮助。

二、教育部门办学资源优厚、后来居上

国家颁布施行的《中华人民共和国教育法》第二条规定:"在中华人民共和国境内的各级教育,适用本法。"第十五条规定:"国务院教育行政部门主管全国教育工作,统筹规划、协调管理全国的教育事业。县级以上的各级人民政府教育行政部门主管本行政区域的教育工作。"依法行政,老年教育理所当然由教育行政部门主管,老年大学的兴办,是教育行政部门的常规工作。由于老年大学起初是由党委组织、老干部部门发起兴办的,学员绝大部分为离退休干部,三十多年来,老年大学以老干部工作部门兴办的为主,教育行政部门所办老年大学仅占15.2%,但教育部门办学资源丰厚,优势明显,所办的老年大学质量较高。

教育行政部门主管各项教育事业,无论是办普教还是办职教,

搞学历教育还是非学历教育、青少年教育还是中老年教育,都掌握着学校教育的优势资源,深谙教育的基本规律。教育部门兴办老年大学驾轻就熟,顺风顺水,系统内人才济济,搭建起老年大学的平台,给了有志于老年教育的人才以广阔的用武之地,让教育人才释热放光。进入 21 世纪以来,适应受教育人口情况的变化,教育部门实施了大规模的布局调整,拥有大量的闲置校舍,转用于老年大学的兴办,可谓一举多得。已办的老年大学的教学管理先进规范,时常有创新佳作,充分彰显出教育部门的坚实内功。教育部门创办老年大学深受社会老年人的信任,入学率比较高。

三、老龄部门办学注重普惠、迎合大众

国家老龄工作部门包括中国老龄问题全国委员会、中国老龄协会和全国老龄工作委员会。这些部门始终对老年教育工作十分关心,大力支持,并经常对老年教育工作提要求、做指示,做了大量工作。1985 年 12 月,当时的中国老龄问题全国委员会召开了第一次全国老年大学经验交流会,并邀请党和国家的领导接见会议代表并做重要讲话。1994 年 12 月,国家老龄工作部门会同国家纪委等十部委联合制定了包括老年教育工作在内的《中国老龄工作七年发展纲要(1994—2000 年)》,特别是《中华人民共和国老年人权益保障法》的颁布实施,对老年大学的健康发展起了一定的推动作用。虽然全国老龄委是国务院领导下的议事、协调机构,本身没有行政管理职能,难以对老年学校教育实施系统的行政管理,但他们积极协调、指导兴办老年大学工作。目前,全国由各级老龄委管理创办的老年大学有 1 627 所,入学学员 95 509 人,所办学校占总数的 10.8%,而且老龄委办学特别注重普及和实惠,所办的老年大学对社会老年人具有广泛的吸引力和号召力,以全心全意为广大老年人服务为宗旨,选择的学科专业贴近社会老年人的实际需要和智力、心理、身体

承受力，既能让老年人学到知识、愉悦身心，实现文化养老，又能让老年人释放奉献社会家庭的余热。教学方法也比较得体，能让大多数老年人乐意接受，在教学管理方面宽严相济，完全为老年人着想。

四、文化部门办学专业明显、独具特色

综观全国各地老年大学所开设的学科专业，尽管五花八门，并带有鲜明的当地经济社会发展特征，但歌舞类、器乐类、健身类是必不可少的，成为全国老年大学的共性。因此，文化部门管理兴办的老年大学，所设学科专业与自身的专业较为融合。文化部门借助群众文化活动项目的基础，对原有的队伍进行扩充，对节目质量进行提升，对学科专业进行拓展，对师资力量进行加强，对教学管理进行规范，所兴办的老年大学带有浓郁的民间专业文化底蕴。由于开设课程与广大群众的专业爱好和生活兴趣相对位，对老年群体的吸引力独特，入学率比较高。文化系统内无论是在职的还是离退休的，群众文化专业人才济济，他们承载着祖国民族文化的内涵，文化部门搭建起老年大学的平台，给他们提供传授民族文化的机遇，履行传承责任，让民族文化传统代代相传。文化部门创办专业特色明显的老年大学，吹响了民间文化艺人集结号，身怀绝技的学员们相互切磋交流和传播技艺，挖掘出一批批民间文化瑰宝，给中华民族文化增辉添彩。虽然文化部门管理兴办的老年大学仅占老年大学总数的2.2%，但鲜明的群众文化特色弥补了很大的不足。

五、社会力量办学形式多样、精彩纷呈

中国老年大学的发展道路是一条由党政部门主导的办学之路，又是一条发挥社会力量积极参与的协力推进之路。我国老年教育发展既有党政主导，又有社会动员，调动一切积极因素，发挥社会主

义制度集中力量办大事的优越性,组织社会资源加以推进。同时,老年大学发挥主观能动性,采取"开门办学"等有效形式,争取各种社会力量,积极而稳妥地推动老年大学的兴办和老年教育事业的发展。目前,社会力量办学大致有四种形式:公办的,如省、市、县级老年大学;公办民助的,如江苏省江阴市、靖江市、泰兴市老年大学均由江苏元林集团基金会资助兴建校舍并补助办学经费;民办公助的,如江苏青春老年大学、华夏老年大学等;纯民办的,如江苏南京夕阳红老年大学等。采用市场机制,引入民间资金,投资老年大学的兴办,优化了整体办学资本结构,搞活了投资机制,有效地补充了办学力量的不足。民办老年大学灵活的投资机制和教学管理体制,给公办学校的办学管理提供借鉴,促进老年大学整体兴办机制的不断创新。

第三节 办学层级基本形成网络

经过三十多年的发展,全国老年大学在总量上已达到相当规模。6万多所老年大学、老年学校遍布于全国各地,基本形成了省、市、县、乡、村、社区老年教育网络。

一、省级老年大学发挥引领指导作用

全国32个省(直辖市、自治区)现办有老年大学80所,其中包括中央国家机关开办的25所。每个省(直辖市、自治区)都办有1—2所老年大学,在校就读学员20多万人。这些老年大学数量虽少,就读的人数也不算多,但所发挥的龙头引领作用相当明显。国家颁布的《中华人民共和国教育法》《中华人民共和国老年人权益保障法》等法律法规的执行,省(直辖市、自治区)通过的有关老年教育方面的条例的贯彻实施,都需要有个标杆,让地(市)、县(区)及基层的部

门和老年学校比照看齐,省级老年大学就是这样的标杆,是把国家和地区法律条例以及相关条文变成现实行动的榜样。与其他普通学校一样,老年大学有自己的办学方针,每个时期会突出重点问题,抓住关键因素,采取行之有效的策略,以期提高办学质量。省级老年大学率先完成这些任务,给市、县及基层老年大学指明方向,趟出路径。省级老年大学具备丰富的办学经验,发挥智力资源优势,立足本地实际,顺应国际第三年龄教育的潮流,制定得体的管理办法,并且与时俱进,不断创新和改进教学管理,形成具有中国老年教育特色的老年大学管理章程,自身受益的同时,让市、县级老年大学分享。省级老年大学通过省老年大学协会,领导和协调全省老年大学工作,履行对市、县老年大学的行政管理职能,领头实施老年教育法律条例,组织教学管理经验交流,督查办学进程,评比办学成果,推动本省老年教育事业的蓬勃发展。

二、市级老年大学发挥示范推动作用

在中国的行政体制中,地市级处于中间阶层,上有中央、省,下有县、乡镇,在行政运转中地市级是承上启下的重要环节,该层级运转如何,直接关系到整体行政体制是否运转流畅。对此,兴办老年大学的实践也充分予以印证。中国老年大学协会 2015 年统计的数据显示,全国 395 个地市级,领头兴办的老年大学有 492 所,在校的学员 762 286 人。就其办学层次而言,高不过省级老年大学,但 6 倍于省级老年大学的学校数量,容纳近百万名学员,是省级老年大学望尘莫及的。地市级老年大学对一省、一市、一区老年教育的托举张力,对县、乡镇基层老年大学办学的示范引导作用,远大于省级老年大学。市级老年大学贯彻执行相关老年教育法律法规条例,将省级老年大学的典型行为扩大推广,并给县、乡镇老年学校做出榜样;对省级老年大学确立的办学方针,实施现代化办学实践,进行量化检验,并对成果作出反馈,帮助全省进一步改进和完善老年教育策略,引领县、乡镇老年大学明确办学方向。地市级老年大学学习借鉴省级老年大学教学管理章程展开教学工作,同时结合各地情况进行总结,及时改进创新教学管理,形成更加适合的办法,提升自身办学水平,为县级老年大学教学规范管理提供帮助。地市级老年大学对县、乡镇级老年大学实施业务指导和行业管理,带动和促进基层老年教育工作的展开。

三、县级老年大学发挥骨干带头作用

县级在我国行政体制中处于塔基位置,历来有"郡县治,天下安"的古训。根据中国老年大学协会 2015 年的统计数据,全国县(市)级办有老年大学 2 283 所,是省级的 3 倍、地市级的 5 倍,县级老年大学在校学员 1 128 218 人,超过了百万。虽然每所老年大学在校人数不如省、地市级老年大学那么多,规模较小,但它们像一颗颗种子,均匀地撒在全国各地,让依法推进的老年教育事业在全国各地生根、开花、结果。截至 2015 年底,县级老年大学的数量也有较多的增加,特别是在校老年学员数,已超过 160 万人。这 160 万名学员基本来自 160 万个家庭,老年教育事业普惠千家万户。他们老有所学的行为对所在家庭成员的学习劲头会产生一定带动作用。学到的知识,增长的才艺,首先让千家万户受益。县级老年大学办学比较正规,教学质量有保证,为面广量大的乡镇、社区老年学校做出榜样。县级老年大学为乡镇、社区的老年学校培养了大量的学习骨干和教员,通过这些学员的努力,帮助乡镇和社区办起一所所老年学校,同时,指导提高了乡镇、社区在办老年学校的教学质量。县级老年大学还担负着对乡镇、社区老年学校的行业管理责任。对乡镇、社区老年学校的办学实施检查督促,适时组织考核评比,帮助提升办学质量,带动了乡镇、社区老年教育事业的健康发展。

四、基层老年学校的普及拓展

农村乡镇政府、村委会、城市街道社区居委会,是中国最基层的行政单位,组织领导的是普通农民和居民。据中国老年大学协会2015年的统计,全国办有乡镇级老年学校9 881所,在校学员1 400 190人,办有村级老年学校45 876所,在校学员3 062 352人。近几年,老年学校的兴办热度不减。据《发展社区老年教育与建设学习型城市研究》一书提供的抽样调查数据,上海、天津、南京、北京、青岛等大城市的街道社区老年学校的办学比例高的达到100%,低的也达到83.3%,老年人入学率高的达到51.48%,低的达到38.6%。乡镇村和城市社区街道办老年学校虽规模不大,教学管理也没有县级以上老年大学规范,但在这些老年学校里接受教育的大多是农民和居民,他们是中国社会最普通的群众,这一群体是老年教育的主要对象。如果没有大量的农民、居民走进老年学校学习,就难有全国老年教育事业的成功与辉煌。而组织这一群体人员进入老年学校接受教育相比之下难度较大。办学人员应强化他们接受教育的意识,尽力减轻他们的经济负担,合理安排学习时间,选择贴切合适的所教所学科目,调动老年农民、居民参学的兴趣。在县级老年大学指导帮助下,镇村、社区老年大学教学管理逐步步入正轨,教学质量迅速提升,赢得了农民、居民学员的信任。参学尝到甜头的学员以老带新,将一批批农民、居民老年人带进老年学校,不断巩固老年教育事业的基础。

第四节 各种行业办学异军突起

与党政部门,省、市、县、镇、村及社区行政单位一同兴办老年大学,携手推进全国老年教育事业发展的还有各种行业的重要力量。

他们积极承担起法律、法规、条例赋予的老年教育责任,努力发挥自身优势,挖掘单位教育资源,兴办起一所所行业特色明显的老年大学,让老年教育事业普及至众行业、多领域,保证做到有老年人群就有接受教育的机会。

一、企业办学承担社会责任

我国各类企业是经济发展的中坚力量,企业人员的思想理念、技术水平、管理能力如何,直接关系到整体经济发展的速度和质量。改革开放以来,我国经济发展增幅年均达8%,创造出世界范围内经济发展奇迹。之所以会有如此辉煌的成绩,主要是因为企业队伍的健康成长与壮大,而每个企业走向成熟依靠的是人才。三十多年来,全国一批批理念新、技术精、管理好的人才向企业汇聚,企业界成为全国人才积聚的高地。可岁月不饶人,企业界同样涌起白发潮流。进入老年期的企业人员有信心、有底气、有传统余力生辉,报效社会。企业办老年大学,给广大老年人搭建起提高水平、服务经济发展的平台。中国老年大学协会2015年统计数据显示,全国大型企业开办老年大学491所,在校学员达221 587人。部分中型企业也兴办起老年大学或老年学校,每所大学的规模和质量次于大型企业所办学校,但学校数和在校学员数都超出大型企业。在全国教育体制改革、学校布局大幅调整之前,许多国有大中型企业都办有普通教育学校,让职工子弟入学就读,企业有办教育的经历,积累了宝贵经验。现在再让这些资本用于兴办老年大学,招收退休职工入学就读,老年教育工作顺风顺水,减轻了政府兴办社会事业的负担。企业的老年大学办得红红火火,大大丰富了企业的文化内涵,增加了企业文化底蕴,增强了企业发展的竞争能力,稳定了企业这片"小社会"。企业办成的老年大学行业特色相当明显,帮助优化了全国老年大学专业结构,在与行政部门兴办的老年大学进行的教学管理交流中多方受益,互补长短,相得益彰。

二、部队办学共建和谐社会

人民解放军就是一所大学校,军营里充满浓郁的学习气氛,官兵们学政治、学军事、学文化早已常态化。改革开放后,为配合全国以经济建设为中心的大政方针,部队建立了培养军地两用人才的制度,每周都安排专门的时间学文化、学技术,让官兵们不仅拥有过硬的保卫祖国的军事技术本领,还身怀建设祖国的多项专业才能。部队的文化生活丰富多彩,文艺人才济济,所有这些都为部队兴办老年大学创造了良好的条件,打下了坚实的基础。三十年来,在为部队离退休老干部和随军家属老年人服务的工作中,开办老年大学,招收营区内的老年人进校学习,实施文化养老是重点项目。中国老年大学协会统计数据显示,到 2015 年底,我国军队系统内所办老年大学 358 所,在校学员 27 566 人,学员中还有许多退役的将军。部队的官兵包括随军家属是一个较为特殊的社会群体,他们历经沧桑,在部队军营里留下的离退休老年人都是精英,他们的能量很大。军队兴办的老年大学招收他们进校学习,稳定了这个群体,让他们在良好的文化氛围中愉悦身心,在增长知识的过程中保持报效国防的意志,借助老年大学的平台展示自己的才能。部队兴办起的一所所老年大学,帮助完成了全国老年教育多姿多彩的拼图,为构建社会主义和谐社会作出新的贡献。

三、高校办学完善终身教育

无论是普通教育的高等院校,还是职业教育的高等院校,无论是公办的,还是民办的,无论是高层次的,还是一般层次的,高校兴办老年大学的优势都相当明显,实属举手之劳,往往是在校园内扩建几个老年教育专业即可。到 2013 年,全国高等院校已办老年大学

365 所，在校学员 74 443 人。高校兴办的老年大学相比于其他部门兴办的老年大学，有教学人才、教材、教学设施、管理制度等方面的优势，质量明显要高出一等。在这样的老年大学就读的学员和工作人员，一般都接受过高等教育。在离退休前，他们无论是从事教学的，从事研究的，还是从事行政后勤工作的，都处于不断学习掌握新知识、作出新贡献的过程。进入老龄期后，乘势走进老年大学的课堂，接受全新的课程教育，让自己的晚年都在荡漾着优美文化的氛围中度过，延年益寿的同时，还不时为国家的建设、社会的进步释放自己的余力。全国老年大学的优秀师资不少来源于高校。高校所办老年大学的学员成为接受终身教育的标杆，为完善我国终身教育事业发挥示范作用。

第五节　基本实现多种办学类别

中国的老年大学从零开始，摸着石头过河，在探索中及时总结经验，不断形成新理念、新办法、新措施。三十多年来，这种创新是适应时代的发展和老年人需求的演变而不断展开的。

一、老年学校教育星罗棋布

三十多年来，学校教育一直是老年教育的主要形式和方法。截至 2013 年底，我国已办老年大学（老年学校）近 6 万所，在校学员近 700 万人，目前，这组数据均有较大幅度增长。跨进校园接受规范化教育，这是广大老年人参学的首选方式，老年学校教育更适合老年人的需求。三十多年来，老年人仍有社会理想，有社会责任感，有继续参与社会发展的愿望，他们的个性化发展中包含着社会化发展的要求。老年学校教育更加尊重和关注老年人参与社会发展的积极性，帮助他们加速了再次社会化的进程。老年学校教育更有效地提升了广大老年人的科学素质、文化素质、健康素质,引导他们适应社会、参与社会、服务社会,在适应、参与、服务中,让老年人更好地体验生命的价值,享受由此带来的更高的幸福感受。

党中央在解释科学发展观时反复强调:改革开放、经济发展应当惠及全体人民。各方面的调查表明,我国老年人群中有入学意愿的超过20%。三十多年来,老年教育正是依托兴办老年大学(老年学校)的方式向基层延伸,向社会普及,努力向惠及全体老年人的方向发展,让越来越多的老年人提高了文化素养与生命质量,提升了生命价值与生命体验,享受了幸福生活。星罗棋布的老年学校让有学习愿望的老年人享受着宪法和法律所赋予的受教育的权利。

在普及的同时,我国各地开展了老年大学和老年学校的规范化建设,并在规范化建设的基础上创建示范性老年大学,提高了老年教育质量,加大了向基层、向社会普及的力度,示范效应相当明显,推动着我国老年大学的兴办朝着现代化方向大踏步迈进。

二、老年远程教育如雨后春笋

作为老年学校教育的补充和延伸,老年远程教育悄然兴起。老年远程教育虽起步较晚,但发展势头迅猛。据中国老年大学协会2013年的统计,全国老年远程教育学校总数为3 738所,教学点总数为34 216个,注册学员总数达到147万人,入学总人数超过245万人。开始主要分布在我国沿海地区,后迅速向中西部地区扩展,尤其是在边远地区的山区农村更受欢迎。随着互联网的迅速发展,老年远程教育的平台越搭越高,越铺越广。与老年学校教育相比,其自身的快捷、方便、灵活、大容量、布点多、照顾面广、学员乐于接受的优势比较明显,广大老年学员坐在家里读大学的梦想得以实现。老年远程教育已成为今后老年教育的主要发展方向。

三、老年社会教育遍地开花

中国是有着五千多年文明史的古国,民间文化底蕴相当丰厚,社会成员间的文化代际承接、相互传播、生生不息,渠道广泛,形式多样,效果明显。借助这一灿烂文化和厚重历史,老年社会教育不断地扩量提质。城市社区街道的成人中心学校和农村村组的夜校、讲座、培训班、报告会等,参与听课学习的中老年人占到近一半,许多教师都由老年人担任,老年人既是受教育者,又是教育者。老年人成为学习传播中国传统文化、弘扬社会主义核心价值观的一支重要力量。在社会生活中,老年人用说得到、做得正的言行,相互鼓励支持,同时给中青年一代人做表率榜样,在社会上传播正能量。城市的街头巷尾、农村的田边地头,常见到老年人的报告会、故事会、演讲会有声有色地开展;老年文艺演出已成为城乡不可取代的一道风景线;有组织的老年人广场舞已从城镇街头普及到农村地头。民间老年人丰富多彩的文化教育活动,让全国老年教育事业接了地气,植根于广泛的群众活动之中,从而枝粗叶茂,满目花果。

第三章 中国老年大学的教学规范和管理体系

我国老年大学经过三十多年的发展,形成了主体多样、体制不一、规模各异的老年大学网络格局和管理模式。老年教育的非强迫性与完全自愿性、老年教育机构的开创性与制度的灵活性、老年大学教学内容的多样性和趣味性、老年教育事业的公益性和福利性等多重属性,决定了老年大学在建立和发展的过程中,日益形成了与普通高等学校以及中小学完全不一样的学校管理服务体系。在领导体制、学员管理、组织教学、课外活动以及教学研究等方面,形成了特色明显的教学规范和管理体系。

一所老年大学在建立之初,一般只有几十人至一两百人,学校也没有多少设施设备,那时对学校管理的需求比较简单。而今,大中城市的老年大学大多有几千乃至上万人,专业设置也有好几十个,班级数有的达到二三百个,每年经费支出几百万元,学校的设施和设备逐步现代化,这样的规模也对学校管理提出了更高的要求。老年大学的办学者们也切身感受到,学校管理已成为影响老年大学生存、发展、提高的关键因素之一。近年来,一些学校领导人提出了"向管理要质量"的口号,进一步认识到了管理的重要性,增强了改善管理工作的自觉性,同时认识到老年大学加强学校管理,必须遵循自身的规律,走规范化、制度化、科学化、现代化的道路。

第一节 服务为先,学员管理人性化

中国老年教育事业是中国特色社会主义事业的一部分。中国老年教育的发展道路总的来说和中国特色社会主义发展道路一致的,就是以人为本的科学发展观所指明的道路。

以人为本是发展老年教育的理论基础和基本要求。老年教育是应老年群体的客观存在和要求而兴起创建的一种新型教育模式,是一种特殊教育,既是全民教育的重要组成部分,也是终身教育的最后一站。中国老年教育是改革开放的产物,是我国整个社会事业的重要组成部分。改革开放以来,随着我国经济的发展和社会的进步,人们的生活水平、生活质量不断提高,医疗卫生和居住条件日益改善,人的寿命相对延长,加之公务员退休制度的实施,使得老年群体不断扩大,老龄化步伐也逐步加快。老年群体日益庞大,既是一个社会问题,又是一个政治问题,如何解决这一问题直接关系到我国改革、发展、稳定的全局。以人为本发展老年教育顺应了时代的要求。人类历史告诉我们,老年人是社会的长者、后辈的导师、历史的财富,发展老年教育,是送给老年人的晚年关怀,能够使他们完善自我、实现价值、全面发展。因此,办好老年大学、重视老年教育是继承和发扬中华传统美德,构建社会主义和谐社会的需要,也是提高老年人整体素质和生活、生命质量,全面建成小康社会,构建终身学习型社会的需要。坚持以人为本发展老年教育也是各级党委政府领导与老同志沟通的桥梁和纽带,是党和国家对老同志政治上关心、生活上照顾的具体体现。

以人为本是老年教育事业创新发展的力量源泉。党的十六大提出以人为本的观念后,我们党把以人为本升华到科学发展观的高度,并纳入了党的总的指导思想。它是我们一切工作的着眼点,同时也很自然地成了各级老年大学发展的出发点和落脚点,坚持以人为本的办学理念成为构建和谐老年大学、发展老年教育的重要指导思想和力量源泉。我国老年教育事业走过了一段坚持以人为本的自主创新之路。在这一过程中,老年教育工作者认真分析新形势下人口老龄化的总趋势,围绕如何提高老年人口素质、服务老年人的需求,认真分析了服务对象的文化层次、心理素质、生活状况、个性特点以及兴趣爱好,从而找出一些具有普遍性、规律性的东西,进而做出深层次的思考和谋划。办学为了老年人,办学依靠老年人,办学成果由老年人共享,努力办成老年人满意的学校,成为所有老年大学坚持的办学宗旨。

在坚持以人为本、服务好老年人的办学理念的指引下,我国各级老年大学在招生、报名、学籍管理、班级管理等管理环节中充分体现了服务优先与人性化管理的特点。

一、招生对象由离退休干部逐步转变为全体社会老年人

从老年大学的招生对象来看,随着我国老年教育事业的蓬勃发展,全国各地开办了各级各类老年大学,他们的招生对象也各不相同,并且呈现出不断发展变化的态势。老干部工作部门开办的老年大学,大部分名称为老年大学,也有一部分在发展的过程中将其称为老干部大学,例如上海市老干部大学、广州市老干部大学、镇江市和泰州市老干部大学。这类老年大学仍然是我国老年教育系统的主力军,经过三十多年的发展已经形成省、市、县、乡至少四级老年教育网络,有数据统计,这类学校约占全国老年大学总数的75%以上,这类老年大学创办之初,招生对象是以一定行政区域或范围内的离退休干部为主。高等院校、中央国家机关、大型企业和部队开办的老年大学,据2013年中国老年大学协会统计数据,国家机关25所、大型企业621所、高校和事业单位365所、军队358所。此类学校招生对象以本单位、本部门或本系统离退休人员为主。教育、文化和老龄委等部门开办的老年大学和基层社区老年学校,招生对象呈现出区域性的特点。天津市老年人大学、四川省老年大学、连云港市和常州市老年大学是由老龄委创办;上海市老年大学为教育部门主办;上海市老龄大学为上海市市级机关工委主办;上海市老年

职工大学为上海市总工会主办;基层乡镇和社区老年大学则大部分依托教育部门的成教中心开办,这类老年大学开办之初即以一定区域内所有愿意参加学习的老年人为招收对象。老年大学招生对象从离休干部转变为离退休老干部,再由老干部逐步转变为全体社会老年人,充分说明了我国老年大学顺应时代和社会发展,坚持以人为本的办学服务理念。综观各级各类老年大学发展历程,招生对象也是在不断变化的,这样的变化过程也体现了我国老年教育事业以人为本、服务优先的特色。

1. 以服务离休干部为起源

1982年2月《中共中央关于建立老干部离退休制度的决定》颁布。同年4月国务院批准成立中国老龄问题全国委员会,制定了《关于老龄问题活动计划要点》,提出了"老有所养、老有所为、老有所医、老有所学、老有所乐"的综合治理老龄工作的方针。此时,一大批曾经为中国人民革命和建设事业建立丰功伟绩的老干部、老同志,积极响应党中央的号令,退出了一线工作岗位。由于社会角色、生活环境的改变,不少老同志心理失衡,感到寂寞、空虚,甚至产生失落、悲观的情绪。正是在这样的时代背景下,老干部部门开始陆续创办老年大学,作为服务老干部工作的一项延伸,是落实老干部政治待遇的一项重要措施。福建省老年大学的校歌就这样写道:"大江南北任我闯,戎马半生豪气壮。而今迈步从头越,花甲学子读书忙。多经风雨青山在,霜雪过后尽朝阳。书声琅琅香满院,老年大学春意融。"歌词不但说明了当时的学员是离休干部,而且以战争年代在战场上立过汗马功劳的工农兵干部居多。

2. 以服务退休干部为突破

随着时间的推移,各地老年大学单纯服务离休干部的局面悄悄发生了改变,逐步发展为服务离退休老干部。20世纪80年代末90年代初,新中国成立后参加工作的同志陆续到了退休年龄,他们退休后同样也有各个方面的学习需求。此时,各地老年大学(以省、地市两级老年大学为主)经过近十年的发展,已经逐步改变了创办之初一无经费、二无校舍、三无编制的情况,一些老年大学已经初具规模,有的还建立起了分校,并在当地也产生了一定的影响力,吸引了绝大部分退休干部的注意。在退休干部们的要求下,老年大学的大门逐步向他们敞开,很多学校开始改革,接受退休后有一定级别的退休干部参加学习,招收对象由离休干部逐步扩大到退休干部、退休教师。1984年上海市委老干部局决定试办"上海市离休干部进修学校",办校两年之后,1986年市委又决定将其更名为"上海市老干部大学"。1989年经上海市老干部大学批复同意,又建立了上海市老干部市直机关分校。

3. 以服务社会老人为拓展

2002年联合国召开第二届世界老龄大会,提出健康、参与、保障的积极老龄化政策框架。在我国,随着改革开放的逐步深入,我国经济高速发展,各级政府对老年教育加大了投入力度,为扩大办学规模创造了物质条件。党的十六大以来,出现了一系列新理论、新思想(包括构建和谐社会、改革发展成果惠及广大人民、以人为本、科学发展观、促进人的全面发展思想以及四个全面发展纲领等),基于这些理论与实践的认识,党中央又提出建立发展效率与公平分配相统一的分配体制。在这样的改革开放格局中,老年教育成为将改革开放成果惠及广大老年人的一条路径,成为老年人享受基本教育权利的一个平台。2013年新颁布的《中华人民共和国老年人权益保障法》明确指出,老年人有继续受教育的权利。国家发展老年教育,把老年教育纳入终身教育体系,鼓励社会办好各类老年学校;各级人民政府对老年教育加强领导,统一规划,加大投入,从而使老年教育得到了进一步的发展壮大。不仅县以上地级市办起了老年大学,乡镇、村、社区也办老年学校;不仅中央部委办,工矿企业、大专院校、科研单位以及社会团体也积极兴办老年大学；不仅老干部部门办，老龄委、文化部门、民政部门也办。老干部大学、老年大学、老年人大学、老年干部大学等各式各样的老年大学纷纷涌现。老年教育在中华大地得到蓬勃发展。人们生活稳定，而且生活水平大幅度提高，精神生活的需求日益增长，加之各地老年大学纷纷办出了业绩，社会影响力逐步扩大，要求接受教育的老年人越来越多，一些退休工人和社会老人也纷纷要求入学，他们与退休干部多属于同一个年龄段，为国家建设同样作出过贡献。秉承有教无类的人本主义思想，此时我国各级各类老年大学已经不再仅仅将离退休干部作为招生和服务对象，尤其是当老年教育延伸到社区、农村之后，大量的社会老人成了老年学校的学员，老年大学成为惠及全民的福利性教育载体。

二、报名方式由集中式的手工报名逐步转为数字化方式

招生报名是学校管理工作的一个主要环节，老年大学的招生报名工作与普通中小学和大中专院校招生报名相比更显得重要和特殊。报名工作是老年大学的一项重要工作，所有教学和管理工作都发端于报名。报名的组织工作是否科学合理能够体现一所老年大学的管理水平，大而言之，报名的结果直接体现学校办学的规模和社会影响力，小而言之，一个专业班报名的成功与否是这个专业和班级能否成功开办的关键和基础评价标准。我国各级各类老年大学报名工作由于地域、规模和办学主体的不同，方式方法上也存在很大的差异性，但总体呈现出由传统手工报名逐步转为数字化报名方式的发展趋势。

1. 老年大学报名工作的特殊性

与义务教育和高等教育、职业教育学校的招生报名工作相比，老年大学招生报名工作存在对象的不确定性、形式的多样性、效果

的差异性等特点。报名工作的这些特殊性,使老年大学服务为先、人性化管理显得尤为重要。

（1）对象的复杂性。虽然大多数老年大学的招生对象已经由离休老干部扩展到退休干部,很多老年大学参学人员中退休工人、老农民、社会老人也不在少数,也就是说绝大多数老年大学是面向所有老年人的,没有地域限制,也没有身份限制,但是由于体制机制以及发展条件所限,我国老年人口的入学率是相当低的。中国老年大学协会2015年统计数据显示,全国老年人口的入学率仅为3.49%,这个数据其实还是不够准确的,因为全国老年人口数是指60岁以上的人口数,而实际上很多老年大学将入学门槛设定为退休,由于我国干部退休年龄,男同志是60周岁,女同志是55周岁,而女性工人退休年龄仅为50周岁,参加老年大学学习的学员当中有一大批年龄在60岁以下。因此,实际上全国老年人口参学率可能还要低于3.62%。与义务教育按照属地管理的原则、符合条件的适龄对象必须就近入学、近乎全覆盖的入学率相比,老年大学学员的流动性、不确定性是十分明显的。在我国,老年教育是休闲性、补需性自我完善的教育,国家及办学部门对老年人参加老年大学学习是没有任何强制要求的,是完全自愿的。前来学习的老同志年龄差可能在30岁以上,而且他们的身份也各不相同；很多老同志第一学期来学习,第二学期因为种种原因却不能参加学习；很多专业每个学期都会有插班生前来报名。老年大学报名对象的年龄、身份和参加学习的时间都存在很大的不确定性。

（2）收费的福利性。老年大学的报名工作中,收费是一个重要环节。除少部分针对特定对象办学的老年大学以及基层乡镇社区和村办老年学校外,大部分老年大学的学员报名参加学习,是要缴纳一定的学费的。尤其是党委政府开办的省、市一级老年大学,收费工作更是成为学校日常管理工作的一项重要内容。老年大学收费大多经历了免费学习、一收多学、第二门减收、一门一收的过程。以盐城市老年大学为例,20世纪80年代学校刚刚起步时,参加学习的老同志还不多,才一百多人,学员以离休干部为主,离休干部参加学习是不收取任何费用的。后来由于参学人数逐步增多,一些退休干部也加入了老年大学学习的行列,学校改为按人收费,一报多学,每个学员每学期只收取一门学费,可以参加多门学科的学习,当然,此时老年大学的学科数也相对较少。随着学校开设专业的丰富,课程日益多样,到90年代末期,学校明确每门课的学费为80元,学习第二门或第三门课程时则是按照每门课30元收取学费,鼓励老同志多学。2004年经物价、财政、人事、老干部等部门批准,核定为每参加一个班次每学期的学费为60元,多学多缴,学一门课缴一门学费。同时,由于电脑、古筝、电子琴等使用辅助器材的专业增多,还增加了上琴费、上机费和材料费等教辅费用。目前,国家对老年大学的收费没有统一的规定,收费基本遵循的是福利性原则,普遍较低,而且标准自定,通常是由当地物价部门审批备案后按照相关标准执行。大多数老年大学不同学科的收费标准是不一样的。不同地区的老年大学根据当地经济发展及消费水平的差异,单门课程的收费标准也各不相同,省级老年大学和省会城市老年大学相对高一些。总体看来,老年大学相对普通教育校外培训收费标准是偏低的。2015年,南京市老年大学将每门课基础学费从120元调整为200元,而徐州、盐城、淮安、苏州、泰州等市老年大学也是在近些年才逐渐提高每门学科每学期的收费标准。江苏省物价局和财政厅将老年教育收费划为非法定培训收费,规定每课时10元,上浮幅度在50%以内,也就是说老年大学每个班次每学期的学费可以达到480元。相对于这个标准,江苏省的老年大学实际收费标准是非常低的。一些基层县、区老年大学可能还要更低。不少地区财政还对老同志的学费给予适当报销。这正体现了老年教育收费的福利性以及老年大学以人为本、服务为先的办学理念。

（3）方式的多样性。我国各级各类老年大学由于办学主体和规模各不相同，在报名方式方法上存在一定的差异性。如果将全国各类老年大学按照主办的行政主体分为省、地、县、乡、村几个层级，老年大学开展报名招生工作呈现出的特点是各不相同的，大致可以概括为：省地两级老年大学一座难求，想方设法维持报名秩序；县级老年大学一报多学，学校吸引力有待增强；乡村老年大学（学校）往往以会代教，难以保证常态化。

县级以上党委政府部门开办的具有一定规模的老年大学，报名工作多是每学期进行一次，学员每次报名后参加学习的时间为一个学期，跟中小学一样，每年两个学期，期间有寒暑假，每学期学习15—16周，每门学科每周学习一个半天，通常是两课时。也有极少数学校采取的是每年一次或者按照学科每轮学制报名一次的方式进行报名。从报名流程上来看大致遵循的是先登记后缴费，缴费后凭相关票据进入课堂参加学习的程序。目前省地两级的大多数老年大学规模日益壮大，有意参加学习的老同志越来越多，出现了一座难求的现象，老年大学在登记、缴费环节产生拥挤，甚至发生事故。因此，各地纷纷动脑筋、想办法，改革报名方式方法，引入了互联网、信息化的报名方式。

县级老年大学由于起步较晚，办学力量相对薄弱，参与学习的老年人还不是很多，学校的吸引力还需要加强。以盐城市为例，全市共9所县市区老年大学，规模最大的每学期才近千名学员。这类学校往往采取的是一报多学的办法，学员只需缴纳一个班次的学费，第二个班减免学费，也有一些县级老年大学和企事业单位老年大学针对特定的对象，给予免费学习。盐城市阜宁县老年大学就不收取学费，招生对象仅限本地离退休干部。这样的学校在报名时省略了缴费工作，但同时也省略了登记注册环节，将学员身份信息登记后,自由进入课堂,参加学习,而且学习专业可以随时更换。

基层镇、村、社区老年学校,由于参加学习的人数相对较少,很多学校是依托当地成人教育中心开办的,师资力量比较薄弱,教学内容以农业讲座、党支部会议、政治学习为主,较少分科分班,以会代学的老年学校也不在少数,学校的教学工作不够常态化。这类学校的报名工作往往显得不是十分重要,基本上是不收取学费的,学员参加学习往往采取签到制度,凡是签到的人员,即为在籍学员。

2. 老年大学报名工作的数字化发展趋势

老年大学在我国经历了一个从无到有、从小到大、由点及面的发展过程,同时也是与社会、经济发展同步前行、逐步现代化的过程,高度利用信息技术是学校现代化建设的一个重要标志。老年大学作为终身教育的最后阶段,在现代化建设的进程中,利用计算机技术和网络技术,将学校管理、教学、科研、后勤服务等信息资源全面数字化成为一项基础性工程和必然的发展趋势。在这个过程中每一所老年大学,报名招生工作也都经历了由繁到简、从传统到现代的发展过程。由于科技的进步,老年大学学员的不断增多,从传统手工报名到数字化信息平台报名已经成为全国各级各类老年大学报名工作科学化的发展趋势。

(1) 传统手工报名不能适应老年大学发展的需要。我国老年大学大多诞生于二十世纪八九十年代,当时我国计算机还没有普及,互联网在我国可以说还没有诞生,老年大学的报名工作完全靠手工完成。一般的老年大学都在开学前早早地把新学期将要开设的课程,绘制成课程表张贴公布在学校醒目的位置,让老同志们能够清楚地了解新学期可以选择的课程。报名通常是集中在某两天,学员凭有关证件来学校登记、缴费、注册。很多学校都设计出了自己学校独有的报名报到卡、学员登记表、学员统计表。学校工作人员不仅要手工登记学员信息,填写学员报到卡,以确定学员身份和学习科目,还要根据学员缴费情况进行注册,为学员办理学员证,进行学籍管理。这些工作需要花费大量的时间和精力。在办学初期尚且能够适应报名工作需要,随着学员人数的不断增多,学校办学规模的日益扩大,手工的报名登记方式已经不能适应日益规范的学校管理需要了,登记出错、串班学习、统计困难、管理效率低等各种矛盾也越来越多。

(2) 学员数量的增加是老年大学报名数字化的推动力。由于经济和社会的快速发展,老同志的学习需求日益旺盛,我国各地老年大学办学规模大多呈现出了不断扩大的态势,尤其是省、地两级老年大学。有意到老年大学参加学习的老同志越来越多,很多老同志参与学习后就不愿意离开,很多学校出现了一座难求的现象。有些老同志为了抢到一个名额,早晨四五点钟就来到老年大学排队等候,有些学校甚至要通过摇号来决定名额分配。由于传统手工报名要一对一、面对面进行登记,登记速度相对较慢,造成了学校报名拥挤现象严重,有的还出现了事故,越来越不能适应学校发展需要。很多老年大学想方设法对报名方式进行改革,有的提高学费控制报名人数,有的限制热门专业报名科目数,限制结业次数,还有的采取了分批、分层次报名的办法。但是,这些改革往往很难达到长期的效果。此时,迫切需要运用科技手段,利用互联网和信息技术来对报名工作进行改革。

(3) 科技发展是老年大学报名数字化的基础。随着家用电脑、办公电脑的日益普及,我国电子办公软件、信息化平台建设、校园数字化管理系统迅速发展。科技的进步不知不觉影响到了老年大学的工作,在很多老年大学,工作人员每人一台办公电脑成为基本配备,学校的办公逐步实现无纸化。科技的发展为老年大学报名工作数字化提供了良好的技术基础。近几年,很多老年大学开始与软件开发企业进行合作,开发出很多适合老年大学报名使用的综合管系统软件，逐步实现了报名工作的数字化，具体如下。

一是充分运用电脑办公软件，优化报名程序。主要是运用电脑文字编辑和图表软件将教学计划、课程表设计公布到校园网站，制作成写真图片，向学员公布；设计新生信息登录表格，将学员报名时填写的个人信息录入电脑，形成电子档案；将每学期报名的学员名单和学习课程录入电脑，形成Excel表格，充分利用Excel表格的筛选、汇总、查找等功能，方便了班级学员数的统计，大大提高了工作效率。

二是智能卡报名。以吉林省老年大学为代表，一些学校采用了智能取号机，改善了报名时排队等候造成拥挤的现象，还建立了学校内部局域网，并与有关软件开发公司合作设计了学员智能卡报名系统。每一位来校学习的老同志办理一张智能卡，通过读卡器，在电脑上可以直接读出学员身份信息和报名信息，报名时学员只需出示卡片，工作人员可以直接通过电脑为其完成报名和缴费，并打印发票。工作人员可以随时了解各个班级的报名进度，掌握剩余名额，学员凭发票参加学习。智能卡报名系统不仅改变了过去报名时先人工手写，再电脑录入的繁琐步骤，简化了报名工作流程，而且方便了学员，一人一卡，学员无须再单独办理学员证，所有学习记录均可以在卡上体现。

三是互联网报名。随着信息技术、互联网在我国的飞速发展，近几年不少省、地一级老年大学，在报名工作中引入了互联网，老同志足不出户就可以完成老年大学报名，目前主要以上海、西安、苏州、南京、济南等大中城市的老年大学为代表。老年大学与软件公司合作研制开发出适合老年大学管理特点的老年大学学校管理系统，系统里专门设计了招生平台，将学校的招生计划、招生要求以及招生规则在网上平台公布，学员通过网上注册报名，报名成功后短信通知确认缴费，完成报名。开发较早的苏州市老年大学，2012年下半年就开始与网络公司合作研制并试运行"苏州市老年大学信息管理系统",经过几年的不断完善,目前已基本实现线上线下同时报名,2015年秋学期网上报名的学员已达50%,有效缓解了学员报名难的问题,实现了老年大学报名工作的现代化、规范化,并成为很多老年大学学习借鉴的标杆。苏州市很多区县的老年大学也逐步建立起网络化的信息管理系统,实现了报名网络化与数据管理的数字化。报名工作的数字化成为各级各类老年大学的发展趋势。

三、学员学籍管理由简单粗放操作逐步过渡为网络化模式

学籍是指一个人属于某学校的一种法律上的身份或者资格。一个学生一旦具有某所学校的学籍,在通常情况下就享有该校各项规定的权利,并应履行该校规定的各项义务。只有这样,学生才能够获得在该校学习、生活以及学业期满符合条件后该校颁发的毕业证书、学位证书的资格。学籍管理是每一所学校学生管理的重要组成部分,它关系到学生的学习资格和学习状态以及学习结果的认定。老年教育作为我国终身教育体系的一个重要阶段,其主要表现形式和载体是老年学校教育,学籍管理也是每一所老年大学学员管理的重要组成部分,是学校管理的一项重要内容。普通中小学的学籍管理主要包括:入学与注册、纪律与考勤、休学与复学、转学与退学、颁发毕业证书和学历证书等内容。老年大学开办之初多是效仿、参照中小学的学籍管理办法,也引入了入学注册、纪律考勤、休学与复学、退学、颁发毕业和结业证书等内容。我国老年大学的学籍管理工作没有统一的模式,各地根据学校工作和学员管理的需要,逐步发展完善,是一项具有完全自主性的工作,这使得老年大学的学籍管理相对普通中小学,更具服务性。除此之外,人性化、规范化、科学化、信息化成为发展方向,形成了有老年教育特色的学籍管理规律。

1. 学籍的建立

建立学籍,即学员入学注册,这是每一所学校开学必须完成的一项基本工作,主要通过记录和登记参加学习人员的身份信息和学习信息,形成学籍档案,包括姓名、身份证号、考生号、专业、毕业证书号及本人相片、在校记载等。普通学历教育对学籍管理是非常严格的,有很明确的进出机制,国家教育部在2013年专门颁布了《中小学学籍管理办法》。由于老年教育属于非学历教育范畴,它的非功利性和学习的自主性等因素决定了老年大学学员对毕业和结业证书没有很高的要求,因而在入学登记方面并没有普通教育那么严格,学员入学注册和登记,没有固定的模式和统一的要求,注册登记手续相对也比较简单。老年大学建立学籍主要包括两项内容:一是登记学员身份信息。很多老年大学都自行设计了本校的新学员登记表,内容一般包括姓名、年龄、性别、离退休前的身份和职务、家庭住址、子女及本人的联系方式等。这种登记往往是一次性的,学校会以不同的方式将登记表予以保存。早期为每人填写一张纸质表格存入学校档案,后来发展为利用Excel表格将每一位学员的信息录入电脑,形成电子表格档案。随着信息技术的应用和老年大学管理系统软件的开发,很多老年大学已经实行了网络注册,将学员身份信息直接录入学校网上综合信息管理平台,实现了真正意义上的学籍管理的电子化。二是记录学员学习信息,即每学期学习课程的登记。老年大学教育与普通学校教育不同,每所学校都根据老年学员的兴趣爱好开设了不同的学科,而且每个学科的学制是各不相同的,老同志参加学习完全自愿,所以每个学期学习什么课程、成为哪一个班的学员是不确定的,老年大学每学期都要对学员学习的课程进行登记注册。很多老年大学参照了中小学的做法,自主设计了学籍卡,用学籍卡记录学员学习情况。通常学员报名参加了某个班的学习,即取得了这个班的学籍,学校会为这名学员填写学籍卡并保存,直至结业,结业后一般交由学校存档,一个学员每参加一个班级的学习就有一张学籍卡。信息化程度较高的老年大学为学员建立电子学籍卡,即学员学习记录网上记载。

2. 学员证的办理

为了方便学员管理,具有一定规模的学校还为学员办理学员证。学员证是学员进入课堂的通行证,也是学员在老年大学的身份证,学员证不仅登记了学员的身份信息,而且记载了学员每学期学习的课程以及受到学校表彰和奖励的情况。通常学校专门设有办理学员证的部门,在学员第一次来校学习时就为其办理,有的学校还收取一定的工本费,这样可以减少学员证丢失的现象。各个老年大学的学员证样式各不相同,很多学校还设计了校徽、校歌、校风、班风、学员守则等内容,印制在学员证上。有些学校开发了电子报名系统,以智能卡作为学员的学员证,也称为"一卡通";学员证既是进入校园的通行证,也是校园食堂的消费卡,还是报名注册的身份证。学员证不仅可以是有形的证件或磁卡,还可以是网络上的数字信息,不少开发了网上校园管理系统的老年大学,学员凭身份证就可以注册登录学籍管理系统,获得相应学籍。

3. 考勤考核记录

考勤是学籍管理的一项主要内容。老年大学的考勤并没有中小学那么严格,很多老年大学办学之初是没有考勤记录的,随着老年大学办学规范化程度的提高,很多老年大学对考勤工作也逐步给予了重视。但是老年大学的考勤内容往往并不包含迟到早退,而仅仅是考察学员是否到课。很多老年大学在教室的公示栏里张贴签到表,记录学员每学期到班学习的次数。信息化较领先的老年大学,还开发了智能考勤系统,在班级教室里安装了读卡器,学员可以刷卡考勤。学校将这样的记录结果作为优秀学员评定或者所学专业是否予以结业的依据。有些老年大学由于教学资源十分紧张,为防止学员报名后不能正常学习,规定参学次数较少的学员,下学期不予报名。

4. 休学复学制度

老年大学学员报名参加学习后,由于家庭或个人原因出现不能继续参加学习的现象是很多的。老年教育的福利性决定了老年大学的学费普遍比较低,而且老年大学的学业与升学就业并没有任何的关联,没有任何的功利性,因而很多学员出现上述情况时会选择放弃。也有一些老年大学,从人性化管理的要求出发,建立起了休学复学制度。盐城市老年大学规定学员报名参加学习后,如果两周以内出现不能继续学习的情况,可以办理休学手续,休学后学费不予退还,学员保管好休学凭据,适当的时候可以依据休学凭据,免费继续参加学习;有些名额紧张的班级,休学凭据往往只能作为抵充学费的依据,而不能作为继续参加本门学科学习的依据。老年大学休学和复学一般没有时间限制。

5. 毕业与结业

老年大学的毕业制度是在学科建设的基础上建立起来的,大多数课程都是不需要考试的。老年大学毕业和结业的概念与普通学历教育有明显差别。在老年大学结业通常指的是学员完成某一个专业班教学大纲规定学制相应时间的学习的一种认定;毕业通常指的是学员获得学校规定的某一类专业或者某一个专业所有教学班的结业资格的一种认定。很多老年大学会给学员发放毕业、结业证书,这样的证书并没有任何法律效用,也不是国家承认的学历证书。结业或毕业资格的获得,各个老年大学做法不一。很多学校并没有毕业制度,仅仅规定学员参加某一个班级的学习,完成规定的学制内所有课时的学习即给予结业,有的规定完成80%以上的学时即给予结业;有的学校规定完成某一个专业初级、中级、高级等多个层次的课程学习,并获得结业资格后,获得该专业毕业资格;还有的学校采取学分制,如金陵老年大学,将学员平时考勤记录、参学时间、自愿参加考核等作为取得学分的条件,在获得一定学分后,颁发毕业证书。学员毕业、结业时,学校不仅要发放证书,很多学校同时还要举行毕业或结业典礼,评选优秀学员和优秀学员干部,举行汇报演出、展出、座谈会、竞赛活动,等等。

四、班级管理由传统学校管理方式逐步走向人性化服务

老年大学班级管理工作是学校管理的一项基础工作,也是直接影响学校管理质量和水平的一项重要工作。老年大学管理者的工作理念通过班级管理得以体现,老年大学的教学工作依托班级实施,老年大学的校园文化活动也依靠班级组织。在我国,各级各类老年大学经过三十多年的探索发展,班级管理工作已经逐步实现了由"管理"向"服务"的转变。管理是根据一定的法则或守则去进行,被管理者必须遵守这些法则和守则,所以管理是一种权力。服务不是权力而是一种责任或者义务,服务与帮助、供应、辅助有着类似的含义,服务者对被服务者没有任何约束力,不能伤害被服务者,而要使被服务者获得利益,得到好处。所以,管理与服务在概念上是不同的,在工作方法上也是不同的。服务是管理人性化的一种体现。老年大学的开拓者们是从效仿普通学校教育的班级管理模式开始对老年大学进行班级管理的。例如,将班级作为老年大学教学和管理工作的一个载体。老年大学自诞生之日起,就以班级的形式组织教学,每个班级的参学人员以学期为单位相对固定;学校的组织架构一般包括校长室、教务处、系、班等层级;学校为每个班级配备班主任,负责管理班级日常工作,也有的学校没有配备班主任,由班长履行班主任的工作职责;每个班级都建立了班委会,形成了班级管理制度等。老年大学的工作者们在班级管理中,对老年大学的工作性质、意义的认知程度不断加深,管理工作经验不断积累,形成了很多人性化管理的服务理念、服务特点和服务方法。

1. 班级管理理念的人性化

由于老年大学办学主体的多样性和自主性,每一所老年大学都非常重视提升和扩大学校吸引力、影响力,坚持从班级管理入手,做到人性化服务,这也成为提升学校吸引力和影响力的基本要求。另外,老年大学的学员是特殊的群体,他们来自各行各业,年龄普遍偏高,大多数是离退休人员,他们都具有丰富的人生阅历,对待事物都有自己独特和成熟的见解,因此对学校管理工作提出了更高的要求;而且由于学员的多样化,学员的文化基础差异较大,给教学活动带来一定难度,刚性的管理模式、传统的教学方法很难适应老年大学的特殊要求。因此,招生对象的特殊性决定老年大学的工作人员既是教学的组织者又是服务者。如果做不到人性化的服务,老年大学是很难吸引力的。人性化的班级管理是学员对学校工作的基本要求。如何坚持以人为本,让班级管理更加贴近老年人心理需求,成为老年大学班级管理者们必须要考虑的一个问题。在不断的实践和探索中,老年大学的管理者们逐渐在班级管理中形成以仰视之态尊敬人、以平等之态管理人、以宽容之态体谅人等人性化服务理念。

2. 班级管理模式的人性化

(1) 报名自愿。截至目前,我国并没有形成专门的老年教育法律法规,对老年人参加老年大学的学习并没有做出硬性规定和要求。老年人参加老年大学的学习完全是根据自身情感、知识、健康等方面的需求而进行的自发的学习活动。因此,老同志到老年大学报名是自愿的,学习什么专业、何时参加学习是没有任何强制要求的,完全根据自身的喜好和需求而选择。

(2) 管理自主。一般老年大学都设立校长室、教务处、系、班等四级学校管理网络,班级是老年大学学校管理体制中最底层、直接面对老同志并为老同志服务的一级组织。全国大部分老年大学的班级管理都是采取的班主任负责制。一个班主任一般要负责多个班级的管理工作,也有一些老年大学将这样的班主任称为系主任。有一些没有配备班主任的老年大学,一般实行的是班长负责制,由班长履行班主任的工作职责,如淮安市老年大学,班长在系主任的领导下开展班级管理工作。自我管理、自我服务是老年大学班级管理的一个特点。很多老年大学都是由离退休老同志牵头发起举办的,一般都由老领导担任学校领导以及管理者,后来由于老年教育事业的逐步发展壮大,一些党委政府开办的学校逐步争取到了一些编制,但是这些编制往往是不能满足学校办学需求的,很多老年大学仍然聘用了不少离退休老同志参与学校管理工作,尤其是班级管理。如盐城市老年大学的四位校长,其中两位是在职同志,两位是退休老同志,教务处、办公室、教研室、艺术团分别由两位在职同志和两位退休老同志担任负责人,聘用了17位老同志担任班主任,每个班主任负责8—10个班级的管理和服务工作。无论是否配备班主任,老年大学的班级一般都会成立班委会,班委会成员都是班级的骨干,他们协助班长或班主任对学员进行管理和服务,有些老年大学还建立起党支部,如湖北省老年大学。在我国,退休老同志既是老年大学的管理者、服务者,同时还是学习的参与者,他们了解老同志,服务老同志自然会更贴心,更人性化。

(3)学习自觉。老同志由于自身的某种需要才走进了老年大学,他们的学习动机往往是为了圆梦、增长知识、提高素质、丰富人生、愉悦身心,他们的学习具有很强的自觉性。在班级管理过程中一般不会对学员提出任何学习要求,不存在严格的考勤,也很少进行考核。

3. 班级管理方法的人性化

(1)解释多,争辩少。在组织招生、维持教学秩序、实施教学工作、进行成果展示的过程中,总会碰到有人反对、有人赞成,有人理解、有人不理解的情况,一般学校会采取多种形式和方法进行宣传和解释,争取大多数人的理解和支持,对于学员提出的个别问题也会个别交谈,个别解释。

(2) 鼓励多,批评少。老年人都是十分爱面子的,他们虽然带着求知、求乐、求健康的态度来到老年大学学习,但是老年学员完全不同于中小学生,他们大多数见多识广,社会经验丰富,理解能力很强,是很难接受老师和班主任当面批评的。不会与学员良好沟通的老师和班主任,很快就会在工作中被淘汰。

(3) 引导多,责罚少。在老年大学,对学员的迟到早退,一般不予责罚,也不予批评,但是往往迟到早退现象会影响教师的课堂教学,此时作为班主任就有义务和责任对迟到和早退的学员提出批评,班主任们往往会顾及老同志的颜面,一般多采取表扬出勤准时学员的办法,来引导迟到早退的老同志。

(4) 关心多,冷漠少。老年学员在上学的过程中得到关心,受到尊重,才能让老同志有归属感和温馨感,才能自觉遵守和执行学校的各项规章制度,才能有集体荣誉感。

4. 班级管理规定的人性化

老年大学的班级管理,既有一般学校班级管理的共性,又有由老年教育对象的特殊状况而产生的特殊性。一是尊重老年学员的自主性,使他们能做到非功利的自由选择,非强制的自觉学习,非赶超的自我进取。从招生到教学,从教学到考核,全部教学管理过程都必须以尊重和发挥老年学员的这种自主性为基础。二是把握班级管理的服务性。邓小平说"领导就是服务",同理"管理就是服务"。这里的"服务"不仅是指为人民服务的价值取向,而且是指给管理的对象创造良好的工作生活条件。老年大学班级管理的中心任务是为老年学员来校学习、学好知识创造一切必要的条件,包括安排好计划,建设好教学设施,邀请高水平、善教学的老师,等等。三是坚持管理方式的宽松性。教学必须有必要的秩序和制度,但鉴于老年学员的高度成熟性和自觉性,我们的合理制度安排应该而且也能够变成老年学员的自觉行动。四是坚持管理主体的群众性。各个老年大学都把教学管理设在班级,成立由学员选出的班委会,使之成为班级的核心,搭建学员和学校联系的桥梁,不断总结和交流班级工作的经验,从而提升班委会的活力和影响力。

各地老年大学都积累了良好的管理经验。在硬件上,能根据老年学员的特点,保证各种设施设备人性化。比如楼梯要尽量平缓一些,电梯速度要尽量慢一些,走廊要设计得宽一些,卫生间要铺设防滑地砖,学校都设有医务室,配备急救设备,等等。在软件上,能充分考虑到老同志的需求和特点。如在上课时间的设计上,能考虑到老同志烧饭、带孩子的特殊性,每次上课仅为两课时;还根据中小学的作息时间调整上课和放学时间;等等。很多老年大学都对班级管理者提出了敬老、爱老、尊老、助老的思想。真心、热心、耐心、细心地为老年学员服务成为基本要求,他们把学员的需求作为己任,想老年学员所想,帮老年学员所需,不因自己的言行影响老年学员的思想情绪和学习乐趣,班主任在开展各项工作中使用文明礼貌用语,从实际出发人性化地处理和解决问题。徐州市老年大学确定了"尊重、服务、给予"六个字的教学管理原则,他们认为学员中的多数人是国家建设之功臣,理应受到尊重,而愈是这样做,学员也就愈是尊重学校和老师,使教与学统一到"尊重"这一点上。"服务"是全方位的,设计好专业和课程,满足老同志们的学习要求,是"根本的服务";开展好各种有益于达到教学目的的活动,使他们活跃身心,展示才华,也是"良好的服务"。"给予"指提高教学质量,使老年学员康乐、成才,在教学中坚持成功教育,鼓励学员学有所成,学有所用,立志大器晚成。如河北老年大学在实践中积累了丰富的教学管理经验:一是"教"是关键。只有管理好计划、大纲、教材、教师队伍建设,给学员的学习创造尽可能好的条件,才能进一步管理好学员。二是搞好班级管理是基础。选拔既有热心又有能力的同志去担任班长和班委,通过他们来管理学员,负责任的班长能顶上几个教师。三是正确对待学员是核心,坚持严格执行纪律是"硬管理",启发自觉、宽以待人是"软管理"。在老年大学也必须有制度约束,但制度的约束也是一种宽严适度的约束。学员的行为若妨碍集体、妨碍他人时不能放松;但纯属个人并无不良影响的行为,则可以尊重他们的选择。

第二节 科学主导,教学工作自主化

教学是指教师的教和学生的学所组成的一种人类特有的人才培养活动。通过这种活动,教师有目的、有计划、有组织地引导学生积极自觉地学习和加速掌握科学文化基础知识和基本技能,促进学生多方面素质全面提高。教学是学校实现教育目的、完成教育任务的重要环节,也是教育的主要内容。教师、学员、教材、场地设施、教学用具等构成了教学的基本要素。教学同样也是老年大学主要的、中心的工作,由于一直未被列入普通教育序列,没有全国统一的教学大纲,没有统一编制的教材,也没有学历学制的统一规定,因此各个老年大学在教学上具有相对的独立性。就老年大学的教学工作而言,在教学场地的配置、专业课程的设置、教学方法的运用、教材的选用、教学管理人员的配备等方面都具有很大的自主性。

一、教学设施因地制宜

教学设施包括学校的校舍和教学设备。我国老年大学绝大多数为政府部门办学和党委部门办学,老年大学场地设施建设程度与当地党委政府的重视程度及财政投入多少紧密相关。不同时期、不同地区经济发展水平存在差异,不同的领导对老年教育的重视程度也存在差异,经费投入的多少决定了各级各类老年大学校舍建设的现代化程度和适应教学需求的程度。我国老年大学场地设施建设具有资源共享、地区差异大等特点。

1. 校舍建设资源共享

老年大学的校舍建设是各级老年大学主办者首先要考虑的一个问题。由于老年大学的开办具有很大的自主性,国家很少对办学主体、办学要求有明确的规定,因而各级党委政府、各办学主体对老年教育和老年大学教学场地的投入也具有很大的自主性。这种自主性决定了老年大学办学,尤其是在办学初期往往很少拥有独立的办学场所。

(1) 老干部部门主办的老年大学与老干部活动中心(室)场地资源共享。我国老年大学以国家离退休干部管理制度实施为起步。20世纪80年代初期一大批老干部、老知识分子和老职工从工作岗位上退了下来,为了让他们在闲暇之余有去处,省、市、县、乡各级党委老干部部门都按照有关要求建立起了老干部活动中心(室)。老干部活动中心(室)成为老干部们聚集的场所。但很快他们就不满足于在活动中心进行的棋牌、健身等休闲娱乐活动。山东老年大学初期就是借用省文教大院旧礼堂做教室,在礼堂的后面用木板围起栅栏作为办公室,充分利用了老干部活动中心的场地、人员、经费等资源,而后逐步发展壮大。随后,全国各地纷纷效仿,由党委老干部部门牵头创办起了老年大学和老年学校,创建之初大多数是没有专用的教学场地,而是以利用老干部活动中心的场地资源为主。如盐城市老年大学1986年创建之初,仅仅利用了市老干部活动室的一间活动用房作为教室,从市教育局抽调了一名专职工作人员,就开启了办学之路。还有很多老干部工作部门开办的老年大学,办学之初仅仅是作为老干部活动中心(室)的一项活动内容,如保健、书画知识讲座,后来随着参与人数的不断增多而发展成了老年大学。

全国各地老年大学创办初期,老干部活动中心的场地资源并不适合教学使用,随着我国老龄化程度的不断加深、老年大学办学吸引力的不断增强,参加老年大学学习的人员不断增多,这种不适应性越来越明显,各地纷纷争取党委政府的支持,以老年大学办学需要为契机,新建、扩建了老干部活动和教学场所。各级老干部部门开办的老年大学与老干部活动中心场地资源共享的特色基本上没有发生改变。截至目前很多老干部部门开办的老年大学,尤其是省、市、县三级老干部部门的老年大学与活动中心的场地仍然是在一起的。如位于武汉东湖之滨的湖北省老年大学,2012年建成,同时挂牌省老干部活动中心、省委老干部党校,建筑面积达35 500平方米,具备学习、活动、服务三大功能,其中学习场所20多个,设有常规教室、阶梯教室、书法教室、钢琴教室、电子阅览室、图书资料室等,活动场所20多个,还有会场、礼堂、餐厅等服务场所,可以常年接纳一万多名学员学习和活动。广西老年大学现有校本部以及广西大学、广西民族大学、广西医科大学、广西药用植物园、广西区委党校等5所分校。校本部有园湖、凤岭两个校区。其中,园湖校区建筑面积2.5万平方米,有教学楼、活动楼、综合楼各1栋;凤岭校区建筑面积达3.44万平方米,分教学、活动、展演、休闲四大功能区,建有综合教学楼、活动大楼和汇演礼堂等,总投资约2亿元。吉林省老年大学,江苏无锡、盐城、泰州、淮安等市的老年大学建筑面积也都接近或超过一万平方米,而且都划分出活动、学习、服务等功能区,与老干部活动中心实现场地资源共享。

(2)教育部门主办的老年大学与普通教育、大中专院校、职业教育场地资源共享。教育部门开办的老年大学大致包括三类:一是教育行政主管部门直接开办的老年大学,如苏州市老年大学、镇江市老年大学、南通市老年大学等。这类老年大学校舍的共同特点是,能够得到教育行政主管部门的支持,将普通教育学校的校舍资源进行整合使用,发展都比较迅速。二是高等院校开办的老年大学,如上海师范大学老年大学、南京大学老年大学等。这类老年大学一般都位于高校校园内,直接利用高校本身的场地资源进行整合使用。三是基层社区、成人教育中心举办的老年学校。这些老年学校多与社区大学、成教中心合署办学,教学场地资源完全共享。

(3) 文化部门主办的老年大学与文化宫、群艺馆、文化活动中心资源共享。江苏省老年文化大学、上海市老年文化大学、湖北省老年文化大学等,都是由同级文化主管部门主办,经民政部门审批,校舍多与文化部门下属的部门共同使用。如江苏省老年文化大学就是由江苏省文化馆主办,校舍就位于省文化馆内;湖北省文化老年大学就坐落于湖北省图书馆旧址上。很多地方的文化场馆都被文化部门主办的老年大学合理利用,进行教学活动,同时也是当地文化活动的重要场所。

还有一些老龄部门、工会、厂矿企业、国家部委办局等主办的老年大学,大部分都是利用本单位、本部门的原有场地资源开始办学,与企业职工文化活动中心或工会活动场地进行场地资源共享,逐步发展,形成规模。也有一些房地产企业,把老年学校作为社区服务的一个项目、养老服务的一个品牌,在住宅小区建设专门的公共娱乐服务场所,与老年学校资源共享。绿城集团开办的绿城颐乐学院,已经在全国20多个城市开办了34个校区;盐城市的千鹤湾养老社区,开发商在建设之初就考虑把老年学校作为养老服务的一个项目与老年活动、老年保健、娱乐等服务项目实行场地资源共享。

2. 教学设施差异明显

我国老年大学按照主管部门的不同大致分为党委政府直管和

老干部、教育、文化、老龄、工会、厂矿企业、国家部委办局等部门和部队管理的老年大学；按照行政级别来分类，大致可以分为省、市、县、乡、村五级老年教育网络。各种类型的老年大学在学校教学设施建设上存在很大的差异。这种差异不仅表现在硬件设施发展的不平衡性、现代化程度的差异性上，同时也表现在校舍条件与学员学习需求的适应性差异上。

从教学设施的现代化程度来看，我国国家党委和政府部门主办的老年大学要明显好于企业办学，行政级别高的大中城市老年大学要明显好于一般基层老年大学或老年学校。因为企业资金投入来源相对单一，除了学费收入以外，完全依靠企业拨款，企业经营的好坏直接关系到学校的发展；而行政部门则不同，主管领导的重视程度往往能决定老年大学硬件设施的发展程度，行政级别越高的老年大学现代化程度越高，办学设施条件越好。天津市老年人大学直属天津市委管理，早在2011年就建成1.5万平方米的现代化教学场所，实现学员数和校舍面积双过万；贵州省老年大学直属贵州省委管理，无论是人员编制、经费管理还是场地设施都优于很多其他省份的老年大学，学校建筑面积近15 000平方米，教学设施齐全、教学设备现代化，有多媒体教室、语音室32间，另有多功能报告厅、多功能排练厅、舞蹈厅、图书室、学员作品展示厅、道德讲堂、广播室、荣誉室等；广东省老干部大学于2011年建成，建筑面积达4.3万平方米，投资2.6亿元，智能化的教学大楼配套设施齐全。省级老年大学教学设施一般都比地市级老年大学现代化程度要高一些，地市级老年大学与县级老年大学相比教学设施规模和现代化程度也要高很多，乡镇和村级老年学校教学设施则相对简陋。部门办学中老干部部门主办的老年大学教学设施规模相对大一些，现代化程度高一些。

从教学设施状况与学员学习需求的适应性上来看，也存在很明显的差异。大中城市的老年大学虽然拥有大面积的校舍和现代化的教学设备,但是绝大多数老年大学都不能满足当地老年人的学习需求,一座难求现象在这些学校是普遍存在的。为了缓解这一矛盾,近几年,扩建、新建校舍,整合有关教学设施资源成为不少大中城市老年大学的常态。而基层的老年大学,尤其是县级以下的老年大学和老年学校,虽然校舍资源、教学设施现代化程度不高,但却基本能适应当地老年学员的学习需求。

二、专业课程按需设置

我国各级各类老年大学的专业课程设置具有很大的自主性,但总体上是围绕党和国家政治、经济和文化建设的需要和老年群体特有的需求这两个方面而设计的。回顾我国三十多年老年教育的发展历程,老年大学专业课程都能按需设置,并形成了一些特点和规律。

1. 目标明确

我国各级各类老年大学专业课程一般都围绕培养目标而设置,开办一门专业,如何设置这个专业的教学进程与老年大学的培养目标密不可分。关于老年大学的培养目标问题,老年大学的学术界也曾经有过很多的论述,各校在多年的教学实践中也形成了很多自己的见解。如上海市老干部大学的提法是"探求健身之道、增长新鲜知识、丰富精神生活、陶冶高尚情操、保持光荣晚节、贡献革命余热"。内蒙古老年大学把办学目的规定为"老有所学,增长知识;老有所教,政治坚定;老有所乐,丰富生活;老有所养,健康长寿;老有所为,服务社会",其特点是把教育活动和教育目的分段整合起来提,并且强调了"政治坚定"的要求。有的老年大学的研究者把老年大学教学目的概括为"完善人生,再造幸福"。中国老年大学协会在1997年提出了明确的二十字办学宗旨:"增长知识、丰富生活、陶冶情操、促进健康、服务社会",这在全国各地已经基本形成了共识,它成为各级各类老年大学的共同培养目标,专业课程设置也都是围绕这一明确目标的实现而进行的。这个目标主要包括:培养老同志成为好学的知识老人、健康的快乐老人、陶冶情操的自觉老人、服务社会的热心老人。这些年来,各地老年大学根据这一目标,积极创造条件,开设出多专业、多品类的受到广大老年朋友欢迎的课程,认真组织教学活动,培养出了大批与时俱进的新时代老人。

2. 内容合适

我国各级各类老年大学开办的专业具有两个方面的合适性:第一,老年大学的学员可以说来自五湖四海、各行各业,文化背景、社会经历、志趣爱好、家庭环境不同,每一个个体本身就存在着很大的差异性,这样的差异性决定了他们学习需求的多样性。不同的学员有着不同的学习需求;同一个学员,随着学习的深入,对文化知识的要求也会发生变化。在以人为本的办学理念的指导下,老年大学的专业课程设置与老年人的学习需求是高度契合的。老年人需要学什么,老年大学一般就会开设什么课程。人的需求是社会发展的根本动力,而老年人的需求是老年人追求人生价值的动因。根据不同的社会阶层与生存状况,老年人的需求大致可以归纳为六种:经济物质需求、家庭和睦需求、身体健康需求、精神文化需求、助老服务需求、人生有为需求。老有所养、生存无忧、有尊严地生活,是所有老年人最起码的基本需求;除此之外,就是身体健康、精神文化和人生有为,得到一种强烈的自尊、自豪和自足的幸福感。老年大学就是为老年人的幸福而办学,为满足老年人需求来开设课程,让老年人自由选择课程来学习,从而使老年人思想情操得到陶冶,文化素质得到提高,精神境界得到升华,深厚的潜能得到开发,生活能力得到增强,从而获得再造辉煌的满足感。适合、满足老年人的最大需求,是老年大学课程设置的基本立足点。第二,老年大学的课程设置是与我国政治、经济、文化、社会以及党的建设相适应的。我国老年大学多是由党委政府部门牵头举办,在起步时就是党的组织工作、老干部工作的一项重要内容,各地老年大学的专业课程设置都离不开党和国家的各项方针政策的指引,有很多老年大学都开办了党史、政治、时政等专业。老年大学开设的专业课程往往是具有地方文化特色的,各地的老年大学一般都会开设地方剧种课程,盐城市老年大学就有五个淮剧班。基层老年大学和学校由于经济发展滞后,老同志的文化、健身、娱乐等方面的需求相对滞后,一些基层老年学校还将专业的农业生产技术作为课程开设;而金融证券课在城市老年大学比较常见,在基层老年学校则非常少见。老年大学的专业课程设置是与时代发展的步伐相适应的,20世纪80年代刚刚开办的时候,课程以保健、健身、文学历史等为主,随着科技的进步,电脑成为各个老年大学的热门专业,如今智能手机应用也成为老同志们追捧的热门专业。

现在很多老年大学设置的专业达到几十个甚至上百个,成为名副其实的"学习超市"。目前我国各类老年大学开设的专业课程大致包含以下八大类:一是政治法律类,所设课程有党的理论、中共党史、时事政治、法律知识、老年法制、哲学、经济学、国际问题等;二是文学历史类,所设课程有中国文学、外国文学、文学名著鉴赏、诗词格律、古代汉语、文学写作、诗词写作、中国历史、世界历史、历史名著鉴赏、地方文史、旅游文化等;三是语言类,所设课程有英语、日语、西班牙语、汉语拼音等;四是书法绘画类,所设课程有中国书法、中国绘画、篆刻、装裱、油画、水彩画等;五是文艺体育类,所设课程有钢琴、电子琴、古筝、琵琶、二胡、声乐、音乐欣赏、京剧、地方剧种、民族舞蹈、交谊舞、健身舞、瑜伽、拳术、围棋、象棋、保龄球、台球等;六是卫生保健类,所设课程有中医保健、西医保健、心理卫生、老年保健操、针灸、食疗、按摩、推拿等;七是家政家艺类,所设课程有花卉、盆景、服装、烹调、手工艺、摄影、美容、理财等;八是现代科技类,所设课程有现代科技知识、家用电器使用维修、电脑技术、网络技术、智能手机应用等。

3. 过程自主

老年教育没有学历教育自成体系的专业课程设置和条例规定可遵循，因而老年大学的专业课程设置没有任何繁杂规定的限制，没有统一的要求，基本是按需设置，设置什么、如何设置，完全由学校自行决定，具有很强的自主性。一方面，专业课程设置的内容是自主的。学校开设什么专业、选择什么样的教材、规定几年的学制、每学期开设多少课时、每节课的主要教学内容是什么、选择什么样的教师任教等，这些一般都由学校教务处自主决定。同样的专业在不同地区的老年大学教材、学制、教学计划经常是不一样的。另一方面，专业课程设置的过程是自主的。这个过程一般包括：教学大纲的制定、教材的选择、教学计划的制订、课程评价体系的建立、教学实施等。这个过程都是由学校自行组织实施的，没有任何行政或业务主管部门会对一所老年大学的课程设置进行指点，也没有规范统一的步骤要求。规范化程度较高的老年大学一般会根据自身的师资力量，选好教师后，通过对学员的调查了解，掌握学员的需求，在论证专业开设的可行性后，制定教学大纲，确定学制，选好教材，制订学期教学计划，然后实施招生、组织教学。学员需求的调查了解一般会根据教师的建议或者学员的要求而展开，并且仅限于在校学员中进行，同时也会考虑到一些潜在校外学员的需求。大纲一般会根据教材和专业特点来制定，包括教学目的、内容、学制、教学手段等内容。一般专业设置不会超过3年，大多数专业设计学制为2年，有的是1年，甚至是1学期。教学大纲制定后还要制订学期教学计划，学员会根据学期教学计划和大纲选择报名。达到一定的报名人数后实施课堂教学，课堂教学和考核手段因课程而异。坚持以人为本，适合、满足老年人的最大需求，重视老年人的综合素质教育是老年大学专业课程设置的基本要求,体现科学性与创新性、多样性和趣味性、实用性和经验性是基本原则。

4. 层次分明

老年大学的学员存在很大的不确定性,每个专业参加学习的老同志专业基础是各不相同的。有些老同志对某个专业基础性的内容感兴趣;有些则因为过去的学习与积累,对某个专业有一些了解或者有一定的造诣;还有的老年学员选择某一个专业班学习之后,会随着学习兴趣的提高,知识技能掌握程度的加深,对专业的要求越来越高,表现出对某些专业的深爱之情,学习后不愿意离开,并且会对学校提出更高层次的学习需求。为了满足不同层次学员的学习需求,许多老年大学都按照学员学习需要的层次和他们不断提高的要求,针对同一个专业开设多个层次的班级,尤其是技能类班级划分层次比较多。如器乐、舞蹈、家政、科技、书画等类别的班级一般都会分初级(入门)班、中级班、高级(提高)班以及研究班,很多学校还设立了研究会、联谊会、舞蹈队、合唱团、器乐队等吸纳专业技能层次较高、不愿意离开老年大学的学员。文史类、时政类、保健类班级也会根据学员知识掌握的程度,不断推陈出新,将专业逐步细化。如有些学校起初开设古代文学专业,而后逐步细化开设唐诗鉴赏、先秦文学、《红楼梦》研究、《论语》等课程。上海老干部大学在组织老干部学习的过程中,不断地提升学员的学习情趣,先后开设了《红楼梦》评析、《资治通鉴》研究、中西文化比较等高级的课程,请该课程的著名教授授课,引导学员投入研究。多层次的课程设置满足了不同层次老年学员的学习需求,老年学员们学有所得,研有所成,文化素质和审美情趣得到提高,生活变得更加美好。

5. 考核灵活

老年大学不是学历教育学校,也不是专业资格培训学校,不发学历证书,也不发专业岗位培训合格证书,检验课程设置和教学的效果,也不像这两类学校以严格的考试为主,而是根据自身的教学情况以及教师、学员的特点,采用灵活多样的方式方法对学员学习效果进行考核。文艺、体育类专业,各班级一般是举行汇报演出、技能展示;书画、摄影、剪纸、手工编织等专业则是进行作品展示;还有一些专业采取诗词吟诵会、座谈会、竞赛等形式检验课程学习的效果。

三、教材选用范围宽泛

在老年大学教学过程诸环节中,教材建设是课堂教学之前重要的准备工作,直接关乎课堂教学效果,以及课堂教学之后的课外延伸、教学反思和经验总结等教学工作,是深入教学改革、提高教学质量、更好地为老年学员服务的重要保证,所以是非常重要的教学环节。老年教育是非学历、非应试教育,本身就缺乏规范化的标准,多年来由于我国老年教育行政主体不定,办学体制不够规范,没有把老年教育放在与其他成人教育并列的位置上,对各级各类老年大学的教材没有统一明确的规定、标准和要求。用什么样的教材,都是由各个学校自行决定的。正因为这样的体制和各行其是、各自为政的办学模式,让我国各级各类老年大学形成了中国特色的老年大学教材体系特点。

1. 教材种类繁多

我国各级各类老年大学开设的专业和课程种类繁多,据不完全统计,我国老年大学开设的专业总数达150多个,不同种类的课程就会有不同的教材。从教材的形式来看,目前老年大学课程教学使用的教材主要有口述教案、自编讲义、自编教材、正式出版的书籍、电子出版物等。从教材的内容来看,老年大学使用的教材大致可分为八类:一是时政法律类,主要是时事政治课或讲座、法律等课程教材;二是文史欣赏类,主要是中国文学、外国文学、历史、诗词,还有专题课,如《论语》、本地文化等课程教材;三是语言类,主要是英语、汉语拼音以及其他外语类课程教材;四是文艺器乐类,主要是音乐、舞蹈以及钢琴、电子琴、二胡、古筝、葫芦丝等课程教材;五是书法绘画类,主要是书法、国画、油画、素描等课程教材;六是保健知识类,主要是中医养生、西医保健等课程教材;七是体育运动类,主要是太极拳、柔力球、健身球等课程教材;八是生活服务类,主要是电脑、手机、电器维修、摄影、烹饪、家庭养花等课程教材。我国老年大学的教材不仅种类繁多,而且同一个学科教材也各不相同,各老年大学教材使用完全自主。

2. 渠道来源不一

老年大学教材的来源渠道由各个学校自行选择,根据各地实际情况看大致有这样三种来源。

(1) 直接选用出版社正式出版的教材。老年大学根据专业选择教材,有些专业本身就已经有很成熟的教学用书,例如保健、历史、文学、书画、器乐等,在市面上就能购买到各类出版社出版发行的正式出版物,学校往往根据教师和老年学员的喜好选择使用。但市面上这些教学用书有些过于专业化,有些内容并不完全适合老年人,因而有些老年大学在选用各类教材后,逐步总结形成了具有老年教育特色的教材。随着老年教育事业的蓬勃发展,很多出版社也积极与老年教育工作者联系出版专门用于老年大学使用的教材。如浙江摄影出版社出版的《中国老年大学协会推荐教材·老年大学摄影教程》、上海人民美术出版社的《老年大学国画教材》、广西美术出版社出版的《中国老年大学书画教材》、清华大学出版社的《老年电脑课堂实用教程》、安徽文艺出版社的《中老年学合唱》,等等。1987年,上海市老干部大学萧挺教授倡议并促成组建了全国老年大学教材编审委员会,1987年秋出版发行了全国第一套老年大学教材。目前全国正式出版发行的老年大学教材还是比较少的,各个老年大学可选择的范围还是比较有限。

（2）选用办学规模较大的老年大学自编的教材。由于全国老年教育系统并没有统一规范的教材可供使用，各地都可自主选择，很多老年大学都成立了自己的教材编审委员会，自行编撰教材，这些教材有些并没有经过正规出版社出版发行，仅仅作为学校内部资料，供学员学习使用。而很多市、县级老年大学并没有这样的师资力量，往往会与办学规模比较大、编撰教材比较多的学校联系选用他们的内部教材。如陕西老年大学统编教材编辑委员会编写的"陕西老年大学统编教材"，金陵老年大学、武汉老年大学、安徽省老年大学、天津市老年人大学、山东省老年大学编写的教材等。

（3）老年大学教师自编的教材。各地老年大学根据自身的情况，编写了适合各自特色的教材。比如盐城市老年大学的诗词、摄影、烹饪、汉语拼音、二胡、淮剧等专业都使用的是该校教师自编的教材；兴化市老年大学的摄影班、《论语》班教师就自己编选教材，浙江临安老年大学还专门召开教材讲义大纲编写工作会议，集中探讨、部署学校教材讲义大纲的编写工作。这些教材一般都称之为讲义，很少对外交流。

3. 适老特色明显

老年大学的教育对象是老年群体，其年龄和身心特点与普通国民教育的对象存在不同。老年人学习的目的更多的是精神的充实、生活质量的提高和自我完善，对于他们来说，工作竞争和职业需要已经不存在，劳动技能的提高和学位文凭的获得也无太大意义，他们更关注的是与社会的接触、与他人的交往、闲暇时间的利用和生活的丰富充实。这就对老年教育的目标确立、内容设置、活动组织提出了相应的要求。老年教育对象的特点决定了老年教育的主要目标是：提高老年人的生活、生命质量，促进老年人的自我发展。因此，各地老年大学教材不仅满足了教学需要，在教材体系建设上更是坚持以人为本,处处为老年人着想,体现了适老特色。

（1）科学性。教材内容所表述的观点一般都言之有理,论之有据,为专家学者所公认,并不因老年大学不是学历教育,而在选用和编著时马虎行事。

（2）实用性。老同志理解能力较强,他们到老年大学来学习,主要是本着"拿来主义",学了就能用的目的。老年大学使用的教材,一般都是贴近老同志、贴近生活、贴近社会的,并且能够做到与时俱进,编写简明扼要,浅而易、少而精,便于老同志记忆掌握,尽可能使老同志学得轻松,没有太大的压力。比如电脑课,需要教会他们如何操作电脑,而不是教他们如何编程。

（3）趣味性。老年大学开设的课程都是老同志感兴趣的课程,老年人把上老年大学当成一件有趣的事,老年大学的教材都是老同志们感兴趣的内容,各老年大学一般都会选用知识性、趣味性、娱乐性融为一体的教材。

（4）针对性。在老年大学学习的老同志心理特点、精神需求、身体状况、文化层次、活动规律、年龄高低、资历长短、个人爱好各有差异。他们上了年纪,精力有所不济,身体机能有所减退,根据这些特点,教材一般不强调多而全,不搞繁琐哲学,而是坚持少而精,并且能围绕老年教育的特点和老年学员的心理需求变化,贴近他们的生活。比如在排版上要加大字号,便于老年人阅读;教材的内容由浅入深,好懂易记,让老年人听了就能懂,看了记得住,学了就能会,用了就有效。

（5）层次性。老年大学每个专业都有不同层次的老年学员,因此老年大学的教材也会由浅入深、循序渐进,每个专业往往都会有初级、中级、高级教材之分,同一所学校各个专业的教材都会分为不同的层次。

中国老年大学协会学术委员会、教学委员会为全国老年大学教材建设做了很多的努力,组织了多次优秀教材展示会、推荐会,并且曾经多次组织统编教材的尝试。但是,老年教育的特殊性决定了难以在全国推行统编教材,学校也不能对教师进行强制性规定和规范。从目前的教材使用上来看,带有很大的随意性,一般老年大学"因学员开专业","因课程选教材"的情况比较多,难易深浅比较笼统,教材的内容、标准、要求没有规范统一。教材体系建设是一项细致、长期、艰巨的系统工程,规范化、立体化、系列化建设需要较大的人力、物力、财力的投入。

四、办学人员来源多样

老年大学的办学人员主要包括学校领导、直接为老年学员服务的学校中层管理者和班级管理人员、教师、后勤服务人员等。从办学人员的来源看,存在多样性的特点。

1. 校级领导在职、不在职相结合

我国老年大学的办学主体有国家机关、企事业单位、社会团体等。老年大学的校领导有党委组织部门的领导、离退休的老干部、企业领导,也有老干部部门的同志;学校管理人员有参照公务员管理性质的、事业性质的、人事代理性质的在职人员,也有机关企事业单位离退休返聘的老同志。

有调查数据显示我国大中城市老年大学大致有6种领导模式:

(1) 校委会领导下的校长负责制。例如,福建省老年大学由省级领导担任校委会主任,省级有关部门领导任委员,主持学校工作的副校长是省委老干部局领导,重大决策均由校委会集体研究决定,学校日常工作由主持工作的副校长自主安排。

(2) 校董事会领导下的校长负责制。例如,武汉老年大学在筹建之初,就本着社会公益事业应采取"官、绅、商"结合的组织形式,由现职领导、离退休老同志和企事业单位知名人士组成校董事会,体现了政府主导、社会参与、企业赞助、有序发展的原则,形成了校董事会领导下的校长负责制。

(3) 上级主管部门领导下的校长负责制。如上海市老年大学是上海市教委直接主管的。

(4) 校党委领导下的校长负责制。如贵州老年大学由省委直接管辖,学校定格正厅级,校党委书记和正副校长均由省委组织部任免,教师和职工全部在编,参照公务员管理。

(5) 校长负责制。校长是学校的法人代表,全权负责学校工作。例如,重庆市老年大学1999年以前是实行校委会领导下的校长负责制,后经市委分管书记同意,决定学校不再设立校委会,不设顾问,在职部门领导不兼任副校长,学校配校长1人(副市级退休干部),副校长4人(其中在编1人,为专职副校长),实行校长负责制。

(6) "两块牌子、一套班子"的领导体制。这种模式是老干部活动中心和老年大学两个单位共有一个领导班子,一般是老干部活动中心主任或副主任兼任老年大学校长或常务副校长。

2009年中国老年大学协会课题组对全国51所大中城市老年大学的调查显示,其中43所老年大学的校长中,由当地主要领导干部担任的有23人,其中离退休干部21人、在职干部2人;由当地部门领导干部担任的有20人,其中离退休干部9人、在职干部11人。

2. 选聘教师专职、兼职相结合

老年大学是一所特殊的学校,教师队伍也是一支特别的队伍。由于老年大学大多数未纳入国家教育管理体系,基本上没有正式的教师编制,因而绝大多数老年大学都只能利用社会师资人才资源,外聘兼职的教师,只有极少数老年大学有在编的专职教师。有数据显示,我国老年大学在编教师人数大约只能占到教师总数的5%左右。

老年大学师资队伍的建设渠道大致有:一是聘用大专院校或中

小学在职教师；二是聘用一些专业的退休教师；三是社会上公开招聘；四是教育部门或教师、学员推荐；五是教师自荐；六是聘用社会团体或专业协会名人；七是聘任社会上的专业教练和艺人；八是从党委、政府部门和事业单位中聘请专业人士；九是从学员骨干中培养人才。老年大学的管理者对聘任的教师一般都要求具有良好的政治素质，必须在思想上和行动上与党中央保持高度的一致，要崇尚科学、反对迷信，要对老年教育事业充满热心、耐心，有奉献精神和尊老敬老意识，不把利益报酬看得太重，要求他们必须具有良好的道德操守，还要有过硬的专业特长和业务能力。

由于教师与学校无从属关系，无上下级关系，也无长期利益关系，教师队伍流动性比较大。这种教师与学校的关系，必然会使教师形成短期意识，并导致短期行为，他们很少会积极主动考虑学校的长期规划、教材的建设开发和老年教育事业的提升发展。学校在教学业务等方面很难对教师有什么制约，使得很多老年大学在教材的内容、形式，教学的标准、要求，教育的质量、考核等方面，缺乏规范性。

根据2009年中国老年大学协会课题组对51所大中城市老年大学的调查，各校对教师管理的经验综合起来主要有：明确学校以教学为中心，大力提倡尊师重教，使教师有高度的责任感和荣誉感；强调教师在教学全过程中都要贯穿教书育人、教学相长、学用结合和互动式教学理念和方法，使教师明确提高教学质量的方向；"把好入口关"，就是要选聘德才兼备、身体健康、热爱老年教育事业、有奉献精神的教师到老年大学任教。经过面谈，双方达成协议后，学校向受聘教师发聘书，按任课学制时间聘用或一年一聘用，正式建立起学校和教师之间的责任关系；加强督促检查，如专业部主任在每学期开学前要检查教师根据教学大纲制订出的教学计划和确定的教材，校领导不定期听课，定期进行教学检查和期末教学总结，广泛听取学员意见建议,每堂课后班学习委员要填写教学日志等,这些均已形成了制度性的督促检查,对帮助教师改进教学方法起了很好的作用;以人为本,注重感情投入,体现人性化管理;尊重教师、信任教师,确信他们是老年大学的主人和中坚力量,重视他们的合理建议;关心教师、体贴教师,如春节和教师节把全体教师请回学校开座谈会,表示慰问,教师生病住院要去探望;建立激励机制,如表彰优秀教师、试行老年大学的职务级别工资补贴和教龄津贴等,激励教师创新进取。

3. 工作人员在编、不在编相结合

凡是具有一定规模的老年大学,除了学校领导外,还有一支教学管理队伍,负责从事具体服务和管理学员的工作,这支队伍里包括校长室领导下的各个部门的负责人,如办公室、教务处、教研室、人事处、艺术团、社团处、学生处等,以及每个班级的班主任、同一类班级的系主任和后勤服务人员。在老年大学,这些人员身份各异,既有在编在册的正式工作人员,也有从社会上聘用的人事代理人员和返聘的退休人员。依据学校的管理模式大致可以分为以下几种类型。

(1) 全员在编型。这类老年大学在全国老年大学系统中是比较少见的,如吉林省老年大学、广西老年大学、贵州省老年大学、湖北省老年大学等,这些老年大学都是由当地党委组织人事部门确定为参照公务员法管理的事业单位,核定编制、建制,由财政全额拨款办学。一般都由在编、在职人员从事学校具体管理和服务工作,很少返聘离退休老同志参与管理。吉林省老年大学是省委老干部局所属参照公务员法管理的全额拨款事业单位,担负着本级办学和对全省各级老干部工作部门创办的老年大学进行业务指导的职能,该校由一名副局级专职副校长主持学校日常工作,学校内设办公室、教务处、学员工作处、教研指导处4个正处级职能处室,人员编制30

名;广西老年大学为自治区党委老干部局管理的正处级参公事业单位,实行"一套人员、三块牌子"(老干部活动中心、老干部党校、老年大学),自治区人大原副主任任名誉校长,自治区党委组织部副部长、老干部局局长任校长,共有在编人员60多人,由在职人员担任系主任,在班级管理上充分发挥老年学员主观能动性。

(2)部分在编型。这类老年大学中有的主管部门明确了建制和编制,但是由于人手不足,无法满足老年大学的办学需要,因而聘请了一些劳务派遣、人事代理或者离退休人员参与学校的服务和管理活动。如1987年,山东省委组织部正式下文,确定山东省老年大学为厅级事业单位,归口省委组织部,由省委老干部局协助管理,经费列入省财政预算,后经省委组织部批准列入"参照公务员法管理范围",学校编制总额为40人,另聘任派遣制人员33人,返聘管理人员22人。厦门市老年大学为参照公务员法管理的事业单位,隶属于厦门市委老干部局,内设办公室、教务处、总务处,现有在职工作人员20人,返聘班主任等老同志19人。还有一些老年大学有编制没有建制。如盐城市老年大学,当地组织人事部门并未明确核定该校性质以及行政级别,但明确了4个编制挂靠在老干部活动中心,专门用于老年大学;该校返聘了20多名退休老同志担任艺术团长、教研室主任、班主任以及后勤管理工作,另外还聘请了3名人事代理人员。

(3)全员不在编型。这些老年大学在主管部门的领导下,直接返聘老同志担任校级领导和从事具体学员管理工作。这主要是县和县以下的老龄、文化和老干部部门主办的老年大学,直接聘请一些在当地有一定威望的老同志、老领导担任校长,同时聘请一些老同志从事学校具体服务和管理工作。如盐城市的响水、滨海、大丰、东台、建湖县级老年大学都是这样的人员聘用模式。也有少部分地市级以上的老年大学全部都是返聘老同志在负责管理和服务,如教育部门主管的苏州市和南通市老年大学。以南通市老年大学为例,该校实行理事会领导下的校务委员会负责制,学校理事会理事长由市委、市政府负责同志兼任,理事会理事由市教育、民政、老干部等部门和市老年大学的负责人组成,学校为社会公益性事业单位,财政差额拨款,学校行政管理人员、教职员工全部实行聘任制,学校管理人员多是教育部门退休的老同志。

还有一些老年大学由某个企业牵头主办,聘请老领导担任学校主要领导,并聘请具有一定专业特长的离退休老同志从事学校管理和服务工作,如山东省的南山老年大学、江苏省的夕阳红老年大学、青春老年大学等。南山老年大学由南山集团牵头主办,共聘请了近50名工作人员。夕阳红老年大学由江苏省老龄协会和江苏夕阳红老年服务投资发展有限公司共同开办;青春老年大学由华东有色地质勘查局开办。这两所学校都是经江苏省教育厅、省民政厅审批正式成立的,由江苏省的一些原老领导担任名誉校长和校级领导,聘请退休老同志担任学校管理工作。

第三节 内容丰富,教学活动多样化

老年大学的教学活动与普通学校教学活动相比,无论是内容还是形式上都要显得更加丰富多彩。2005年,中国老年大学协会会长张文范在协会的第三次代表大会上提出:"搞活第一课堂(课堂教学、学校教育);丰富第二课堂(社团活动、课外活动);拓展第三课堂(社区活动、社会活动),是我们老年教育发展中的一个重要的理念创新。"这段话既体现了终身教育的理念与学习型社会创建对老年大学工作的要求,也充分表明老年大学的课堂不仅仅包含师生面对面的班级课堂教学,同时也包含了学员的社团活动、课外活动、社区活动和社会活动的大课堂。老年大学的课堂与普通学校的课堂在教学中的作用、地位和重要性是有很大不同的。老年大学的这三个课堂丰富多彩的活动,充分展示了我国各级老年大学教学活动丰富性、多样性的特色。

一、做实第一课堂,课堂教学是基础

搞活第一课堂就要体现对老年人生命的尊重和关爱,使每一节课都成为老年人焕发生命活力的场所,并使每一个学员的生命潜能得到发掘,具体而言就是要让老年人乐起来、动起来、练起来。这些实践总结出来的教学活动理念、方法和手段正体现了老年大学教学活动的多样性。

1. 老年大学第一课堂的内涵

老年大学的第一课堂,是指老年大学的课堂教学活动。通常我们把教师传授和学员学习的共同活动称为"教学"。通过课堂教学不仅使学员获得知识技能、增强认知能力,同时提升与培养学员综合素质。它是由教师在老年大学校园内指定的教学场所,有组织、有计划地按照教学大纲和教学计划与老年学员面对面的授课过程。老年大学的第一课堂一般由较为规范的教学大纲、内容丰富的课程与学科、专业的授课教师、相对稳定的教学计划和必要的软件与硬件设施等要素构成。

2. 老年大学第一课堂的主要特征

(1)课程内容丰富。设置好专业课程是关系到老年大学吸引力和生命力的第一要务,是关系到老年大学办学成败的一个关键性问题。因此,各地老年大学一般都能"适其所需,授其所宜",尽量满足老年人多样性的需求,开设丰富多彩的专业课程。有满足老年人文化需求的传统文化课程,如文史、绘画、书法、诗词、写作等;有满足老年人了解社会愿望的社会科学类课程,如时政、法律等;有迎合老年人希望健康长寿的心理而开设的医学保健、老年养生、老年心理学、健身运动等;有迎合老年人审美爱好而开设的文化艺术类课程,如声乐、器乐、舞蹈、戏曲、模特等;还有迎合老年人服务自我、服务家庭的愿望而开设的生活艺术类课程,如烹饪、手工、插花、摄影、服装裁剪、家庭养花等;还有为不断满足老年人掌握信息化技术的需求,与时俱进开设的现代信息类课程,如电脑应用、智能手机应用、家电维修等。据不完全统计,我国老年大学课程设置的种类可能高达150多种,很多老年大学开设的专业都在四五十个以上。而且同一个学科,在设置上往往还为了满足不同层次学员的需求,分为多个不同的档次(详见本章第二节)。可以说,任何普通教育的学校都不会有如此丰富的课程和专业设置。

(2)教学手段多样。课堂教学是老年大学第一课堂的主要形式。由于老年大学课程设置的多样性特点,在老年大学的课堂上有着多样化的教学手段,不同学科、不同层次的班级教师采取的教学手段是各不相同的。老年大学的课堂教学不仅注重教师的讲授,更加注重学员的实践。如文史、保健、法律法规等知识型课程,更多的是以教师的讲授为主,教师必须选取生动有趣、有吸引力、老同志可接受的内容和方法进行讲授;书画、诗词、电脑、家电维修等技能型课程,则更加注重学员的实践,教师讲解的同时,学员的实践创作和操作也是课程教学的一项重要内容。老年大学的课堂教学不仅注重教师的示范,更加注重学员的展示。如形体运动课、手工制作课、声乐、器乐等课程,教师不仅要讲解理论知识、示范教学内容,同时也更加注重学员的展示表演,让学员学有所成。老年大学的课堂上不仅有纸质的书本教材,各种各样的多媒体教学手段也被充分运用在教学过程中,很多老年大学每个教室都配备了电脑投影仪、音响设备。

(3)教学方法灵活。我国各老年大学在教学实践中创造了许多良好的教学方法。如就适合教学内容的要求而言,宜抓"讲""练""评"三点:"讲"要精讲,不宜超出教学要求讲过深过多的理论;"练"

要勤练,在课堂上教师要多做示范,指导学员练习学会技能,在课后鼓励学员多练、善练,掌握应会技能;"评"要善评,从学员的习作中选出优秀作品,予以评定,也可选出欠佳作品予以指正。就适合老年学员的特点而言,则要把握"慢""活""细"三点:"慢"是因为老年人反应慢,教师必须清晰、稳步、有节奏地向他们进行传授;"活"是因为老年人希望享受教学过程,必须用富有情趣、富有情感的生动活泼的方法引导他们学习;"细"是因为老年人在许多课程上接受能力差,必须细致地讲解,才能让他们领会和掌握。

3. 抓好第一课堂的重要意义

可以说老年大学的一切工作都是为第一课堂的教学服务的。老年大学是以教学为中心,以提高教学质量为目标,以提升老年学员生命和生活质量为宗旨的教育机构。老年大学一般都会通过改善教学环境和条件、选聘优秀教师、开展听课评课、组织教学观摩、评选优秀教案和优秀教师、展示备课笔记等方法提升第一课堂的教学质量。

(1) 第一课堂是老年大学办学的主渠道。第一课堂是老年大学教学活动的基础。学校开课前都要制定教学大纲,明确教学目标,规范教学内容,制订详细的教学计划。第一课堂是整个教学工作的中心环节,教师一般都会科学安排授课计划,精心组织课堂教学,确保每堂课的教学质量。

(2) 第一课堂也是老年学员学习的主阵地。学校要求学员要遵守学校的规章制度,遵守课堂纪律,认真上好每一堂课,力所能及地记好笔记,结合自身情况完成教师布置的作业,从而真正地学到知识,提高自己,充实自我。

(3) 第一课堂是老年大学教师传授知识的主要途径。教师要认真制订教学计划,认真备课、上课,针对学员的年龄、文化程度、性格、兴趣爱好,尽量把知识性、技能性、实用性与趣味性融为一体,使学员们听得懂、记得住、学得会、用得上,还要注意收集相关信息,以便改进教学。

二、丰富第二课堂,课外活动是延伸

1. 老年大学第二课堂的内涵

老年学员们都十分珍惜自己晚年的学习时光,在学习过程中又与学校和老师以及同学结下了深厚的情谊,以校为家。因此在课堂教学之外,学员还有自己的社团组织,志愿组织各种课外活动、沙龙聚会和校友聚会等,以加深对课堂教学内容的理解、消化,同时增进学员之间的友谊。各老年大学为了丰富课堂教学的内容,也会主动安排一些课堂教学以外的活动,如学员作品展览、实习采风、文艺演出等,这些就构成了老年大学的第二课堂。

有老年教育理论研究者将老年大学的第二课堂定义为老年大学的社团活动与课外活动。社团活动是由学校社团组织开展的各种(益智、育德、健身、冶情、休闲等)活动。社团组织是由学员自愿参加、自主管理、带有某种专业倾向的群众团体,例如文学社、合唱团、艺术团、模特队、器乐队等。他们有自己的社团章程、民主管理制度,同时也离不开学校的管理,学校一般会为他们提供必要的条件,搭建相应的平台。课外活动则是指除了课堂教学以外,由学校、班级集体、学员自发组织的各种课外活动,例如各类讲座、校园文化建设活动、小组学习、参观与考察、文体活动、各种展览等。

2. 老年大学第二课堂的主要形式

老年大学的第二课堂是第一课堂的延伸和补充,同时也为第三课堂提供了拓展的平台和载体,所有第二课堂的活动都是围绕第一课堂的教学内容而实施的。老年大学第二课堂的内容十分丰富,不同类别、不同层次的老年大学都有丰富的第二课堂活动实践,具体类别如下。

（1）建立学员社团组织。如诗词协会、书画研究会、摄影联谊会、歌友会、舞蹈队、按摩研究会、太极拳表演队等。

（2）进行文体演出活动。如重大节日的纪念文艺演出、校庆活动、校园文化艺术节演出、学期结束汇报演出等。

（3）举办学习成果展示。如手工作品展、书画作品展、摄影作品展、文艺演出图片展、诗文作品展，以及毕结业典礼等。

（4）校园文化建设。办好校园橱窗，布置书画、摄影作品、孝心敬老宣传画、学校重大事件通报、养生知识等，常换常新，既美化了校园环境，又使学员丰富了知识，得到了教育；进行感动校园人物评选；举办校园舞蹈、器乐、演唱比赛等活动。

（5）组织实习、采风活动。书画、摄影、心理保健等课程经常进行一些实习、采风活动。

（6）开展各种辅导讲座。进行时事政治讲座；举办党史知识讲座，诠释每次党代会会议精神和决议要点；围绕全国"两会"，了解全国形势，增强大局意识；围绕老年人的健身，进行心理生理知识讲座；围绕法律知识宣传，进行"老年人权益保障法"的讲解和诠释；等等。

3. 开展第二课堂的重要意义

如果说第一课堂是老有所学的主要场所，那么老年大学的第二课堂则可以说是老有所乐的重要途径，是展示老年人风采、才艺的阵地，是老年人广交朋友的渠道。第二课堂让老同志们能接受到更多的知识和信息，阔大知识面，开阔视野，丰富他们的文化生活。丰富多彩的第二课堂活动，让老年大学的每一个学员在活动中都能体验到遨游、探索乃至创新于科学与艺术海洋中的乐趣，激发了他们对自然、对生活和对生命的热爱之情，从而达到普遍提升学员个体素质，发扬特长，并发挥学员的主体作用的目的。

丰富多彩的第二课堂活动还能提升学校校园文化内涵，形成奋发向上的精神力量和团结和谐的校园氛围，营造融洽、温馨、关爱的精神家园，从而提高学校吸引力。马鞍山市老年大学开展的"感动校园十佳人物"评选活动、武汉老年大学开展的"营造绿色校园"活动，将全校师生参与学校精神文明建设的积极性都调动起来，形成了良好的校风、学风和教风。

三、拓展第三课堂，社会实践是检验

1. 老年大学第三课堂的内涵

我国各级各类老年大学并不满足于开设学员喜闻乐见的课程以及组织课堂教学、社团和课外活动，而是按照党和国家对老龄、老干部工作的要求，积极主动搭建起老年学员服务社会、余热生辉的平台，让老同志们政治、威望、经验、智慧等方面的优势，在和谐社会建设中发挥出积极的作用。

有学者将这种发挥老年学员积极作用的途径、场所定义为老年大学的第三课堂，即按照老年教育的宗旨，由学校或学员自己组织的以学以致用、融入社区、服务社会为目的的常用途径、方式和场所。它是老年大学学员"英雄有用武之地"的广阔天地，能够充分体现老年人的自身价值与社会价值。

老年大学的第三课堂可以理解为学员们有组织地走出校门、融入社会，在社会大课堂里汲取更丰富的知识并以自己的所学所长服务社会、回报社会，展示自己的学习成果和扩大老年大学的影响力的活动。这样的活动在每个老年大学都是必不可少的，它既是老年大学办学成果展示和体现的方式，同时也是老年大学学员将学到的知识和技能服务自我、服务家庭、服务社会，展现当代老年人的精神风貌和社会价值的一个重要途径。

2. 老年大学第三课堂的主要形式

老年大学的第三课堂主要有以下四种形式。

（1）主动组织。也就是学校有目的、有计划地组织学员走向社会、服务社会的一种形式。2006年重庆遭遇百年不遇的大旱，重庆市老年大学组织师生到巴南灾区进行大型慰问演出；在重庆开展构建和谐城市的建设中，重庆市老年大学还利用春节长假，在市人民广场参加了为期两天的"和谐中国，美丽重庆"大型宣传活动。上海老年大学艺术团赴市少管所举办"大手牵小手，托起明天的太阳"文艺演出，对失足少年开展帮教活动。盐城市老年大学每年都要安排学校艺术团走进高校进行文艺演出。这种模式，学校比较主动，目的性明确，有利于学校教育与教学，组织也相对容易，常常会达到双赢的目的。关键是学校领导要有育人的理念，有"大教育"的理念。

（2）被动邀请。也就是受到有关部门与单位的邀请参加的各种竞赛、评比活动。如参加全国性或地方性文艺汇演、优秀作品展示等。中国老年大学协会已经组织过四届全国老年大学文艺汇演，多次全国书画摄影作品展；盐城市"百姓春晚"节目组连续多年邀请市老年大学参与文艺演出。这种模式，学校相对比较被动，由于功利性强，组织难度大，经费负担重，有时还容易影响正常教学秩序，若评不到奖还可能影响学员情绪和学校声誉，学校压力比较大。

（3）学员自主融入社区。老年学员用学到的专业知识、专业技能，发挥自己的聪明才智与组织能力，主动积极推动社区精神文明建设，带动社区更多的老年群体，一起享受社会进步的成果，享受晚年生活的乐趣，做适应社会发展的幸福老人。这种自主融入社区的模式，学校应该积极宣传、发动，表彰先进个人和事迹，进行鼓励与推动。教师也应该在课堂教学中有意识地传授相关技能，以便让学员不仅懂得怎么学，而且知道学会知识怎么用。

（4）培训社区骨干。这是学校为了更好地发挥辐射、引领和指导作用，专门为社区培训教学骨干的模式。天津市老年人大学的"章鱼式"发展模式就是一个典型。他们发动学有所成的学员，到社区建立老年人大学校外教学实践基地,组织和辅导社区的中老年人开展学习、健身、娱乐活动,把他们在学校学到的知识、技能,通过社会课堂得以实践,从而使老年人大学办学辐射服务到社区,获得了很大的成功。上海市老年大学华东分校利用自己的师资优势,为各个社区培养了数百名骨干教师,许多基层老年学校、社区教学点,几乎都有他们的学员在执教。这种模式需要学校有相应的特色课程,有高水平的师资力量和知名度,而且要及时准确了解社区的需要。

3. 老年大学第三课堂的主要内容

以学促为,开辟第三课堂,为广大学员参与社会、服务社会搭建平台,充分发挥老同志的丰富实践经验、优良传统美德和无私奉献精神,动员广大学员参与社会、服务社会,已经成为各地老年大学办学者的共识。

(1) 坚持正确的服务方向。在组织广大学员开辟第三课堂的社会服务活动中,坚持正确的服务方向,做到有所为有所不为,牢牢把握构建社会主义和谐社会这个大方向,本着自愿、量力而为的原则,面向乡镇、社区、军队、学校,着力于造福家乡、造福人民,这是老年人参与社会、服务社会的出发点和归宿。在福建德化县,县、乡、村三级老年学校有四千多名老年学员参与基层社会治理,在化解社会矛盾、维护社会稳定、促进社会和谐等方面发挥了积极作用。他们运用学校中所学、所思、所悟向社会有针对性地宣传正确的政治观点、党的政策、国家法律和中心工作,取得良好的效果,被誉为"永不撤离的政工队伍",受到时任福建省委书记孙春兰的高度评价。

(2) 围绕中心,服务大局。老年大学组织的第三课堂活动,围绕党委政府的中心工作和经济建设大局,尤其是开展大型社会服务活动时,应当注意做到主题鲜明,紧跟形势,内涵丰富,着力于社会效益。要充分体现学员们老有所为、奉献社会的追求和情操。同时引导学员不要参与一些低俗的商业活动谋取利益,要充分发挥和传递老同志的正能量。如福建省莆田市老年大学坚持办好厅级班,48位退休的副厅级以上市领导积极参加理论学习和调研考察活动,先后调研重点项目63个,提出82条建议,许多建设性、前瞻性的建议被市委、市政府采纳,有效促进了当地经济和社会发展,被誉为莆田市委、市政府的智囊团、顾问团、咨询团。

(3) 面向基层,灵活多样。这里的基层既指活动主体要面向学校的基层组织,如班级、小组等,让所有有意向参与第三课堂活动的老同志都能参加进来,保护老同志们的积极性;同时也是指活动要面向社会基层,如面向贫困群众送医送药下乡、面向社区辅导全民健身、面向村镇送文化下乡、走进社区义务教学、献爱心关爱青少年,等等。只有面向基层、灵活多样,老年大学的第三课堂活动才有生命力。如厦门市老年大学"老妈妈关爱团"成立24年来,"情系高墙寂寞身,心挂深院残疾童",为失足青少年、残疾儿童送去温暖,挽救了几百名失足青年,让千余名吸毒者走上了正道。

(4) 做到学以致用。第三课堂活动要顺利开展,必须和第一、第二课堂有机结合,要使第三课堂真正成为第一课堂学习内容的补充和扩展,成为第一、第二课堂学习成果展示的平台。如果抛开第一、第二课堂的学习,另搞一套,这不仅不符合实际、事倍功半,而且无助于第一、第二课堂学习的巩固和提高。

(5) 重视安全问题。老年大学组织开展活动与安全保障是一对天生的矛盾,对于参加第二、第三课堂活动,学员们一般都有很高的积极性,但是组织者却十分担忧。做好安全保障是开展任何第二、第三课堂活动非常重要的环节,很多老年大学都会在开展各级各类活动时,做好各种安全预案,活动前都要提醒并倡导学员在活动中互相关心、互相关照,尽量避免意外事故的发生。有些学校还为学员购买了各种保险。

老年大学的三个课堂是目前我国老年大学教学活动的主要形

式。第一课堂侧重课堂教学,满足老年学员的基本知识需求,是"老有所学";第二课堂是在第一课堂的基础上,以社团、兴趣小组等形式进一步满足老年学员对知识的需求,在实践中巩固知识,是"老有所乐";第三课堂是以各种方式把获得的知识反馈应用到社区建设中,服务于社会,实现自身价值,是"老有所为"。三个课堂的良好互动,构成了我国各级老年大学多样化的教学活动。

4. 拓展第三课堂的重要意义

拓展老年大学第三课堂成为很多老年大学工作的一项重要内容,它对于我国老年教育事业的发展也具有十分积极的意义。

(1) 有利于"老有所为"发展目标的实现。"老有所养、老有所医、老有所教、老有所学、老有所为、老有所乐"是我国老龄事业的发展目标和指导思想。在这六个"老有"中,"老有所为"是与其他五个目标紧密联系、相互促进的目标。而第三课堂的拓展,有利于在老有所养、老有所医的基本条件下,通过老有所教、老有所学,更好地实现老有所为、老有所乐。我国的传统观念认为,老年人退休即"休",即淡出,即安度晚年。在老年人力资源利用上的措施就更少了,老人自我价值的实现和老有所为的理念就不能很好地得到实现。而实际上老年人也有继续参与社会工作的权利,在经验等方面老年人更有优势,许多老年人更愿意参与志愿者活动,发挥余热,同时促进自身健康并提升人生价值。老年大学第三课堂的拓展正是为老有所为搭建了很好的平台。

(2) 有利于老年人自身价值追求的实现。一方面党和政府十分重视和珍惜老年群体这一宝贵财富,期望、鼓励和支持老年人融入社会,发挥老年人的特有优势和专长,在资源合理、量力而行的原则下,继续为社会发展作贡献。另一方面,广大老年人都希望能以多种方式展示自己,特别是通过青年的奋斗、壮年的拼搏,事业有成之后,虽然退出了工作岗位,但是仍然有进一步展示自身价值的机会。第三课堂是以各种形式把老同志们获得的知识反馈到社区,服务于社会,是"老有所乐",同时也使老年人自身价值得到提升。如老年朋友在文艺演出中都愿意充当主角,为自己争取出演机会,就是其中一种表现。第三课堂的拓展能为他们提供更多实现自身价值的舞台。

(3) 有利于第一课堂教学成果的评价和转化的实现。第三课堂是第一和第二课堂的必然延伸,是对第一、第二课堂学习成果的反馈和检验。拓展第三课堂使得老年教育与社会有了更加密切的接触,既能让社会公众了解老年教育,向社会公众展示老年教育成果,宣传老年教育的作用,同时也能接受社会公众对老年教育成效的检验、听取社会各界对老年教育的意见、建议。第三课堂的社会反响,是我们评价老年教育教学成果的一个重要指标,通过指标的综合分析,将更加有利于老年大学教学成果的转化。

(4) 有利于积极老龄化目标的实现。人口老龄化是一个世界性的问题,对于我们发展中国家更是一个重要问题,国际组织推行积极老龄化目标,提出"不分年龄人人共享社会"的口号,这里也包含了努力使老年人有机会继续为社会作出贡献的目标。《中国老龄事业的发展》白皮书也把老年人参与社会发展作为一个重要内容来阐述。我们国家重视和珍惜老年人的知识、经验和技能,尊重他们的优良品德,积极创造条件,发挥老年人的专长和作用,鼓励和支持老年人融入社会,积极参与社会发展。老年大学拓展第三课堂,就是要让更多的老年学员能够尽可能多地参与到构建社会主义和谐社会的事业之中。

第四节 成果丰硕,教学研究前瞻化

我国老年教育事业发展的这三十多年,同时也伴随着老年教育科学研究工作的发展。中国老年大学协会常务副会长袁新立在中

国老年教育发展高峰论坛的讲话中指出:"中国老年大学30年的发展轨迹,是用我们党不断创新的中国化的马克思主义理论为指导,研究解决老年教育一系列基本问题,探索老年教育特有规律,理论联系实际地健康推进的过程。"理论研究成为办学先导,各级老年大学自始至终都非常重视老年教育科学研究工作,注重科研工作机制和队伍建设,积极创办老年教育学术刊物,扎实开展各级各类老年教育课题研究,取得了丰硕成果。全国各地各级老年大学形成了浓厚的老年教育理论研讨氛围,科研兴校成为我国各级老年大学共同的管理和发展思路,老年教育科学研究对我国老年教育事业的发展起到了不可或缺的积极推动作用。

一、老年教育理论研究工作的历程

与老年教育工作走过的从无到有、由小及大、由弱变强的不平凡道路相一致,我国老年教育的科学研究工作也有一个兴起、拓展、深化的发展过程。中国老年大学协会学术委员会陆剑杰主任曾经以1983年中国第一所老年大学的诞生、1988年中国老年大学协会的成立和2005年中国老年大学协会学术委员会的成立为节点,将我国老年教育理论研究工作的发展历程划分为以下三个阶段。

1. 自发探索研究阶段

这个阶段以1983年我国第一所老年大学诞生为开端,直至中国老年大学协会成立。这一时期我国老年大学理论研究工作具有自发性、分散性、探索性的特点。一方面,老年教育刚刚起步,有很多问题需要通过科学研究来解决。而当时的老年大学的创办者当中有一大批善于进行理论研究的离休领导干部和教育专家,如南京的罗炳权、武汉的杜子才、哈尔滨的杨国权都是这个时期的代表人物,他们自发地在各自所在的地区开启了老年教育理论研究工作。另一方面,当时全国的老年教育研究组织还没有建立起来,这样的研究工作还处于自主研究阶段,课题也比较分散,研究的内容也具有尝试回答问题的探索性。南京鼓楼医院的主任医师韩祖斌曾经在1988年1月发表的文章中说:"现在全国各地正在兴起一股老年教育研究热,山东、哈尔滨、武汉等省市纷纷开展老年教育理论研究工作,同时成立了各种规模的研究机构。"这是对当时科研工作情景的真实记录。

2. 有组织的研究阶段

这个阶段以中国老年大学协会成立为起点,直至2005年中国老年大学协会老年教育学术委员会、教学委员会、远程教育委员会、宣传出版委员会等委员会的成立。中国老年大学协会成为我国老年教育理论研究工作的主要载体和核心机构。如果说协会的成立标志着中国老年教育事业拓展阶段的开始,那么同时成立的协会老年教育研究组则是我国有组织地开展老年教育理论研究工作开始的标志。这一阶段老年教育理论研究有组织地开展起来,集中表现为全国各老年教育理论研讨会的正常召开。1990年在兰州组织了第一次全国老年教育理论研讨会,会议讨论的主题是如何扩大老年人的受教育面,增强老年大学的吸引力和凝聚力,增强老年教育的社会效益。第二次研讨会于1993年4月在贵阳召开,讨论了老年教育的地位、作用、发展趋势,老年大学办学模式,评估与提高老年大学教学质量这样三个问题。1995年7月以"老年教育如何适应市场经济"为主题的第三次理论研讨会在哈尔滨召开,此时以社会主义市场经济体制为目标模式的改革在全国深入开展。1997年8月中国老年大学协会在银川召开了以如何贯彻《中华人民共和国老年人权益保障法》为主题的第四次全国老年教育理论研讨会,紧扣党和国家各项方针政策开展老年教育理论研究工作成为一种自觉,顺势性和求变性是这一时期我国老年教育理论研究工作的主要特点。所谓顺势性,就是研究形势、研究大局,找到推动老年教育发展的外部动力;所谓求变性,就是老年教育发展较为缓慢,研究者们以求变谋发展,创造新局面。此时全国大约有200所老年大学加入了中国老年大学协会,成为会员校,并且都积极参加理论研究和学术交流活动。

3. 全面科学研究阶段

这个阶段从中国老年大学协会老年教育学术委员会成立延续至今。2005年11月中国老年大学协会第三次会员代表大会第一次全会上决定将"老年教育研究委员会"更名为"老年教育学术委员会",同时明确的还有老年教育宣传出版委员会、远程教育委员会、教学委员会,之后又相继成立了企业老年大学工作委员会和高等院校老年大学工作委员会。各个委员会都有一支相对专业的队伍,省、市两级老年大学协会也相继成立了对应的组织机构,分别从事相应领域的理论研究和实践。各老年大学会员校纷纷安排相应人员加入到各个委员会,成为委员,带动本地区老年教育理论研究工作健康快速发展。这一阶段我国老年教育理论研究工作的特点主要有:一是理论研究工作更加精细化。各个委员会的相继成立不仅标志着我国老年大学协会工作机构的进一步健全,同时也是我国老年教育理论研究工作精细化的开端。学术委员会的理论研究更加突出宏观的学术研究的引领作用,教学委员会则更加突出微观的教学实践的研究和探索;宣传出版委员会则更加注重老年教育宣传舆论阵地建设的研究;企业和高校委员会针对各自学校特色的研究内容和成果则相对较多。二是学术性更强了。2006年6月在重庆召开第七次全国老年教育理论研讨会,会上学术委员会的委员们提出,我国老年教育研究的成果是有层次性的。初级层次是老年教育工作者所写的感受性、体会性的文章;中间层次是注重反思感性经验的经验总结性的文章;第三个层次是从经验总结上升到对于老年教育本质、规律、价值研究的学术性文章。在学术委员会成立之前已经有一批学术性著作和文章，学术委员会成立之后，进一步倡导学术研究。三是规范性。此时的老年教育研究更加注重实践研究，规范的调查研究、合乎逻辑的理论分析成为理论研究的基本要求，大批老年教育理论研究刊物涌现出来。四是广泛性。即有更多的学校、更多的同志、更强的力量参与老年教育理论研究。中国老年大学协会学术委员会在这一时期牵头举办了多期老年大学校长研修班，创建和评定9所在全国具有一定影响力的老年大学为"全国老年教育理论研究基地"，并召开了第十一次全国老年教育理论研讨会。2014年在浙江乌镇举办的中国老年教育事业30年发展高峰论坛，收到来自全国27个省、直辖市、自治区和港澳地区以及国家部委、军队、高校科研单位和企业的159所老年大学的文章400余篇。

二、老年教育理论研究工作的现状

在我国，老年大学是一个新生事物，老年教育是不同于普通教育、成人教育的独立教育系统，老年大学也不是一般意义上的现代学校教育，它和普通学校在教学和管理上存在很多不同之处。如何办好老年大学、怎样界定老年教育的性质、如何把握老年大学的教学和管理规律等，大量的问题都在老年大学的办学实践中被提了出来，这些问题并不能在普通教育学校的管理经验里找到答案，普通教育的理论成果在老年大学多是不太适应的，老年大学并不能套用一般教育科研成果去解决老年教育工作中遇到的问题。老年大学教学研究成为一项必不可少的工作，教与学需要研究，管理需要研究，设备配备和后勤服务都可以通过研究提高效益和效率。有的学校提出，"教学和科研是老年大学的两个翅膀，只有同时振翅，我们的工作才能真正前进"；有的学校提出，"老年大学必须成为两个'中心'，既是'老年教育中心'，又是'老年教育研究中心'"。提出教学科研同为中心工作和把学校当作两个"中心"来建设的学校一般都是规模较大、实力较强的省和中心城市老年大学；其他的老年大学虽然未必这样提，但加强教育和教学的科学研究仍然是必须开展的重要工作，科研兴校成为共识。正是有了这样的思想认识，我国老年大学的理论研究工作才得以开展。

1. 专兼职相结合的研究队伍

经过三十多年的发展，我国老年大学的科研队伍呈现出多样性的特点，不仅各个老年大学都有专兼职的教学研究队伍，而且各级老年大学协会都成立了老年教育科学研究组织，形成了领导、专家、群众相结合的研究队伍。许多老年大学的理论研究之所以持之以恒、不断进取，就是因为建设了一支多样性的教学研究队伍。

（1）老年大学领导。老年大学大多都由热心公益事业的优秀离退休领导干部担任学校领导，他们在任时就重视理论研究，在面临老年教育新的实践时，自然会用很高的责任感去研究问题。从我国老年大学创办初期武汉市老年大学的校长杜子才、南京市老年大学的常务副校长罗炳权、哈尔滨市老年大学的校长杨国权，到如今金陵老年大学的副校长陆剑杰、福建省老年大学的副校长施祖美、景德镇老年大学的校长杨启村等，都是老年教育理论研究领域的代表人物，他们既是老年大学的创办者、学校领导，又是老年教育理论研究的先行者，研究发表了许多具有前瞻性、指导性的理论成果，同时还带动了一大批老年大学的负责人投入到了老年大学理论研究的行列。

（2）专家组织。很多老年大学都逐步设立了理论研究所、研究室或理论研究处，专门从事学校老年教育理论教学研究工作，设专职研究员或聘用兼职的特约研究员。这些人中有的是教育界离退休的老专家，有的是大学的在职教授或教育专家，还有的是社会知名人士。老年大学同高校、科研机关的专家学者合作进行老年教育理论研究，有的还共同申报或领受科研课题，开展研究。武汉老年大学不仅成立了老年教育科研所作为老年教育和教学研究的专门机构,而且在1987年由杜子老校长主持创办了我国第一个老年教育研究社团——武汉老年教育研究会,同时还创办了《老年教育研究》期刊,着力开展和推进老年教育的理论研究和国际交流,现有会员三百余人,另聘请部分高校、科研院所的专家、教授和社会知名人士五十多人为顾问。该研究会既是中国老年大学协会的会员,又是第三年龄学习国际研究(TALIS)和国际第三年龄大学协会(IAUTA)的成员。成立以来,共撰写研究性文章、调查报告近千篇。天津市老年人大学除在校内建立了专兼职结合的理论研究队伍,还同天津教育科学研究院老年教育研究室相互配合,合作研究。双方合作进行了老年教育的现状和需求的社会调查,并撰写调查报告;共同承担天津市教育科学规划课题"老年大学与老年教育发展研究",编写出版了《老年大学发展研究——示范性老年大学办学机制探索》等理论研究书籍。福建省老年大学与福州大学共建了福建老年教育研究所、福建老年教育研究基地。研究所聘请了福州大学、福建师范大学、闽江学院等高校专家和老年教育工作者担任委员,由福建省教工委原副书记、省老年大学副校长担任主任,取得丰硕的科研成果。

(3)群众队伍。在科研兴校思想的指导下,很多老年大学都形成了浓烈的老年教育理论研究氛围。不仅学校领导和理论研究部门的工作人员和外聘的专家都主动进行教学实践和理论研究,而且学校的工作人员、班级的管理者(班主任)、课堂教学的实施者(教师)中也有一大部分人在从事老年大学的教学和管理研究,甚至有些老年大学的学员也在撰写有关老年教育和老年大学工作的理论文章。我们在《老年教育》杂志和各省、市老年大学的理论研究刊物上经常能够看到这样的文章,有的作者写经验性的实际体会,有的写理性的实践经验总结,有的写理论性的探讨文章。

我国从事老年教育理论研究的人员大致有着这样一些特征:一

是热爱老年教育,志愿从事老年教育工作,忠诚于老年教育事业,科研意识较强;二是具有奉献精神,不计较报酬,以主人翁的态度投入到老年教育科学研究中,热心老年大学工作,乐于为老同志服务;三是理论功底较深厚、科研能力强,关心政治,有一定的理论修养,具有一定的文化科学知识,知识面比较宽;四是精通教育业务及科研业务,有一定的教育理论水平,掌握了教育学、心理学的有关知识,了解老年人的生理、心理特征和学习特点。从领导到群众全员参与的教学研究队伍,造就了我国老年教育理论研究百花齐放、百家争鸣的良好局面。

2. 逐步健全的科研工作机制

经过三十多年的探索发展,我国老年教育理论研究在指导思想、研究机构、研究内容、研究方法等方面逐步形成了比较健全的工作机制。

(1)正确的指导思想。老年大学的发展壮大,始终离不开党委政府的关心和重视,我国的老年教育理论研究工作也始终是在党的路线方针指引下开展的。因此,我国各级老年大学开展理论研究工作都有一个共同的前提,那就是具有正确的指导思想和政治方向。中国老年大学协会常务副会长袁新立指出:"始终坚持正确的指导思想,把老年教育工作放到党和国家的大局中谋划是发展老年教育的根本。伴随着改革开放的大潮,我们党把马克思主义中国化,形成了许多新成果,奠定了老年教育的丰厚理论基础,这是中国老年教育宝贵的思想理论财富。"有研究者总结为:坚持与宣传以爱国主义为核心的团结统一、爱好和平、勤劳勇敢、自强不息的伟大民族精神,贯彻老年大学办学的宗旨的指导思想。三十多年的实践证明,老年大学不管在什么时候,遇到什么情况,都不能偏离党的政治理念,党的旗帜就是老年教育工作的灵魂,党的理论就是老年教育工作的指南,党的宗旨就是老年教育的原则。正是这样的指导思想引领了我国各级老年教育理论研究工作的正确展开。

（2）依托协会的科研机构。我国老年大学没有统一的领导体制，也极少像普通教育一样设立专门的科研机构和科研部门，但是老年教育的理论研究工作能够全面、深入、广泛地开展起来，离不开各级老年大学协会的领导和组织。中国老年大学协会是我国老年教育理论研究工作的主要载体和核心机构，其下辖六个专业委员会：学术委员会、宣传出版委员会、远程教育委员会、教学委员会、企业老年大学工作委员会和高等院校老年大学工作委员会，分别由全国推选出的具有一定影响力的优秀的老年大学领导担任主任、副主任，各会员校选派代表参加委员会工作。各个委员会通过召开全国性的工作交流会议、举办各种培训班、开展课题研究等形式，对相应领域的老年教育实践和理论工作进行研究、交流、提升。例如，学术委员会先后组织举办了11次全国老年教育理论研讨会、5次校长研修班；教学委员会针对教学管理工作提出多个课题，组织开展课题研究，编辑出版了多部理论研究著作，通过开展教材展示、教材编纂等活动推进老年大学教学实践研究；宣传出版委员会以办好《老年教育》杂志为着力点，选登优秀理论文章，开办宣传工作研讨班，表彰宣传工作先进单位，总结推广办学经验；等等。2008年，中国老年大学协会三届五次常务理事会做出决定，在全国建立"老年教育理论研究基地"，旨在进一步发挥示范校的理论研究引领和辐射作用，完善组织、聚集人才，提高老年教育理论研究水平。要求建立基地的学校，必须有重视老年教育科研的领导干部和工作班子，必须有一支不少于15人的各学科学者组成的科研队伍，必须有一个质量较高的学术刊物，必须有丰硕的实践研究和学术研究成果。随后陆续有9所副省级以上老年大学申报成为全国老年教育理论研究基地，分别是：福建省老年大学、天津市老年人大学、上海老年大学、重庆市老年大学、哈尔滨老年人大学、广州市老年干部大学、金陵老年大学、武汉老年大学、山东省老年大学。2016年1月召开的中国老年大学协会学术委员会全体会议提出要逐步创建地市级老年教育理论研究基地。上述9所老年大学已经初步建立起由150多位各个学科专家学者组成的我国老年教育理论研究核心队伍。各个基地都先后承担了多个全国性的课题研究任务,同时对本地老年教育理论研究工作起到了很好的示范引领作用。各基地的科研工作,不仅开展了为了指导老年教育实践的老年教育学的研究,而且还像高校学习,在具有高等教育水平的学科中开展学科性研究,如在这些学科的课程设置中开展研究,讨论和确定课程开设的目的、教学内容、教学大纲;实行研究性教学,开展课堂讨论,引导学员撰写学习体会,在学报、校报上发表、交流,在学员社团中设立研究组织,开展学科研究;等等。省、市两级大多也成立了老年大学协会,有些省的老年大学协会还分别成立了与中国老年大学协会相对应的各个专业委员会。很多协会都承担了老年教育理论研究的任务,如组织召开理论研讨会、创办理论研究刊物等,各级老年大学协会往往也是本级老年教育理论研究机构。地市级以上老年大学一般都设有专门的理论研究机构,有的依托老年大学协会,有的是老年大学的一个专门的处室,如研究室、研究处等。也有些省、市成立了专门的老年教育研究机构,如福建省老年教育理论研究会,2010年经省民政厅正式批准成立;不久,由福建老年大学、福州大学联合创办的福建老年教育研究所在福州大学成立。2012年"上海市老年教育理论研究中心"在上海老年大学挂牌成立,与学校研究室合署办公,除了学校自身的理论研究外,还全面负责规划、统筹、组织、协调和指导上海市老年教育理论研究工作。全国老年教育科研工作在中国老年大学协会引领之下开展得有声有色。

(3) 广泛深入的研究内容。全国老龄委办公室副主任吴玉韶2014年在中国老年教育发展高峰论坛上的致辞指出:老年教育是一项开创性的事业，也是一项探索性的事业，有许多理论和实践问题需要探索和研究。一要探索研究老年教育的性质、功能定位、发展目标、发展规律等基础理论问题；二要探索研究如何拓展、丰富老年教育内容；三要探索研究如何扩大老年教育的规模；四要探索研究多渠道、多形式办学；五要探索研究老年教育的机制体制。这些都是老年教育科学研究的重要内容。老年教育研究，从狭义上讲，是指应用科学的方法对老年教育中存在的实践、理论问题，进行观察、分析与思考，从而发现老年教育现象之间的本质联系与规律的过程。从广义上讲，它是老年教育事业的一个重要组成部分，是广大老年教育工作者的一项工作内容，是老年教育工作理论和实践的研究体系、理论文章以及工作机制的总和。老年教育研究的内容是非常广泛的，凡是涉及老年教育方方面面的内容都可以作为老年教育研究的对象，大到老年教育的性质、培养目标、教育理念，小到教育内容、课程设置、教学方法、教育途径、教育形式等。有专家将我国老年教育研究的内容归纳总结为三个方面：一是老年教育学理研究。包括中国老年人生存状态与心理特征的研究、中国老年教育的特色和特殊发展道路的研究、老年教育的定性和定位的研究、老年教育的本质和目的的研究、老年教育的宗旨和价值的研究、老年教育教学规律的研究、老年教育的理念与核心理念的研究、中国老年教学与学科建设的研究等。二是老年大学建设和教学实践的研究。包括老年大学管理体制的研究、老年大学教学创新的研究、老年大学教学和科研结合的研究、老年大学学校管理的研究、老年大学校园文化建设的研究、教员与学员和管理人员三支队伍建设的研究、老年大学规范化建设的研究等。三是老年教育科学发展的实践研究。如积极老年教育观的研究、老年教育事业发展中普及与提高关系的研究、发展农村和社区老年教育的研究、老年教育立法执法的研究、老年教育普及的三种形式（学校、远程、社会）研究等。

(4) 形式多样的研究方法。老年教育理论研究的目标在于掌握老年教育的科学思想和实践规律；理论研究的价值在于参与中国老年教育科学的创造，推动本校、本地区老年教育事业的发展。实现这样的目标和价值，必须有一套相对应的工作方法和活动方式，并且逐渐使之具有规范性。我国老年教育理论研究工作也有其相应的工作方式和研究方法。从组织方式来看：一是建立科研工作制度，各级老年大学理论研究机构都有自己的工作制度，通过制度制定科研规划，确定科研计划，制定科研课题。如中国老年大学协会学术委员会为搞好学术研究，制定了工作条例和任期目标，在任期目标中提出了学术研究、应用研究、基地建设、队伍建设、信息工作等五项任务和目标，并据此制定年度老年教育学术理论研究课题指南与科研课题。二是办好理论刊物。理论刊物是研究工作者发表真知灼见的理论阵地，也是进行学术交流的重要平台。三是开展课题研究。这是各老年教育理论研究机构和各级老年大学理论研究部门经常采用的理论研究形式,研究者从社会变革和老年教育发展需要,老年教育实践、理论以及信息资料分析提炼等入手,按照需要、科学、创新、可行等原则确定课题,进行研究设计,制定研究方案,最终形成研究成果。四是组织各级研讨会。即在一定范围内,针对某一个或多个理论或实践问题,有组织地开展学术讨论活动。中国老年大学协会举办的全国老年教育理论研讨会、中国老年教育发展高峰论坛、老年大学校长研修班、老年大学宣传工作研修班等都是理论研讨会。五是撰写论文。这是教育科研的最基本形式,论文是理论研究成果的最基本的展示方式。六是开展学术评审奖励。对老年大学科研工作中涌现出的优秀成果,通过评审把它们选拔、推荐出来,予以奖励。一方面激励研究者,成为研究动力,另一方面也是为了推广成果。广州市老干部大学长期坚持每年举办一次校内理论研讨会,组织全校职工总结经验,撰写论文,探讨问题,制定并施行《广州市老年干部大学老年教育研究奖励办法》,于每学年年底对当年各级理论研讨会获奖者以及刊登出版研究成果的人员予以物质奖励。仅2015年,该校就有12篇论文获各级老年教育理论研讨会奖项,3篇论文在各级老龄刊物上发表,20篇论文刊载于行业内刊及兄弟学校校刊。这样,一年就迈一个台阶,学校的办学水平越来越高。金陵老年大学学习许多老年大学的经验,定期召开"校本研究"理论研讨会,分管教学的校长作主题报告,管理干部、教师分别撰写理论文章进行书面发言,编印成册,进行评优。该校每两年召开研究校内问题的理论研讨会以及面向全市、研究老年教育一般理论与实践问题的理论研讨会,轮流进行、内外结合,将理论研究工作推向前进。老年教育理论研究应当坚持教学与科研相结合、理论与实践相结合、教育专业理论工作者与实践工作者相结合。从实践中发现问题、研究问题,老年教育问题既是科研的出发点,也是新的教育理念的生长点。老年教育理论研究还应当坚持客观性、系统性、科学性等教育科学研究的基本原则。

3. 质量较高的理论刊物

我国老年教育事业经过三十多年的发展,各地老年大学都积累了很多好的经验和做法,为介绍和展示各地老年大学和学员学习成果,很多老年大学都创办了自己的校报、校刊和校园网站,成为老年教育理论研究成果的展示平台。尤其是一些省、地级市老年大学创办的刊物,不仅在本地发挥了很好的宣传展示作用,在全国也产生了一定的影响力,对于全国的老年教育理论研究工作起到了很好的引领和示范作用。目前在全国具有一定影响力的理论研究刊物主要有以下几种。

(1)《老年教育》。中国老年大学协会会刊,由山东省老年大学于1984年创刊,目前有上旬刊"长者家园"、中旬刊"老年大学"、下旬刊"书画艺术"三个版本。刊物以独特的文化品位和较强的知识性、趣味性、可读性、实用性,充分展示各地老年大学的最新经验和办学成果,展示广大老年学员老有所学、老有所为、服务社会的精神风貌,已成为老年教育工作者和广大老年人的良师益友,尤其是老年大学版,更是成为全国各地老年大学办学者们交流办学经验、展示理论研究成果的重要平台。三十多年来,刊物紧密联系我国老年教育工作实际,以推广办学经验、促进理论研究、交流工作信息、服务老年学员为己任,为宣传和推动我国的老年教育事业,建设学习型社会,实现"健康老龄化"和"积极老龄化",作出了重要贡献。

(2)《学术通讯》。中国老年大学协会学术委员会会刊,于2006年创刊,由中国老年大学协会老年教育学术委员会办公室负责编撰。主要刊登中国老年大学协会学术委员会有关工作情况、课题研究成果,以及全国性的重大学术活动的报道和学术理论研究成果。刊物以刊登前瞻性、理论性、指导性理论研究成果为己任,以刊登宏观的老年教育工作理论研究成果为主。

(3)《广州老年教育研究》。广州市老干部大学于2008年创刊,每年固定出版2期,作为地区内的老年教育理论研究阵地和与全国同行交流信息的载体,至今已连续出版16期,发行至全国300多所老年大学和老年教育机构,并被广州图书馆、广州市越秀图书馆主动列为馆藏刊物。目前,该期刊紧贴老年教育热点论题的栏目《专题新论》在全国范围内有比较高的关注度,编译世界各地老年大学资讯和理论文章的栏目《国际化合作》以及连载专栏《U3A在世界》已成为独有的特色。

此外,还有上海老年大学的《上海老年教育研究》、南京金陵老年大学的《金陵老年大学学报》、湖北省老年大学的《湖北老年教育研究》、天津市老年人大学的《天津老年教育论坛》、重庆市老年大学的《重庆老年教育研究》、福建老年大学的《福建老年教育论坛》、宁波老年大学的《宁波老年教育研究》、金陵老年大学的《金陵老年大学学报文萃》等,这些老年教育理论研究刊物对于全国老年教育理论研究工作都起到了很好的示范、引领作用。各级老年大学也纷纷将利用好全国性的各种理论研究报刊或报刊的理论研究栏目,办好本校校报、校刊和网站,建设好理论阵地,作为学校的重要工作内容,它们不但使老年教育研究成果得以问世,发挥其作用,而且使研究者们掌握了推进和带动理论研究工作的有力工具。

4. 日渐丰厚的科研成果

我国老年教育科学研究工作虽然才经历了短短三十多年的历程,但是却取得了令人赞叹的丰硕成果。无论是在宏观的学术研究,还是在微观的办学、教学实践研究方面,都取得了令人瞩目的成绩。中国老年大学协会张晓林会长2014年在协会第十一次理论研讨会上的主旨报告中指出,伴随着全国老年大学教育事业的发展,老年教育理论研究成果日渐丰厚,理论创新成果的指导引领作用越来越大。经过多年的实践和理论探讨,老年大学教育理论研究已经显示出自身的鲜明特点:研究方向始终把握时代进步的趋势,研究主题始终坚持社会实践的要求,研究内容始终立足老年大学的实际,研究目的始终追求与时俱进的发展。协会召开的每一次理论研讨会都有鲜明的主题,都是为了解决老年大学教育中遇到的实际问题,探索中国老年大学发展的正确道路。

(1) 成果内容广泛全面。我国老年教育科学研究工作经过三十多年的发展,所取得的科研成果可以说体现在了我国老年教育、老年大学工作的各个方面,有对本校教育教学问题的研究成果,也有对本地区老年教育发展问题的研究成果,还有对全国性的理论实践问题的研究成果。中国老年大学协会学术委员会办公室曾多次总结梳理我国老年教育科学研究工作,认为其至少包含了老年教育定性定位、中国特色老年教育发展道路、推动老年大学规范化建设、实行老年大学教育现代化、发展农村老年教育、发展城市社区老年教育、发展远程老年教育、老年教育学原理、老年教育学诸论、老年教育宏观管理和微观管理等十个方面的研究成果。可以说在老年教育工作实践中遇到的方方面面的问题我们都能够找到理论研究成果做出的解答。归纳起来大致有这样一些特点。

一是课题研究成果丰硕。中国老年大学协会组织了全国性的课题组，经过数年的研究，形成了五项重要成果，即规范化研究、现代化研究、社区老年教育、农村老年教育、老年教育学若干问题，出版了《发展农村老年教育，建设社会主义新农村研究》《发展社区老年教育，建设学习型城市研究》《中国特色老年大学规范化建设研究》《中国特色老年大学教育现代化研究》和《中国老年教与学若干问题研究》等五部专著。2013年5月在广州召开的IAUTA第92届理事会及国际研讨会上，这五项成果被翻译成外文介绍到了国外。

学术委员会和教学委员会也在有组织地开展课题研究。如中国老年大学协会学术委员会近期按照任期目标分别完成了"中国老年大学教育现代化指标体系研究""老年大学制度创新""老年教育领导管理方式的调查分析"等3个课题研究，并开展了由福建、景德镇、徐州三地联合进行的"城市老年大学'开门办学'特色模式研究"。同时，学术委员会正在开展"五个十"工程，即在全国推出50个办学案例，研究省、地、县三级老年大学的办学规律和城市社区、农村建制村老年教育全覆盖的发展规律，计划在50所学校分别撰写学校发展概况资料的基础上，分五个研究组，探讨中国特色老年大学办学的共同规律，并撰写研究报告。协会版《中国老年教育学》的编纂也被列入议事日程。

福建省将老年教育课题纳入全省社科联和福建省教育厅科研课题目录中。申报的科研课题先后列入省社科联、省教育厅科研课题立项，并获得经费支持。其中，"科学发展观与福建省老年教育发展战略研究"以及"积极老龄化和老年教育发展研究"等七个子课题列入省社科联重点项目;"创建海峡老年教育名校的实践与理论探索""关于示范性老年大学评估指标体系的研究"列入福建省教育厅A类社会科学重点研究项目。2011年,"老龄事业与创新社会管理"列入省社会科学规划重大项目。"创新社会管理与老年教育研究"列为省教育厅重点课题,"老年教育网络公共资源平台建设研究""基层老年教育若干问题研究"列为教育厅A类课题。

中科院老年大学应邀参与教育部职业技术教育中心研究所2014—2015年公益基金课题"老年人学习与教育模式构建研究"。

二是学术著作数量众多。中国老年大学协会学术委员会2012—2017年任期开展的实践研究课题"五个十"工程,省(市)校项目成果《中国老年教育战线的新军突起——10所省市(副省市)老年大学全景纪实》一书日前已经出版。这10所老年大学共计出版老年教育学术著作20部。

三是理论文章面广、量大。撰写理论文章是每一个老年教育科研人员工作的基本内容。我国近6万多所老年大学进行老年教育理论研究工作的人员众多,撰写的理论文章也可谓是面广、量大。这一点不仅体现在全国数量众多的理论研究刊物上,同时也体现在历届全国老年教育理论研讨会收集到的论文数量上。2014年在浙江乌镇举行的中国老年教育发展高峰论坛共收到论文400余篇。最近一次召开的第十一次理论研讨会,就收集到了来自全国各地的各类理论文章共768篇。

(2)成果转化成绩显著。科研成果只有在转化为实践后,才能称之为成果。老年教育理论研究成果的转化体现在两个方面:一是通过决策咨询服务将科研成果转化为党委和政府的决策,从而影响和促进老年教育事业的发展;二是通过教育思想的创新向老年教育学学科资源库汇聚。第一个方面是向当地党委政府提出老年教育的决策咨询意见,将研究成果纳入党委、政府关于发展老年教育的文件,指导和促进本地区老年教育的发展。如天津市老年人大学对老年教育的"依法治理"开展了课题研究,将研究成果提交市人大常委会的法制委员会,于2002年促成《天津市老年人教育条例》的制定和发布,开创了中央直辖市立法对老年教育依法管理的先例。福建老年大学把老年大学纳入终身教育体系,以促成省委制定地方终身教育法规为目标开展课题研究,最终促成2005年7月《福建省终身教育促进条例》的颁布。金陵老年大学就地区老年教育发展,于2004年、2008年、2012年先后开展"加快老年教育发展问题研究""用先进典型带动地区老年教育发展研究""老年大学规范化指标体系研究",分别转化为市委市政府"两办"的三个文件,有力推进了南京老年教育事业的发展。第二个方面是向中央有关部门不断提出决策建议。如2010年,福建老年大学向中央领导同志提出恳切建议被接受,将"重视老年教育"写入了《国家中长期教育改革和发展规划纲要(2010—2020年)》,从而以最权威的方式为老年教育定性、定位,奠定了此后立法、出台各种行政文件的基础。另一种转化主要体现在众多老年教育理论专著的出版发行、各种学术成果在老年教育办学和教学实践中的应用上。

三、老年教育理论研究工作的趋势

中国老年大学协会常务副会长袁新立在老年教育发展高峰论坛上强调:老年教育理论研究工作近年来取得了很大的成果,完成了一些重大课题的研究,出版了多部专著。今后,这项工作还要进一步加强。理论研究工作必须紧密结合教育、教学改革和创新的实践,进行跟踪性、前瞻性、综合性的学术研究。理论研究必须注重针对性、实效性,围绕老年教育的重点、热点、难点问题进行研究,防止理论与实践脱节。要促进理论成果转化,破解制约老年教育发展的难题，探索解决问题的办法。要重视理论研究队伍建设，进一步活跃学术研究氛围。老年教育的科学理论应该成为引导和指导老年教育实践健康发展的指南。目前，我国老年教育理论研究虽已形成百家争鸣、百花齐放的良好局面，但从总体来说我国老年教育理论研究还处于初级阶段，老年教育理论研究仍滞后于老年教育的实践，仍然存在顶层设计不合理、科研机构不健全、专业性不强、研究的主题及其内容学术价值不高等现象，这些不足某种程度上制约了老年教育理论研究向纵深发展。今后我国老年教育理论研究应做好以下几项工作。

1. 重视顶层设计

新的历史时期，要推进老年教育事业可持续发展，必须进一步解放思想，更新观念，增强开拓意识。积极争取政府对老年教育工作的重视，大力加强对老年教育战略意义和办学成就的宣传，传播老年教育的重大研究成果，在中央级报刊上发表报道和文章，在国家级刊物上开辟研究终身教育和老年教育专栏，从而促使有关部门进一步加强制度建设，真正把老年教育列入国民教育体系，共同规划、共同投入，进而形成良好的老年教育科研工作机制。同时，支持老年教育学术研究课题纳入全国哲学社会科学规划的教育学规划，支持中国老年教育学学科构建，促成全国教育界对老年教育的学术承认。还要逐步建立老年教育评价体系。随着老年教育的发展，其相应的评价体系和评价机制的建立显得日益重要。应借鉴其他成熟学科的相应研究成果，结合老年教育的实际来建立一个科学实用的评价体系，以便更好地引导和规范本领域的研究和发展。

2. 健全研究机构

当前我国老年教育理论研究大多由各级老年大学协会牵头，以学校创办的校内期刊为主要平台，专业的理论研究机构和正式出版发行的理论研究刊物仍然为数甚少。据了解，目前全国老年教育科研院所几乎没有,2005年创刊的《老年教育》(老年大学版)是目前唯一一本公开出版的以刊登老年教育理论文章为主的老年教育专业刊物。因此在老年教育理论研究的机构建设和平台建设方面仍有很大的空间。

今后,在进一步加强协会工作的同时,要想方设法鼓励各级老年大学设立专门的理论研究机构,从事老年教育理论研究。鼓励高级别老年大学与高校合作,建立老年教育研究院所,让老年教育理论研究更加专业化。形成有利于老年教育研究的机制和氛围,珍惜和调动教育科研人员的积极性。各办学单位要高度重视老年教育科研工作,把这项工作纳入学校的发展规划,做到理论研究有计划、经费投入有安排、研究人员有分工,确保理论研究工作的顺利进展。

专业的期刊是老年教育研究发表学术观点和相互交流的重要渠道之一,对学术领域的发展起着平台的作用。有条件的部门要提升专业期刊的身份,多办几本公开刊物,争取创办几本核心期刊,以拓宽老年教育研究发表学术观点和相互交流的渠道,吸引其他领域的专家学者参与。《上海老年教育研究》最近提出新的办刊目标:办成全国领先,国际有影响,集思想性、理论性和学术性于一体的中文核心刊物。此外,学术会议应该更规范,组织者应有全国"一盘棋"的观念,避免肤浅重复,避免浪费有限的资源。

3. 加强人才培养

目前,我国从事老年教育理论研究的三大主力是老年大学管理和工作人员、老年大学教师和老年大学的校级领导。虽然从事老年教育理论研究的人数不少,但是他们多是身兼数职,其中老年教育理论研究是兼而为之,实际专门从事老年教育研究的人员并不多。相比而言,从事基础教育、高等教育等教育研究的队伍要庞大得多。因此,我国专门从事老年教育理论研究的队伍力量还比较薄弱。造成这一现象的原因除了我国老年教育缺乏顶层科学设计和机构不健全外,还有一个重要原因就是我国目前大多数的高校没有设置老年教育的专业和课程。只有个别院校,如中国人民大学有这方面的教学课程和专业研究。此外,只有一些教育研究院所研究成人教育的个别机构和个别专家的研究内容涉及老年教育。

大力开展老年教育理论研究,需要培养老年教育的高级理论研究人才。人才的培养,首先要加强老年教育学学科建设,今后要逐步探索在高校建立老年教育学科,培养一批专业人才,充实到老年教育工作和研究队伍当中;其次要逐步建立老年教育的干部调配、培养、任用机制,在有条件的高等院校和省级、副省级老年大学中开办干部培训学院或者培训班,培养老年教育的学术带头人;还要建立一整套行之有效的科研奖励制度和规章制度,珍惜和调动老年教育工作者以及有关学者、专家的积极性,壮大老年教育科研人员的队伍;开展多种形式的论文评选和交流,让各级老年大学形成教职员工人人参与、专家学者共同探讨的良好学术氛围。

4. 理论联系实际

各级各类老年学校应坚持马克思主义、科学发展观,以科研为先导,并将老年教育的理论研究与学校的教育教学实际相结合,校本研究与全国性问题的研究、本地区的研究实际相结合,重点在理论研究的创新上下功夫,把解决本校的实际问题作为科研工作重点,真正做到用理论研究成果指导教育教学工作,为教学服务,实现科研成果的转化。

(1) 拓展理论研究的广度和深度。老年教育发展需要理论界将相关研究的内容在广度和深度上向前推进。目前的研究不应停留在浅显的层面上,要深入研究。研究内容可以在宏观、中观和微观几个层面上推进。进行理论研究首先应当密切关注全球老龄化形势和国际第三年龄教育的发展趋势。这样才能不断更新观念、开阔视野,使我国的老年教育与国际同步,走在发展中国家的前列。

(2) 开展老年教育应用理论研究。推进老年教育事业发展,必须站在国家应对人口老龄化的战略高度开展工作。坚持老年教育、老年教育研究工作服从、服务于党和政府的大局,理论研究的内容要正确反映老年教育同中国特色社会主义理论的关系,同市场经济的关系,同法制(《老年法》《教育法》)建设的关系,同健康老龄化、积极老龄化的关系,同提高老年人生命与生活质量的关系等。要紧紧围绕党和政府的中心工作开展老年教育理论研究工作,不能偏离方向,要从应对人口老龄化问题的全局来考虑老年教育事业的发展问题,充分地体现党和国家的老龄工作方针。要贯彻以人为本的思想,把科学发展观落实到老年教育和老年教育理论研究中去。

(3) 老年教育理论研究必须面向基层。坚持面向基层、面向社区、面向农村的原则,为基层老年教育服务。国家已开展应对人口老龄化的战略研究,发展老年教育是应对人口老龄化的战略举措之一,而老年教育工作的难点在广大的农村山区,在基层办学单位。理论研究要创新思想,增强开拓意识和全局意识,尤其要注重开展基层老年教育教学研究。通过构建老年教育研究平台,把包括基层老年学校工作者在内的各级老年教育工作者组织起来,倡导广大老年教育工作者要立足本校,面向全局,在开展校本研究的同时,面向基层发挥老年教育理论研究中心的功能,组织本地区的研究力量,进行地区研究;鼓励和支持专家学者深入基层办学单位,与广大老年教育办学一线的同志携手合作,开展跨行业、跨部门、跨区域的合作研究,申报与老年教育相关的教育科研课题,合作承担或参与全省以及全国性的研究课题,不断提升老年教育理论研究工作的实力。总结经验,分析形势,采取有力措施,推动老年教育理论研究工作深入开展。

第四章　中国老年大学的办学成果和社会影响

　　老年大学是广大老年学员共享改革开放红利、"乐度晚年"、谱写"出彩"人生、圆"幸福梦"的好地方。各校坚持社会主义的办学方向，坚持以人为本的办学理念，坚持"增长知识、陶冶情操、丰富生活、促进健康、服务社会"的办学宗旨，在全面提高老年人的综合素质上下功夫，培养了一批又一批紧跟时代步伐，自强、自立、有作为的新时代老年人。在各级政府的支持下，各级老年大学积极搭建平台，让广大学员参与社会、服务社会。在加强社会主义精神文明建设、构建和谐社会、弘扬先进文化等方面，广大老年学员发挥了重要的作用，产生了积极的社会影响。

第一节　老年人的综合素质得到显著提高

　　中国有句古语："老人安，则天下安；老人乐，则天下乐。"这说明老年群体的影响力大、号召力强。老年人的素质高低，不仅影响到家庭，还影响到社会。老年大学为老年人提供了一个"老有所学、老有所乐、老有所为"的理想场所。各级老年大学努力做到课程设置符合老年人的文化养老诉求，活动载体符合老年人的老有所为需要，思想教育符合社会主义的价值取向，积极地把老年大学打造成老年人的思想政治教育基地、人才培养场所和文化养老平台。老年人通过老年大学的学习，更新了观念，坚定了信念，学到了知识，促进了健康，提高了生命与生活质量，更结交了朋友，找到了乐趣，形成了健康向上的精神风貌。

一、政治信念更加坚定

当前形势下,社会各类群体,包括老年群体,思想观念、价值取向日益多元,基层老年群体的思想政治工作相对滞后,阵地缺失。加强老年大学思想政治建设,发挥老年大学思想政治教育功能,在思想上教育人、引导人,培养阳光老人、时代老人,是新时代党和国家赋予老年大学的重要使命。

1. 坚持把思想政治教育课作为老年学员的必修课

老年大学坚持政治建校的办学方针,努力把学校办成老年人思想政治教育的重要阵地,党和政府是联系老年人的桥梁和纽带;始终把思想政治教育课作为老年学员的必修课,在全面提高老年人的政治思想素质上下功夫;创新教育方法,丰富教育内容,选用合适的载体,运用老年人喜闻乐见的形式,让中国特色社会主义理论、社会主义核心价值观、中国优秀传统文化等走进教材、走进课堂,进一步加深学员对党和国家的方针政策的把握和理解,坚定他们对改革开放、建设中国特色社会主义的信心。各地各级老年大学,在如何做好老年人的思想政治工作方面动脑筋、下功夫、花力气,充分发挥集体的智慧,以思想政治工作的方法、内容、载体、形式等方面为着力点,总结多种行之有效的教育方法,取得了良好的教育效果。

(1) 时政讲座。牢牢把握时代脉搏,结合时政热点和国家重大方针政策,定期举办时政讲座。坚持理论问题系统讲,重大事件及时讲,热点问题专题讲。及时宣讲国际国内形势,了解重点工作和中心任务,不断提高老同志的政治素养,增强他们对社会的关注度、参与度。同时,使学员更加深刻地理解社会主义核心价值观的内涵,让社会主义核心价值观融入社会生活,融入老年学员实践,成为可感知、可奉行的行为准则和理想信念。

(2) 专题讨论。近几年来,以党的十八大和十八届一中、二中、三中、四中、五中全会精神为指导,围绕"同心共筑中国梦""四个全面""发挥正能量"等主题,开展专题研讨。通过研讨,提高了广大老同志辨别是非的能力,在重大问题上划清是非界限,站稳立场,同时,弘扬了以爱国主义为核心的民族精神,培育了以改革创新为核心的时代精神。

(3)典型引路。树立先进典型,供老年学员学习。有的学校向学员宣讲当年"感动中国十大人物"的感人事迹,让"感动中国十大人物"感动学员。重点突出感动中国人物的优秀事迹和他们最闪光的语言,在广大学员中产生了强烈的反响。许多学校年年评选优秀教师、优秀学员,并把他们的优秀事迹整理后公布在橱窗里,刊登在校刊、校报上,发布在校园网上,形成人人学先进、个个争先进的争先创优热潮,呈现了广大老年人健康向上、奋发有为的精神风貌。

(4)寓教于乐。其一,寓政治思想教育于各科教学中,让学员在快乐的学习生活中,受到潜移默化的教育。例如,有的老年学员学习文史专业后,既增长了历史知识,享受到优美的文学精粹,又为文豪们那崇高的爱国之情、为民之意乃至刚直不阿、勇于献身的精神所感动,从而也使自己的思想得到净化和升华。其他各专业学科也发挥了相应的教育功能。其二,寓政治思想教育于各项活动中,通过参观考察、旅游采风等社会实践活动,以及诗词朗诵会、书画摄影展、文艺演出等老同志喜闻乐见的形式,让老同志在学到知识技能的同时,在欢笑声中受到深刻的思想教育。

(5)党建教育。充分利用老年大学学员中党员比例高的优势,成立临时党组织,认真组织学员党员过好组织生活。建立老干部党校,突出从严治党要求,开展"学习党纪党规,学习重要讲话,做合格党员"的主题教育,充分发挥党员的先锋模范作用,凝聚党员和学员骨干的力量,引领老年群体为党、为人民、为社会继续贡献力量,把个人的梦想融入祖国的发展，融入祖国繁荣、社会进步、人民幸福的中国梦之中。

2. 要求广大老年学员始终与党中央保持高度一致

许多学校把党建教育与入学教育、主题教育、形势教育、日常教育与自我教育有机地结合起来，引导老年学员积聚正能量，共筑中国梦，坚持"以科学的理论武装人、以正确的舆论引导人、以高尚的精神塑造人、以优秀的作品鼓舞人"，努力把老年大学打造成老年人的精神家园。以春风化雨、润物无声的方法，引导老同志树长者风范，做风范长者。各学校注重把学习成果转化为社会效益，鼓励学员在社会生活中发挥舆论导向作用，在经济建设中发挥智囊作用，在弘扬优良传统中发挥示范作用。广大老年学员通过学习，加深了对党的基本路线、理论、方针、政策的理解，提高了紧跟形势、与党中央保持一致的自觉性，能够旗帜鲜明地维护祖国的尊严，维护党的集中统一和党中央的权威。面对错综复杂的国际国内形势，广大老同志坚持正确的舆论导向和崇高的理想信念与目标追求，心系祖国、情系人民大众，保证政治坚定、思想常新、理想永存。不少老同志深有体会地说："老年大学使我们焕发精神，永葆青春，让我们的思想与时俱进，能够紧跟形势而不落伍。"

3. 树立老同志正确的价值观念和科学的思维方式

老年大学通过科学知识、科学思想、科学方法、科学精神的教育与实践，使广大老年学员树立了正确的精神追求、价值观念、审美情趣和思维方式，增强了抵制各种错误思想、封建迷信和伪科学的能力。另外，老年人为适应新形势、新特点、新的人生阶段，不断更新观念，包括家庭观念、代际观念、消费观念、养生观念、看待社会事物的观念等。就以消费观念为例，一般老年人晚年生活有保障，敢于消费，又从学习中获知消费是拉动经济发展的三大支柱之一，因而积极消费，助力经济发展，并在消费中提高了识别假冒伪劣产品的能力,消费更加科学、理性,以新观念引领退休新生活。

4. 努力提升老年学员的精神境界和道德情操

经过老年大学这个大熔炉的锤炼,广大老年学员的精神境界得到提高,具备了高尚的道德情操。

(1) 勤奋学习,孜孜不倦。老年学员的学习热情和勤奋精神难能可贵。许多老同志遵循"活到老、学到老"的古训,十几年如一日,坚持在老年大学学习,耄耋学子、百岁书生比比皆是。有的老年学员,白天上学还不够,常常在晚上挑灯夜读,读书学习到了忘我的境界。老年人学习不求任何功利,只求自我完善、老有所乐。老年人的学习精神,是家庭和社会宝贵的精神财富。

(2) 互敬互爱,和谐共融。老年学员在校园内结交了许多朋友,他们互敬互爱,其乐融融。他们遇到快乐的事,共同分享;遇到烦恼的事,互相分忧;遇到困难,帮助解决。学习上互相帮助,互相切磋,共同进步。校园内充满了欢声笑语,尽显长者风范。班班文明和谐,也为学校构建和谐校园打下了基础。

(3) 关爱集体,乐于奉献。老年学员普遍淡化了个人的名和利,增强了集体的荣誉感,乐于为大家服务,为班集体、学校争光。班长、组长积极地为大家服务,做了大量的工作,不拿一分钱,纯粹是义务劳动。到了文艺汇演、比赛时,为了给集体增光,又不想给学校财务增加负担,学员常常自己掏钱买服装。代表学校外出参加比赛,排练非常辛苦,加班加点,废寝忘食,没有一个学员叫苦叫累的。广大老同志怀着崇高的人道主义精神,关爱弱势群体,热心公益事业。许多老年学员主动到当地敬老院、残疾人福利院开展慰问演出,到社区办书画展,给孤寡老人送温暖,自觉地为汶川等地震灾区捐款捐物。太原市老年大学学员沈兆骅,当了六年班长、三十年居民楼长,这两个只讲奉献没有报酬的工作,得到了大家的一致好评;他还用自己不多的退休工资资助贫困山区15名学生上学,先后捐款约15万元,时间长达23年。沈兆骅同志生前为社会做了大量好事,身后还要把自己的遗体捐献给有关单位,继续要为社会作贡献。这种达观的人生态度,无私的奉献精神,令人动容,令人赞叹。

二、知识技能不断更新

人类社会已进入信息化、网络化时代,科技飞速发展,知识日新月异,广大老同志深感自身知识陈旧而贫乏,为了满足对精神文化生活的渴求,紧跟时代发展,他们踊跃报名参加老年大学学习。老年大学开设的几十门乃至上百门的专业课程,极大地满足了老同志学习的需求。各种课程的设置,使广大老同志收获了丰富的知识和技能,有效地提高了科学文化素质。

1. 学习基础知识,提高认识能力

各老年大学根据本地特点和老年学员实际,开设了多种专业课程。

(1) 文史类。如文学、历史、地理、写作、诗词等,该类课程有助于美化心灵,振奋精神。通过文史类课程的学习,学员了解了文学、诗词、写作的基本知识,增长了历史、地理等知识,积聚了正能量,提升了自己的人生境界和道德素养,提高了阅读与欣赏诗词、文学作品以及写作的能力。很多老年学员能自己动笔撰写文章、创作诗词表达自己的思想和情感。

(2) 体育类。如拳、剑、操、球等,可以强身健体,增知益智。通过体育类课程的学习,学员掌握了拳、剑、球、操的基本动作、基本技能。例如,学习太极拳、剑,必须加强内功的修炼,加强精神、意识、品德等方面的修养,做到形意结合、动静结合、身心双修。通过体育课的学习,选用科学的健身方法,达到了强身健体的目的,增强了体力、耐力和意志力,有力地促进了国家全民健身运动的开展。

(3) 家政类。如烹饪、手工制作、家庭养花、孙辈教育等,此类课程有助于美化环境,促进家庭和谐。家政类课程与家庭生活密切相关,通过学习,老年学员掌握了烹饪中从选料、刀工、烹制到装盘的操作过程,家常菜、时令菜、节日菜的烹制方法,在制作过程中求营养、求健康、学中求乐;学会了花卉的栽培与管理、各种花卉的手工制作,用来美化庭园、美化环境、增添生活的情趣,享受环境美;在孙辈教育课上,全面了解了当代青少年的性格特点、生活喜好、认知水平,进而采取灵活多样的沟通、教育的方法,填平代际的鸿沟,获得令人满意的教育效果,使家庭生活更加和谐,生活质量更高。

(4) 保健类。如生理保健、心理保健和营养保健等养生保健知识,可以养生怡情,促进健康。通过保健类知识的学习,充分认识到养生保健的重要性,以及人体保健重在自我保健、健康的钥匙掌握自己手中的道理。通过学习,老年学员了解了中西医保健、心理保健、营养保健的基本知识,初步掌握常见病、多发病、老年病的病因、症状和防治方法;领会中医推拿的主要穴位和基本手法;重视各种心理疾患的防治与调适,时时保持乐观向上的心态;注意营养均衡,合理安排膳食,建立科学的生活方式。

(5) 音乐类。有声乐和器乐(包括中西各种乐器),可以寄托情思,美化生活。通过学习,了解简谱、五线谱等基本乐理知识,学唱中外歌曲,学习演唱技巧,在演唱中抒发自己的感情;知晓有关乐器的结构与功能,学会弹奏方法,掌握弹奏技巧,在吹拉弹唱中享受生活、愉悦身心。

(6) 舞蹈类。如交谊舞、民族舞、健身舞等,可以让老年学员更好地享受生活。舞蹈既是一门艺术,又是一项运动,很受老年学员的欢迎。它是利用肢体语言表达舞者的思想感情,传播真、善、美,展示形体美的艺术。通过学习,提升了身体的平衡力、稳定性和协调能力,不少老同志掌握了娴熟的舞蹈动作、舞蹈技巧,舞姿优美、激情四射、乐而忘忧。

(7) 书画类。书法包括楷、行、草、隶、篆,绘画包括中国画、西洋画等,可以增知怡情,弘扬国粹。书法、国画是我国的国粹,中华传统文化的瑰宝。通过学习,老年学员了解了中国的书法史、国画史与各个流派的代表人物。学员们在准备了书画用的工具和材料后,上课认真倾听教师的讲解与示范,再从临摹开始,先临书画中的笔法、墨法、结构,临摹到一定阶段,再加入自己的东西,逐步步入创作阶段。不少老年学员大器晚成,成了名副其实的书画家。

(8) 戏曲类。包括京剧、越剧、评剧、豫剧、黄梅戏和各种地方剧种,可以愉悦身心,特色兴校。京剧是国粹,而地方戏是地方文化中的精品,是广大老同志喜闻乐见的。以京剧为例,通过学习,广大学员了解了京剧发展史,京剧"四大名旦"等各种流派和"生、旦、净、末、丑"五大行当及"唱、念、做、打"等表演形式,通过唱腔、唱段的学习,逐步掌握了京剧的演唱技巧,在校内外演出中大显身手,有力地弘扬了传统文化,振奋了民族精神。

(9) 计算机类。包括电脑、智能手机的使用方法、数码摄影等,此类课程可以帮助老年学员紧跟时代,敢为人先。通过学习,了解和掌握电脑、智能手机的结构、操作方法;数码相机的结构、功能、操作方法和有关技术。

2. 学习现代技术,跟上时代步伐

随着信息技术的发展,计算机已进入平常百姓家。许多老同志希望学习计算机基本知识和操作技术,跟上时代步伐,享受现代文明,因而在老年大学掀起了计算机热。老同志除了在计算机班学习计算机的基础知识和基本操作技术外,还学习硬件的维修、软件的开发等。不少老同志还把计算机、智能手机、数码摄影的后期制作等结合起来。班级建立QQ群,师生、同学之间可以在全新的平台相互学习,互动交流。学习计算机,把广大老同志带进了一个全新的、更加广阔的世界,让网上教育、网上新闻、网上聊天、网上娱乐、网上旅游、网上购物、电子邮件等不再是年轻人的专利,老年人同样可以融入多姿多彩的网络生活,使生活更加丰富而富有乐趣。

3. 学会多种技能,适应社会进步

老年大学开设的电脑、英语、诗词、书法、国画、摄影、手工制作、花卉栽培、烹饪等课程,除了增长自身知识之外,更主要的是提高技能,服务社会,再创人生价值。通过电脑的学习,融入网络世界,开设微信和微博,网上学习、网上交流,提高自己,愉悦他人。通过英语课的学习,提高了英语的会话能力。在改革开放的大潮中,国门大开,方便了老年人出国旅游或探亲,方便了与外国朋友和旅居国外的亲人的交流与沟通。通过在诗词班的学习,很多老同志掌握了创作新旧体诗词的技能。闲聊时,几个老年学员在一起吟诗作对,其乐融融;纪念重大节日时,开诗词吟诵会,出诗词集,弘扬国粹。对书画艺术情有独钟的老同志经过多年的进修,成了造诣较深的书画家。有些学员开办个人书画展,出版书画专辑。春节时,送年画到农村,到社区写春联、送春联。摄影班的学员,通过学习、钻研、实践,掌握了摄影艺术和后期制作的方法要领,善于从独特的视角去寻找美、发现美,创作了许许多多美轮美奂的摄影作品,有的被编辑出版,有的甚至被国家艺术馆收藏。手工制作班的老年学员,掌握了手工制作花卉的技能,创作了许多造型别致、栩栩如生的花卉,除自我欣赏外,还可赠送友人。盐城市老年大学学员张方玉,学会了花卉制作的技术后,找到了再就业的门路,开了花店,经营得还很红火,既增加了收入,改善了生活,又服务了社会。目前,城市里养花、种草的人很多,但真正懂得花卉栽培技术的人不多,老同志在老年大学学习花卉栽培后,掌握了花卉栽培管理技术,把庭院花卉培育得生机勃勃,庭院里终年常绿,四季花香。许多老年学员还把自己学到的花卉栽培技术,无私地传授给左邻右舍。这样,广大老同志学到了技能,陶冶了情操,美化了庭院,创造了环境美。老年大学的烹饪班,已成老年人争相报名的热门专业,因为社会发展了,人民逐步富裕了,重视生活质量了。吃讲营养、穿讲时尚、住讲宽敞,便是现实生活的写照。然而很多老年人,不懂烹饪技艺,常常有好的食材却做不出好的味道,有时制作时还把营养破坏了。通过烹饪班的学习,他们懂得了如何保护食物的营养成分,学会了色、香、味、形俱佳的时令菜、家常菜的烹饪技能。不少老同志不仅是美食家,还是高级厨师,逢年过节,全家团聚时,常常露一手,烹饪出一桌既有营养,又色香味形俱佳的美味佳肴,让儿孙们赞不绝口,让家庭充满了欢乐。

三、生活质量明显提高

1999年,世界卫生组织为配合国际老年人年活动,将当年世界卫生日的主题确定为"积极健康的老年社会",其意义在于推动改善老年人的生活质量,提高生命质量,实现健康老龄化。这些年来,国家和地方各级政府在倡导积极老年化,提高老年人的综合素质,提升生活、生命质量等方面,做了大量的工作,取得了较为丰硕的成果。特别是在老年大学学习的老年人,他们追求快乐、健康、幸福的晚年,努力创造有品位、有意义、有作为的晚年生活,获得了子女的景仰以及朋友和邻里的敬重与羡慕。

1. 坚持积极的老龄观

中国的老年大学坚持积极的老龄观教育,这是实现健康老龄化、积极老龄化的重要着力点。积极的老龄观是以联合国提出的"独立、参与、尊严、照料和自我实现的原则"为理论基础而概括出来的一个政策理论,为老龄化政策提供了一个全新的视角。广大老同志离开工作岗位后,普遍存在失落感、孤独感,有的感叹"船到码头、车到站"可以歇歇了;有的认为自己是"子女的累赘,社会的负担";有的长期与世隔绝,逐步被边缘化。通过老年大学的学习,老年学员学到了必要的知识和技能,更重要的是培养了健康、健全的人格与积极向上、奋发有为的人生观念;在参与社会活动和社会发展的同时获得自身权益、需求和物质生活、精神生活的保障;在实现健康老龄化的基础上,有尊严地安度晚年。广大老年学员更新了观念,树立了正确的"健康观""幸福观""老龄观",以全新的姿态,面对人生、面对社会。

2. 树立快乐学习理念

不少老同志直言不讳地说:"我到老年大学学习,就是来寻找快乐的。"没有快乐,就没有健康,没有健康和快乐,生活就不幸福。许多老同志坚持"助人为乐、知足常乐、自得其乐"的"三乐"精神,在学习中寻找快乐。他们在老年大学这个长者家园中感受到交友乐、听课乐、读书乐、展示乐等。老年人到老年大学,可以在自己感兴趣的专业遨游,选择自己感兴趣的课程学习。有的老年学员进入写作班后,萌发了写作热情,他们边学习边写散文、小说,抒发感情,鞭策自己,激励后人。有的老人学习书画艺术,不但把自己创作的书画作品悬挂在自己的卧室,自我欣赏,有的还将自己的作品赠送亲友,快乐自己,愉悦他人。"有味诗书读后甜",老同志通过学习,获得了许多知识和技能,尝到了甜头,就乐在其中了。

3. 增强自我保健意识

世界卫生组织曾宣布:影响人健康的因素很多,如遗传因素、环境因素、气候因素、医疗条件等,而最重要的是自我保健。在各种因素中,自我保健的比重占60%,可见人健康的钥匙掌握在自己手中。老年大学通过中西医学、药学、饮食保健、运动保健等课程的开设,以及健康讲座、经验交流会等形式,提供知识和信息,传播科学的保健思想,增强了老年学员的自我保健意识,让他们学会了科学的生活方式和养生保健方法。在生活上,科学安排膳食,注意营养均衡,戒烟限酒,劳逸结合,养成良好的生活习惯和卫生习惯。推广科学的保健技术,分析影响健康与致病的因素,防重于治,探索有利于抵御疾病和增强健康的特定营养素和食物成分以及其他科学的保健方法与手段。根据健康的新概念,心理亚健康将大大降低生活和生命的质量。通过心理保健课的学习及心理咨询师的辅导,广大老同志提高了对心理健康重要性的认识,学到了许多心理保健知识,增强了心理保健的意识,更加重视心理健康和心理调适。通过参加老年大学的学习和老年大学的集体活动,老年人心理、情绪得到调整,因而上老年大学的老同志,精神面貌普遍健康向上,充满活力。科学的健身方法强调定时间、定项目、定运动量,克服了个人健身的随意性、盲目性,把广大老同志引上了科学健身之路,健康老人、长寿老人随处可见。前几年,许多城市都评选了"十佳健康老人",老年大学的学员常常占到80％—90％。

第二节 老年大学的社会功能得到充分发挥

广大老同志都有实现自我价值,得到他人认可,获得社会尊重的精神需求。为党做事,为社会作贡献,是老同志极大的快乐。为党和人民的事业增光添彩,为祖国富强添砖加瓦,是老同志的最大幸福。作为社会主义精神文明建设重要阵地的各级老年大学,积极搭建平台,充分发挥老同志政治智慧、工作经验、人生阅历等方面的优势,积极为党的事业增添正能量,在协助解决社会问题,化解社会矛盾,保持社会稳定,构建和谐社会,创建学习型社会等方面,作出了积极的贡献,发挥了重要的社会功能。

一、为党的事业增添正能量

当前,中国人为所有积极的、健康的、催人奋进的、给人力量的、充满希望的人和事,都贴上"正能量"标签。它已经成功地上升成为一个充满象征意义的符号,深系着我们的情感,表达着我们的渴望与期待。老同志常德高望重,一言九鼎,拥有很大的正能量。老年大学通过不断加强广大老同志的思想政治教育,时时把党的方针路线政策的学习抓紧抓实,使老同志真正做到离岗不离党,退休不褪色,继续为党的事业增添正能量。老年大学在社会治理中所展示出来的正能量,已经引起党和国家以及有关部门的关注和重视。

1. 助力健康老龄化

世界老龄大会通过的《国际老龄行动计划2002》中特别强调:教育是老年人积极而充实生活的重要基础,是增进老年人参与、实现健康和福祉的重要条件。我国已步入老龄化社会。截至2015年底,我国60岁以上的老年人口已达2.2亿,占总人口的16%,到2020年,60岁以上人口将占19.3%,2050年将达到38.6%。面对如此快速增长的老年人口,国家在人口和养老政策、养老服务设施的建设等许多方面,面临着严峻的考验。不少老同志退休以后,存在着"失落感、寂寞感、自卑感",而在斗争激烈的意识形态领域,各种思想文化互相碰撞,各种社会矛盾相互叠加,人们思想观念的选择性、多变性、差异性明显增强,一些人出现了价值扭曲,道德失范,需要更好地用中华民族传统美德与社会主义核心价值观在全社会凝心聚力。为应对快速老龄化,国家拟定了"积极老龄化、健康老龄化"的方针,老年大学作为此方针的重要举措,发挥了重要的积极作用,得到社会各界的追捧。老年大学以社会主义核心价值观为指导,以中华传统文化为主要内容,对广大老年学员进行思想政治教育,结合老干部部门开展的"展示阳光心态、体验美好生活、畅谈发展变化"主题教育,不断为党的事业增添正能量,团结引领广大老同志为实现中国梦而共同奋斗。老年大学坚持"增长知识,陶冶情操、丰富生活、促进健康、服务社会"的办学宗旨,为广大老同志提供了一个"老有所教、老有所学、老有所乐、老有所为"的理想场所,让他们在学到知识的同时,学会乐观豁达,消除不良情绪,从而正确看待社会,正确看待家庭,正确看待自己,使自己身心获得健康,增添了"充实感、愉悦感、成就感"。老年大学是快乐养生、文化养老的理想场所,是传播先进文化的重要阵地,是幸福指数最高的学习场所,是陶冶情操的精神家园,是学习求知的理想殿堂,是增进才艺的最佳场所,是交友谈心的心灵氧吧。在特色鲜明、厚重平和、儒雅大气、崇德尚善的校园文化熏陶下,老年人获得尊严养老、健康养老、和谐养老的乐趣,提高了生活质量,提升了幸福指数。上了老年大学,老年人可以更加紧贴党和国家发展脉搏,使自己的思想紧跟时代,更加坚定中国特色社会主义的信念,通过学习和社会实践活动,在愉快学习中体验知识奥秘,在学思结合中感悟生活真谛,在合作学习中增强学习情趣,在社会服务中收获人间真情。总之,老年大学极大地提高了老年学员的政治思想素质、科学文化素质和生理、心理健康素质;老年大学改变了老年人的人生态度与养老观念,变消极情绪为积极情绪,变消极养老为积极养老;老年大学搭建平台,让老年人展示风采,展示学习成果,体现了人生价值,提高了生活、生命质量。老年大学的学习生活,给老同志增加了全新的生命体验,使老年人生活得更有尊严,从而谱写出积极老龄化的新篇章。

2. 服务于精神文明

邓小平曾讲过:"一手抓紧精神文明,一手抓物质文明,两手抓,两手都要硬。"没有高度的精神文明,谈不上高度的物质文明,可见精神文明建设的重要。老年大学是社会主义精神文明建设的重要阵地,充分发挥了老同志在精神文明建设中的宣传教育作用,促进了社会政治稳定。首先,广大老年学员积极参与社区活动。老同志分布在各个社区,是社区活动的主力军。他们积极参加社区居民学校的建设,协助社区制定文明公约;宣传中共中央关于加强社会主义精神文明建设的决定,宣传社会主义核心价值观,宣传"八荣八耻"社会主义荣辱观;宣传乡规民约,倡导文明新风,破除迷信,移风易俗,婚事新办,丧事简办,树立新家风,倡导孝道,促进家庭和睦,邻里相亲。家家争创文明家庭,人人争做文明市民,形成"讲文明话,办文明事,做文明人"的社会风尚。其次,老同志充分发挥表率作用。老年群体是日益扩展的庞大群体。它维系的社会面涉及不同年龄层次的几代人。老年人的现状如何,将直接影响几代人对社会的态度。老同志开阔的心胸、乐观的心态、好学的精神是无声的榜样,而榜样的力量是无穷的。不少老年学员被学校和有关单位评为优秀学员、优秀党员、优秀退休干部以及文明老人、健康老人、阳光老人;在助人为乐、热心公益、关爱弱势群体等方面,对周围群众,对广大青少年起到了"润物细无声"的先锋模范教育作用。许多年轻人反映:"老年人到老年大学学习后,精神面貌焕然一新。一位老人参加学习,带动了一家人,影响到邻里,辐射到社区。"再次,老同志身体力行,关爱青少年教育。青少年是祖国的未来,精神文明首先应从青少年抓起。广大老同志利用"政治、经验、威望、时空"四大优势,主动承担了关心下一代的重任。老年学员中,许多人担任单位的关工委的负责人或各级政府的关工委成员,有的担任中小学校外辅导员。他们有的利用自身的优势,举办报告会或培训辅导班,开展了老少共享共融共建活动。有的结成对子,进行帮教;有的老少交友,老少同乐;有的走访家庭,指导家教,帮助家长纠正不正确的家教观念,传授家教方法,取得了令人满意的教育成果。这样的老年群体,是精神文明建设的助推器,社会安定团结的稳定器。厦门市老年大学"老妈妈关爱团"挽救了几百名失足青年,使1 000多名吸毒者走上正道,回归社会,有的参了军,有的入了团、入了党。

3. 促进社会和谐

和谐社会是人类孜孜以求的一种理想社会状态,也是我们老年大学始终不懈的追求。和谐校园,是和谐社会的重要组成部分。所谓和谐校园,是指老年大学的一种协调、平衡、有序发展的态势,学校内部各种要素处于一种相互依存、相互协调、相互促进的状态。构建和谐校园,是时代赋予的重要使命,是构建和谐社会的重要着力点之一。老年大学人才济济,有德高望重的老领导、知识渊博的教师,有为社会主义建设事业奉献一生,政治素质高、学习精神强的广大老年学员,他们是构建和谐校园的强大力量,而且对和谐社会建设有引领、示范和推动作用。在构建和谐校园的活动中,各校坚持把社会主义核心价值观融入思想政治教育的全过程,通过多种形式,组织学员认真学习,全面理解精神实质,在实践中身体力行;坚持以人为本,推行"柔性管理",把教育人、引导人、鼓舞人和尊重人、关心人、理解人有机结合起来,宽严相济,管理中以情感人,以情动人,努力营造轻松和睦、积极向上的学习环境;坚持因人施教,倡导尊老敬老,建立起民主平等、尊师爱生、情感交融、协力合作的新型师生关系;坚持以公平、公正促和谐,坚持按章办事,充分发扬民主,不搞暗箱操作,事事一碗水端平,让每一位学员感受到快乐。老年大学始终把学员的健康快乐作为学校工作的不懈追求,把办人民满意的学校作为各项工作的出发点和落脚点,努力营造人文化的校园环境。良好的校园环境是无声的语言、形象的教材,它有教育人、熏陶人、激励人的功能。老年大学弘扬了优秀的传统文化,重视地域文化、现代城市文化、外来文化等多元文化的融合与再生,形成优秀的校园文化,使之成为凝聚学校全体成员的重要精神力量、和谐校园建设的强大内驱力。同时,在校内外开展"和谐班级""和谐课堂""和谐家庭""和谐社区"的创建活动,用小环境影响大气候,推动了和谐社会的建设。老年大学就是靠环环相扣的沟通和服务,缔造自身的和谐,向家庭、社会辐射和谐的光和热。

4. 参与社会管理

社会管理主要是政府和社会组织为促进社会系统协调运转,对社会系统的组成部分、社会生活的不同领域以及社会发展的各个环节进行组织、协调、监督和控制的过程。社会管理是社会建设的一个重要内容,也是推进社会建设的重要手段。老年大学作为社会组织,老年学员作为社会成员,参与社会管理,理所当然。老年人参加社会管理的空间很大,参与的形式多样,有学校搭建平台的,有老同志自发组织参与的,还有老年人个人自觉参与的,本着"发挥优势、量力而行"的原则,老年人在解决社会问题,化解社会矛盾,保持社会稳定等方面发挥余热。老年人参与社会管理,大有可为。许多老年学员就是所在社区民调组织的负责人或民调委员。他们热心公益,为人正直,办事公正,深得居民的信赖。他们坚持宣传在先,防重于治,宣传"家和万事兴""邻里好、赛珠宝"等古训,处处抓苗头,把许多矛盾和纠纷遏制在萌芽状态。他们深入调查研究,努力化解矛盾,公平、公正地处理了一起又一起家庭矛盾和邻里纠纷,维护了一方安定。不少老年学员充当了治安防范义务巡查员,他们不辞辛劳,乐于奉献,积极宣传安全知识,使得家家户户加强了安全防范意识,努力做好防火、防盗、防诈骗工作,普遍增强了安全感。他们维护交通秩序,宣讲交通法规,发放安全知识材料,自觉遵守交通规则。有身体尚好的老年人自愿参与志愿者服务,站在路口,手舞红旗,维护交通秩序,不怕风吹、雨打、太阳晒,教育了许多人,感染了许多人。出于对下一代的关心与爱护,他们义无反顾地接受聘请,担任街道网吧监督员。他们走街串巷,不分昼夜,检查各个网吧。严禁未成年人进入网吧,发现不良网吧,立即举报,有力地控制了网吧的不法行为。他们关心青少年思想教育工作,许多老年学员被聘为中小学校外辅导员、失足青少年的帮教员等。

二、推进了民主与法制建设

依法治国是我国的一项基本国策,是习近平同志提出的"四个全面"治国方略中的一个重要方略。广大老同志通过在老年大学的学习,公民意识、民主意识、法制意识不断增强,在社会主义民主法制建设中发挥了宣传、教育、服务作用。

1. 宣传法律知识

老年大学搭建平台,组织以法律班学员为主体的学员宣讲团队,走出校门,走上社会,宣传法律知识,宣讲法律条文,普及法律常识。突出对《宪法》《老年人权益保障法》《未成年人保护法》《刑法》《民法》等法律的宣讲,警示"法盲"的危害,鼓励广大市民做学法、知法、守法的好公民。通过宣讲,让人人明白,法大于天,法律这条红线谁也不能踩,"有法必依、执法必严、违法必究"是法制社会的重要特征。通过法律知识的宣传,不少老同志成了普法工作的义务宣传员,还有少数老同志被社区聘为法律顾问。

2. 做好法律服务

老年学员走上社会,除了宣传法律知识外,还进行法律咨询,解释法律条文,回答市民提出的法律问题,为他们释疑解惑,从法律的角度,帮助他们分析矛盾与纠纷的处理办法,并代写诉讼书、申辩书等。

3. 坚持依法维权

法律赋予公民的权利,神圣不可侵犯。老年人利用法律武器维护自身的权利,同时也帮助别人维权。例如,利用《未成年人保护法》《义务教育法》帮助失学、辍学的未成年人维权,让他们重返校园;利用《民法》《刑法》帮助遭受"家暴"的妇女维权,改善她们的生活环境;利用《老年人权益保障法》,为外出旅游的老年人维权,不许额外收取老年人的旅游费。有些老年人,防范意识薄弱,常常步入消费误区,上当受骗。市场上常常碰到价格欺诈,购买到假冒伪劣产品、过期霉变、不洁且有害健康的食品以及劣质保健品等,老年人是有苦说不出,这种现象较为普遍。有的老年大学与当地的工商部门或消费者协会联手,请专家做报告,宣讲《食品卫生法》《消费者权益保护法》,宣传和普及食品安全卫生知识,让老同志和广大消费者做到明白消费,理性消费,安全消费,并且了解到一旦上当受骗,应该如何处理,如何投诉,如何用法律武器来保护自身的合法权益。

4. 参与民主管理

老同志参与民主管理,受到各级政府欢迎和重视,发挥了不可替代的作用。为党做事,为社会作贡献,是老同志最大的快乐。老年大学的学员,来自社会各个阶层,他们的思想状况、希望与要求,基本反映了广大人民群众的意愿。广大老同志积极收集社情民意以及群众反映强烈的难点、热点问题,特别是有关民生的问题,主动向政府反映,供政府科学决策、民主决策,提高了政府的办事效率,密切了党群关系。老年大学起到了政府与广大人民群众的桥梁作用,老同志反映的社情民意成了政府了解民情、体察民情的重要渠道之一。老同志利用政治智慧、工作经验丰富的优势,积极向政府建言献策,提供合理化、建设性的意见,帮助各部门改进工作方法,推动各项事业又好又快地发展。南京市江宁区汤山街道老年学校,十几年如一日,积极向社区建言献策,先后在新农村建设、房屋拆迁、土地转让、秸秆禁焚、集镇整治、民事调解等方面提出好的建议300余条。安徽省开展《关于在全省老年教育系统开展以"为安徽崛起而作贡献"为主题的反哺主题活动》一年多时间内,老年学员为经济社会发展建言献策达1 900多条。特别是在党委政府推进工作遇到特殊困难时,老同志出面说几句公道话,就可以收到很好的效果,进而形成老同志为党委政府工作助力,党委政府更加关心老同志的双赢局面。此外,广大老干部利用自身辨别是非能力强,敢于坚持真理,坚持原则的特点,承担了群众监督的责任。他们勇于批评与自我批评,通过信访、传媒、纪检、公检法等渠道,反映各有关部门的工作态度、工作效率、工作作风问题以及其他不良风气,积极地开展批评与监督工作,为建设廉洁、高效、亲民、爱民的政府作出了贡献。

三、促进了学习型社会建设

党的十六大十七大上,都把"构建终身教育体系,形成全民学习、终身学习的学习型社会",作为全面建设小康社会的重要目标;《国家中长期教育改革和发展规划纲要(2010—2020年)》已经把终身教育理念作为重要指导思想,把基本形成学习型社会,进入人力资源强国行列作为战略目标。老年教育,作为一种新的教育类型,它在完善我国终身教育体系,构建学习型社会中发挥了积极作用。

1. 深化终身教育理念

所谓"终身教育",是指人们在一生中所受到全部教育的总和,主张将教育贯彻于一生。我国的老年教育是在国际上终身教育理念的影响和指导下应运而生的,是伴随我国老年学校教育的发展而发展的。到目前为止,我国的老年教育仍以老年学校教育为主体。老年大学的诞生,创造了一种全新的学校模式,填补了学校教育系列在老年阶段的空白,标志着法律赋予老年人的受教育权利得到了维护。老年教育是终身教育的组成部分,也是它的最后阶段,没有老年教育就谈不上终身教育。

2. 完善终身教育体系

一体化模式是将我国的基础教育、高等教育、职业教育和成人教育这几大板块并列,组成国民教育体系。而终身教育体系是在国民教育体系基础上建立起来的,它是对国民教育体系的整合。老年教育是成人教育的一部分,是终身教育的最后阶段,如果没有老年教育,终身教育体系就不完善。从这个意义上讲,老年教育是大教育系统中的一个子系统,是教育事业的有机组成部分,是成人继续教育的最后阶段,是终身教育体系不可或缺的重要部分,它进一步完善了终身教育体系,推动了新时期教育结构的改革。老年大学的出现,创建了一种全新的办学模式,它根据"从老年人特点出发,为老年人服务,让老年人满意"的精神实施教学,创新办学理念,创造了多种新型的教学形式和方法,不但反映出人类社会的发展进步和时代需要,反映出学校教育事业发展的新进程,也标志着国家的综合国力和文明程度。

3. 实现终身学习愿望

习近平同志指出:"努力发展全民教育、终身教育,建设学习型社会,努力让13亿人民享有更好、更公平的教育,获得发展自身、奉献社会、造福人民的能力。"学习型社会是一个以终身教育为基础,以学习者为中心,人人都能终身学习的社会。建设终身教育体系的目的是把学习从教育范畴拓展到人的生存与发展的广阔空间,形成人人学习、时时学习、事事学习、处处学习的终身学习社会。构建终身教育体系,就等于在终身教育和学习型社会之间搭起了一座桥梁。人的一生应该是一个不断学习的过程,在知识经济条件下,人类的知识以前所未有的速度进行更新,尤其是在21世纪的今天,人类文明已发展到一个新的转折点,教育从来没有像今天这样成为关乎人类生存、命运的重要前提,学习也从来没有像现在这样成为一个人最基本的生存能力。知识就是力量,知识改变命运。老年大学的创办和发展,是实现终身教育和促进人的全面发展的重要途径,亦是建设学习型社会的重要举措。老年人到老年大学学习,是老年人晚年生活的重要课题,通过学习他们焕发了青春活力,形成优良的学习风气,影响四邻,示范子孙,这对带动全民学习、终身学习,建设学习型社会,起到了积极的作用。教育部举办的以"为实现中国梦——终身学习,人人成才"为主题的第九届全民终身学习活动周,推出了"百名学习之星",其中很多是老年人。这些老年人以自己的行动践行了"活动老、学到老"的理念,是全社会老年人参与继续学习的榜样。

四、提供了服务社会的平台

《中国老龄事业发展白皮书》指出："国家重视和珍惜老年人的知识、经验和技能，尊重他们的优良品德，积极创造条件，发挥老年人的专长和作用，鼓励和支持老年人融入社会，继续参与社会发展。"由教育部率先制订的《全国老年教育发展规划（2015—2020年）》中提出了"加强老年教育学科建设与人才培养培训""积极开发老年人力资源"的任务。我国老年教育20字办学宗旨，表明老年教育有参与社会发展、服务社会的功能。这也是广大老年人的内在要求，他们希望融入社会，服务社会，再现人生价值。他们把为社会作贡献当作人生最大的快乐，把为党和人民的事业增光添彩，为祖国富强添砖加瓦，视为人生最大的幸福。老年人有知识、有能力，完全可以为社会再作新贡献，但由于退休后环境变化，老年人逐步边缘化，有力使不上。老年大学弥补了这一缺陷，发挥了重要的社会功能，主动搭建平台，发挥老年学员的聪明才智，在推动社会进步、发展社会经济等方面发挥了作用。

1. 老年人才是国家和社会的宝贵财富

俗话说"家有一老，如有一宝"。在家庭中是如此，在社会上更是如此。老年人是党和国家的巨大资源，是社会的宝贵财富。老年人有着无限的智慧和创造力，这是文明进步不竭的动力源泉。老年人才是知识和科技含量高，又能带来高附加值的人力资本。老年人才，专业齐备，既有经营管理人才，又有专业技术人才，是一个宏大的、蕴含着丰富的经验和智慧的人力资源宝库。如果把老年人的余热发挥出来，这种"热量"，将是非常可观的。联合国前任秘书长安南曾说过："老年人不是单纯的消费者和社会的供养者，而是继续创造财富的贡献者。"

2. 老年大学是老年人才最集中的地方

老年大学帮助老年人实现了"老有所学"。正是有了"老有所学",不但使他们进一步实现了"老有所乐",而且为他们在学有所成之后,重新融入社会、服务社会,通过"老有所为"实现自身价值创造了条件。所以说,老年大学是老年人才最集中的地方。老年大学是老年人知识技能储备和更新的充电器。当今,社会发展日新月异,科技进步一日千里,老年人仅靠年轻时学的知识是远远不够的,而且,很多过去学的知识已陈旧老化,为跟上时代的步伐,提高适应社会的能力,与时俱进,就得不断学习。许多老年人到老年大学学习,不求任何功利,就是为了知识技能的储备和更新。老年大学为社会培育了一大批知识老人、时代老人。有一位老年学员学习计算机技术后,改善了代际关系,由儿孙眼中的"什么都不懂"变成了"真不简单"。老年大学又是老年人才的孵化器。各级老年大学在开发老年人潜能,挖掘和塑造老年人才方面做了大量的工作,取得了可喜的成绩。老年学员通过长年在基础班、中级班、高级班、研究班的学习,孜孜以求,刻苦钻研专业知识和技能,潜能被挖掘,智慧被开发,才艺被发现,灵感被激发,激情被燃烧,涌现出一大批人才。许多人学有所成,有的大器晚成,有的成了能工巧匠,有的成了不可多得的专业人才,少数人成为名家,真正实现了美梦成真。老年大学还是老年人才的储存器。老年大学人才济济,储存了一大批各种专业的人才,是名副其实的老年人才资源库。有动手能力强,有一定专长的能工巧匠;也有专业技术水平高,理论功底深的专家、学者。老年大学一方面引导学员利用所学知识为社会服务;另一方面有针对性地指导他们总结自己的工作经验和研究成果,交流信息,推动成果转化,为社会服务,从而创造更多的社会财富。

3. 老年大学让老年人才充分施展才华

老年大学拓展了教育的社会功能,为老年人服务社会提供了重要的平台与载体。老年大学组织老年学员融入社会、服务社会,在践行社会主义核心价值观、加强社会主义精神文明建设、建设和谐社会、推进民主法制建设和学习型社会建设、助力社会管理等方面，增添了正能量，发挥了重要的社会功能。老年人服务社会，其渠道、内容、形式是多方面的。

可以开展社会调查，献计献策。老同志在老年大学学习过程中，积极开展调查研究和理论探索，为改革开放出谋划策，提供咨询服务，为经济建设发展作贡献。安徽省六安市老年大学在一年时间内，围绕政府中心工作开展调研620次，为经济社会发展建言献策1 925条，参与科技开发和咨询服务4 320次；福建省莆田市老年大学组织干部班学员调研重点项目并提出建议，许多建设性、前瞻性建议被市委、市政府采纳，有效地促进了经济和社会发展。上海老年大学一贯重视组织老年学员走向社会、深入社区，专门成立了"社区工作指导委员会"，后又设置"社区工作办公室"，引导数以千计的老年学员融入、参与、服务社会，为社区经济建设助力。福建省老年大学把长期从事经济工作的离退休干部组织起来，成立"老年经济学会"，每年确定研究课题，将研究成果写成报告，提交有关部门，受到好评。如福建老年大学副会长陈炳源所提"对'十二五'发展规划的意见"，被省发改委采纳；会员陈天锡所提"全面开放海峡两岸的六点意见"，引起省长关注，批给省海洋局、省台办落实。在福建省老年大学带动下，全省各级老年大学在服务社会方面做得有声有色。

可以开展技术培训，科技兴业。许多老年大学开辟了一条面向社会、服务社会的多渠道、多专业、多层次的职业技术培训的新路子。利用科技兴业，取得了良好的社会效益和经济效益。天津市老年大学创造性地提出"章鱼式"办学模式，并在社区建立了361个社会教学基地，这些基地的骨干和带头人，"在校是学员，在社区是老师"，接受他们服务和培训的中老年人达1 900人次。安徽省六安市老年大学，举办农村种植、养殖等实用技术培训1 229次，接受培训的中老年农民达46 920人，经过培训，许多人成了"土专家""田秀才"，成了科技兴农的带头人。

可以直接参与经营，发展经济。通过老年大学的学习培训，很多老同志获得了知识，学到了技能，他们用知识和技能改变了命运，又助推了社会经济的发展。不少老年人，通过学习后，萌生了二次创业的念头，如学了手工艺的，办起了花卉店；学了烹饪的，开了小吃部；学了摄影的，经营了照相馆。有的店还开得很红火，不仅提高了收入，改善了生活，体现了价值，还服务了经济建设。在农村中，老年人仍是主要劳动力，他们学习了农业实用技术后，科学种田，科学养殖，许多人成了"种粮大户""养殖大户"，走上了致富路。福建省德化县汤头乡农民许克家在村老年学校学到农业技术后，创办了家庭农场，种油菜 600 亩、西瓜 100 亩，养牛 80 多头，饲养田螺 3 亩，经营鱼池 3 口，成了村里的生产模范。许多老年大学举办的特色专业为社会培养了大批专门人才。如景德镇老年大学的陶瓷专业、哈尔滨老年大学的推拿专业、淄博老年大学的制陶工艺班等，培养了一大批能工巧匠。老年大学的每个专业，都为老年人提供了服务社会的本领。老年大学的学员参与社会、服务社会的事例不胜枚举，老年大学真正是锤炼老年人的大熔炉。老年大学人才济济，一些老年大学建立了老年人才库，上网公布，让用人单位挑选。安徽六安市老年大学，在一年多时间里为社会提供老年人才信息 1 214 条。一些老年学校开辟老年人才市场，让老年人才与用人单位面对面地洽谈，选择录用。一些老年大学通过社会调查、网上搜索等办法，了解社会招聘、用人需求，及时向用人单位推荐。

第三节　中华传统先进文化得到大力弘扬

2000 年，中共中央、国务院发布《关于加强老龄工作的决定》，要求各级党和政府"丰富老年人的文化生活，大力发展老年教育"。文化是人类社会在长期发展过程中创造的物质财富和精神财富的总和,是推动社会发展的软动力,是学校的灵魂,是学校的精神支柱。当今时代,文化越来越成为民族凝聚力和创造力的重要源泉。老年大学作为展示先进文化的重要窗口,传播先进文化的重要阵地,始终坚持以科学发展观为指导,以社会主义核心价值观为引领,继承优秀的传统文化,突出和谐文化,重视地域文化,吸收外来文化,让多元文化融合再生,形成优秀的校园文化。

一、传承了优秀的传统文化

传统文化就是文明演化而汇集成的一种反映民族物质和精神风貌的民族文化,是民族历史上各种思想文化、观念形态的总体特征。中华传统文化源远流长,博大精深,包括语言文字、文化典籍、科技工艺、文学艺术、哲学宗教、道德伦理等。传承和发扬优秀传统文化,是中国老年大学的特色之一。

1. 优秀传统文化是老年大学教学的主要内容

全国老年大学开设的课程有百种之多,其中主要是优秀传统文化课程,包括诗、词、书、画、琴、棋、文学、历史、戏剧、曲艺、中医保健、烹饪、插花,以及民间工艺、音乐、舞蹈、腰鼓、秧歌、锣鼓,等等。广大老年学员喜欢的国画、京剧、中医药学是我国的三大国粹,传统文化的精华,有的还被评为世界级或国家级非物质文化遗产,受到国家的保护。实践证明,开设优秀的传统文化课程能够开启老年人的智慧,是快乐之道,健康之道,也是安邦之道。这些课程传递的是社会主义核心价值中实践性和民族特色的内容,这些课程充满了活力,长盛不衰。我们可以看到,有的老年人,满怀豪情书丹青,画的是对祖国的热爱,是祖国的壮美;有人在写作,写自己酸、甜、苦、辣的人生之旅,歌颂今天的幸福生活,憧憬更美好的未来;有人用镜头捕捉令人感动难忘的瞬间,展示美好的人生;有人精心培育花草,赏心悦目,又美化了庭院;有人翩翩起舞,激情四射,不知老之已至;有人放开歌喉,歌唱美好生活,歌颂伟大的时代;有人摆弄锅、碗、瓢、盆,调出生活的美味……总之,在老年大学学习的老同志,在这里找回了失去的青春,激情拥抱着今天的美好生活。

2."三大国粹"是老年大学的特色课程

传统文化之精华即为国粹。我国的三大国粹国画、中医药学和京剧具有鲜明的民族性,显示出中华民族独特的艺术渊源以及技艺发展轨迹。城市老年大学基本都开设了这三门课程,而且开设的时间较长,并努力将之打造成精品课程。一是选编好教材。教材是教学之本,有的学校自编教材,很多学校精选优秀教材,使用一段时间后再征求学员意见,反复修改,使教材贴近学员,贴近实际。二是改革教学法。如国画课把学员带到书画展览厅,实行情境教学;中医药课到医院中药库参观、实践;京剧课采用教唱、视唱、自唱相结合的教学法。三是改革教学手段。普遍采用多媒体教学,取得了更好的视听效果。四是不断巩固教学成果。为巩固学员所获得的知识和技能,各校普遍成立了书画联谊会(书画院)、京剧演出队、中草药采集小组等组织,不断实践,巩固提高所获得的知识和技能。通过学习,许多老同志提高了审美情趣,提升了发现美、表现美的艺术素质,学会了绘画的技法,掌握了绘画艺术,达到了表现美的意境。不少老同志的画作技艺精湛,内涵丰富,个性鲜明,雅俗共赏,深受同仁好评和社会欢迎,经常在各类画展中获奖,有的学员成为市、省甚至国家美协会员。中医药课堂被学员称为"学习养生知识的课堂,健康长寿的园地"。通过学习,了解和掌握中医养生方法,以达到强身健体,防病治病,延年益寿的保健目的。许多老年学员增强了自我保健观念,成了健康老人、长寿老人;还有的成了"家庭医生"和邻里的保健顾问,传播了健康,彰显了传统文化的魅力,提高了老年大学的影响力。

3. 老年学员充分吸纳了优秀传统文化的精髓

中国要屹立于世界民族之林,不可缺少的就是深厚悠久的传统文化的根基。老年大学传承了优秀的传统文化,关键是广大老年学员通过学习,领会了传统文化的主要精神:自强不息,刚健有为的进取精神;和为贵,和而不同的和谐精神;民为邦本,民贵君轻的民本思想;天人合一、民胞物与的人与自然相统一的思想。在老年大学学习的老年人,他们孜孜不倦的学习精神,丰硕的学习成果,健康向上的精神世界,深深地影响了周围的广大群众。他们办书、画、摄影展,出版诗词集、文学作品集和回忆录,他们组织宣传队深入街头巷尾、田间地头,深入工厂、机关、部队,深入敬老院、孤儿院、残疾人福利院等,宣扬的是祖国优秀的文化,影响着千万人的思想和精神世界。这就是用优秀的传统文化凝聚人民的力量,激发时代精神,鼓舞斗志。正如党的十七大指出的:切实把社会主义核心价值体系融入国民教育和精神文明建设的过程,转化为人民的自觉追求。济南市老年大学书法班学员刘洪亚花费 6 年时间,用蝇头小楷精心抄写了《红楼梦》《三国演义》《水浒传》《西游记》四大名著,共计 350 万字,充分发挥了传统文化的影响力。

二、凸显了厚重的地域文化

地域文化是指在一定的地域环境中与环境相融合,打上地域烙印的一种独特文化。人们常说"百里不同风,千里不同俗""一方水土孕育一方文化"。所以,各地文化有很强的地域特点、地方色彩。老年群体长期受地域文化浸润,对地域文化有着天然的兴趣和特殊的情感。各地老年大学在办学过程中,因势利导,在弘扬地方历史文化、革命传统、民族风情、自然生态等方面下功夫,办出了许多具有自身特色的老年大学。

1. 自编乡土教材,传授地域文化

许多老年大学利用本地区丰富的地域文化资源,自编乡土教材、校本教材,使老年大学的课堂教学更具鲜明的地方特色。有的编制民俗文化教材。民俗文化凸显鲜明的区域文化特色和文化内涵,具有极强的观赏性和震撼力。很多老年大学自编教材,开设了具有地方特色的腰鼓、莲湘、插花、剪纸、编织、泥塑等民间艺术课。中国的剪纸之乡——浙江省武义县,其老年大学的剪纸班教学成果斐然。老年大学自编了《武义·中国民间剪纸艺术集》一书,作为辅助教材,编入了部分学员394幅剪纸精品,令专家赞叹不已。有的编制了人文历史文化教材。人文历史文化在地域文化的发展和传承中,占有很重要的地位。山东老年大学的"泉水文化"课程、福建老年大学的"闽南文化"课程、宁波老年大学的"宁波国民史"等课程都打造了特色品牌。还有很多地方将历史文化名人写进成教材,开设历史文化名人特色课。如"扬州八怪"、"竹林七贤"、诗仙李白、书圣王羲之以及孔子、孟子等先贤,都进入了有关老年大学的自编教材。有的老年大学编制戏曲文化教材。我国除了京剧、越剧、评剧、黄梅戏、豫剧这五大剧种外,还有其他一百多个剧种,形式各异,各具地方特色。各地老年大学把地方戏编成教材,如广东的粤剧、陕西的秦腔、湖南的花鼓戏、东北的二人转、四川的川剧,还有朗朗上口的地方小调等。这些地方戏的课堂常常是一座难求,成了老年大学的热门课、特色课。有的在传承基础上创新。云南、广西、福建等地,将当地的"丽江古域""刘三姐""大红袍(茶叶)"等文化资源,打造成"印象丽江""印象刘三姐""印象大红袍"大型山水综艺节目,他们将当地的文化资源、旅游品牌进行深度开发,成功打造成精品,这是在地域文化传承基础上创新的范例,成了老年大学旅游文化课上的重要内容之一。

2. 开设特色课程,弘扬地域文化

地域文化展示了多元互补和多元同归的中华文化。它们相互交流,相互影响,形成了"你中有我,我中有你"的关系。大学是国家的精神高地，是文化发展的前沿阵地，应以人才培养、科技创新、社会进步、文化繁荣为己任，为地域文化的弘扬与发展作出积极贡献。老年群体是传承文化的一个重要群体，许多老年大学开设了颇具特色的旅游文化课，充分利用本地区的旅游文化资源，同时选用全国各地的优秀地域文化资源，作为教学的主要内容，也是学员参观、实践、旅游的好去处。众多的民族文化、民族工艺等纷纷与旅游融合发展，在弘扬和传承了民俗文化和历史文化之余，还将传统的旅游业过渡、转型升级为可持续发展的文化旅游产业。旅游文化知识面广，知识含量极其丰富，老年大学突出了红色文化、城市文化、村镇文化的学习，积极组织旅游活动，有的学校开展了"文化中国万里行"活动，有的组织老年学员开展"红色之旅""圆梦之旅""寻根之旅"等旅游活动，让老同志既增长知识与见识，又陶冶了情操，收获了快乐。我国的红色文化资源十分丰富，可以说遍及全国各省区，比较典型的有井冈山、延安、西柏坡、中共"一大"会址（上海和嘉兴的南湖）、遵义会议旧址、盐城新四军纪念馆、三大战役纪念馆等，这些都是进行革命传统教育的好"教材"。通过参观学习，领会延安精神、井冈山精神、新四军铁军精神的实质，领略革命前辈舍生忘我、百折不挠的献身精神，从而努力践行社会主义核心价值观，增强走中国特色社会主义道路的自觉性。关于城市文化，中国的大、中、小城市星罗棋布，经国务院批准的历史文化名城就达127座，这是极其丰富的旅游文化资源。老同志通过学习，了解了历史文化名城的特点和旅游价值：文明的坐标、文物的宝库——探径寻幽的好地方；厚重的历史、荟萃的文化——增广见闻的大课堂；名人云集、革旧鼎新——社会变革的策源地；商贸兴旺、科技发达——区域发展的小辐射源；传承有序、文风浓郁——展示民艺的博物馆。通过到历史文化名城参观旅游，一边领略城市风貌，一边参观文化博物馆、主题文化展览馆、文化体验馆和旅游景点，在观光的同时，能够得到某类文化的认知和熏陶,形成强烈的文化体验感受,受益匪浅。再说村镇文化。中国历史悠久、颇具特色的村、镇成千上万。有的承载着厚重的地域文化内涵,体现了环境美、生态美、自然美,在社会主义新农村建设中起到了示范和引领作用。乡镇文化也是老年大学旅游文化课的内容之一。历史文化名镇——乌镇、周庄、同里等,为当地的旅游产业和经济建设立下了不朽的功劳,其文化也各具特色。全国著名的安徽宏村、西递这两个村庄,列入了世界文化遗产名录。古宏村人建造了堪称中华一绝的"牛形村落"和人工水系,成为当今建筑史上一大奇观,被誉为"中国画里乡村";西递村至今仍保存完好的明清民居200余幢,徽派建筑错落有致,砖、木、石雕点缀其间,该村楼、庭、园、堂等景点20余处,村中各家各户富丽的宅院、精巧的花园、黑色大理石制作的门框、漏窗,石雕的奇花异卉、飞禽走兽,砖雕的楼台亭阁、人物戏文,以及精美的木雕、绚丽的彩绘和壁画,都体现了中国古代艺术之精华。这些村镇,都是深受老年人喜爱的,老年人常把它们作为首选的旅游景点之一。在这里老年人不仅能欣赏到这些村镇古朴的外在生态美,而且还能体验到深厚的内在文化内涵。

一般老年大学会开设饮食文化课,如"饮食养生""烹饪"等相关课程。"民以食为天",不仅要吃饱,而且还要讲究吃好,主食要粗细搭配,副食(菜肴)要色香味俱佳,还要求有营养,并达到营养均衡。老年大学满足了老年人这一需求,开设了烹饪课,课堂上常常是座无虚席,老师讲授的内容主要是反映地域文化特色的"八大菜系",以及其他一些地方菜、时令菜、家常菜的烹制方法。中国饮食文化博大精深,不同菜系的烹制方法都不一样,一个菜系的形成与它的悠久历史和独到的烹饪特色分不开。每做一个菜,老师从选料、刀工、火候、配料、营养等方面逐一讲解,边讲解边示范,学员通过听、尝、实践(实习)等过程,学会菜的烹制方法。老年人学习了烹饪,不但提高了自己和全家的生活质量,也为弘扬地域文化作出了贡献。

除此之外，弘扬地域文化的课程还有很多，很多老年大学的文化建设都融入了地方元素，如组织学员对地方史料、地方语言、地方工艺开展研究等，为地域文化的传承作出了贡献。

3. 注重搭台唱戏，展示地域文化

"文化搭台，经济唱戏"。各地为发展经济，年年召开经贸洽谈会、招商会。而为吸引各地客商，常常以文化搭台举办各类活动。各地富有特色的地方戏曲、地方小调、民族歌舞等民间艺术纷纷登台唱主角，积极展示地方历史文化、革命传统、民族风情、自然生态等独特的地域文化，彰显良好的投资和经济发展环境。老年大学的学员是这些活动的积极参与者。在这些活动中，广大老年学员不仅服务了经济和社会，也为展示和传承地域文化作出了贡献。老年大学也积极为展示地域文化搭建平台。如举办一年一度的校园文化艺术节，这是一次艺术的盛会，各种文化艺术充分展示、相互交流，凸显了鲜明的地域文化的特色，打造了许多精品。此外，还有重要节日时举办的文艺晚会，期末各班级举行的联欢会，学校艺术团队到友邻单位、社区广场、敬老院等地的慰问演出活动等，都大力地展示和弘扬了地域文化，这些都离不开老年大学的积极支持和老年人的智慧。山东淄博市老年大学刻瓷专业享誉国内外，刻瓷产品是地域文化中的精品，有500多件学员的作品被作为国礼赠送给中外客商、国际友人，有力地传播了地域文化。

三、打造了丰富的校园文化

老年大学校园文化是在长期的老年教育实践过程中所创造的价值取向、思维方式和行为规范上有别于其他社会群体的一种团体意识和精神氛围，在老年学员耳濡目染中发挥潜移默化的作用，对老年学员的观念、情操、行为方式发生重要影响。校园文化建设是以学员为主体，以课外文化活动为主要内容，以校园为主要空间，涵盖学校全体人员，以校园精神为主要特征的一种群体文化建设。校园文化是学校发展的灵魂，校园文化建设能极大地提升老年大学的文化品位，也反映了一所老年大学的综合实力和核心竞争力。因此，各地各级老年大学全面贯彻办学宗旨，以中华民族优秀传统文化和时代精神为引领，不断增强老年大学精神的凝聚力、环境的吸引力、制度的驱动力，大力推进校园文化建设，真正把老年大学办成了广大老年朋友的精神家园。老年大学的校园文化重在建设，贵在坚持。优秀的校园文化具有长期的稳定性，有的要经过十几年、几十年的积淀。用先进的校园文化把全校上下紧紧凝聚在一起，是一项纷繁复杂的系统工程，需要按照时代进步和社会发展的要求，立足老年教育事业的长远发展，着眼于师生员工精神文化生活需求的多元性和多样化，以社会主义核心价值观统领，进一步解放思想，大胆实践，把老年大学校园文化建设提高到一个新水平。

1. 以社会主义核心价值观引领校园文化建设

社会主义核心价值观是兴国之魂，是社会主义先进文化的精髓，又是建设中国特色老年大学校园文化的根本。以社会主义核心价值观引领社会思潮，形成文化建设共识，是老年大学校园文化建设的有效途径。各级老年大学坚持用社会主义核心价值观引领校园文化建设，牢固树立育人为本、立德树人的理念，通过校园文化的健康有序发展，将社会主义核心价值观内化为师生员工的自我要求，外化为师生员工的自觉行动，从而引导师生员工成为社会主义核心价值观的坚决拥护者、自觉践行者和行为示范者。各学校要坚持从实际出发，把社会主义核心价值观渗透到教育工作的各个方面，贯穿于校园文化建设的全过程，努力使社会主义核心价值观进教材、进课堂、进头脑，使学员在增长知识的同时，提升思想境界。在社会主义核心价值观的引领下，各学校充分发挥了校园文化教化人、塑造人、激励人、凝聚人的重要功能，通过循循善诱、和风细雨、潜移默化、耳濡目染等方式，在不知不觉中逐渐影响或改变师生的思想、心理和行为，使师生理解和接受校园文化所倡导的理想信念、价值理念、行为规范等，从而保持个体与学校和社会整体的协调一致。用先进文化提升老年人的科学文化素质，使其发展智力、磨炼意志、净化心灵、奉献社会，为老年人的人生追求赋予新的价值。

2. 努力打造校园文化品牌

多年来，各老年大学在建设校园文化的过程中，十分注重品牌效应，重视精品文化的打造，着力从精神、物质、制度、活动等方面打造符合自身实际的品牌校园文化。这些品牌文化，质量水平高、社会影响大，在某种程度上成为学校的一种标志与办学的特色，是学校赖以生存和发展的软实力。

（1）建设物质文化，凸显特色魅力。物质文化建设是校园文化建设的基础，是校园文化建设中看得见、摸得着的东西，是老年大学环境育人的基本保障和重要载体，它有力地促进了书香校园建设与和谐文化建设。物质文化建设包括各种建筑物、图书资料、教学教研设备、文体活动设施、校园网络等教育教学的硬件设施，还包括客观可赏的环境布局，如校园的总体规划、花草树木、雕塑牌匾等。老年大学通过优美的物质环境给予学员积极影响，从而实现教育的目的。许多老年大学从规范、安全、实用的角度出发，改善办学条件，实现空间布局规范化、教学设备现代化、教学环境标准化，达到整体布局错落有致，校内环境温馨舒适，周边景观优美高雅。温馨、素雅、敞亮的校园环境，实用、完备、先进的教学设备，成为学校持续发展的原动力。老年大学精心设计体现教育性、知识性、艺术性和规范性的校园环境，是学校特色的外在体现，是一门隐性的课程。他们让具有美学价值的校园建筑成为"凝固的诗、立体的画"；让匠心别具、园林化的校园绿化给人以"人在园中走，身在画中游"的感觉；让配有专业学习园地、画屏字对的教室，定期轮换书画、诗、摄影作品的文化长廊,悬挂名言警句的楼梯通道,以及内容丰富的荣誉室、校史陈列室、宣传橱窗、LED显示屏等组成一部富有个性和吸引力的教科书;让校园的"景点显温情、树木成好友、雕塑有思想、墙壁会说话",使人一走进校园就能感受其潜移默化的人文精神,感悟一种张扬个性的特色理念。宁波老年大学校门口大理石上刻着醒目的一句话:"跨进校门你就年轻。"进了老年大学,你可以成为最好的自己。这就是中国老年大学最脱俗而富有生命力的真切表述。成千上万所老年大学,让广大老年人深深地感受到这种文化影响力和文化魅力。

(2)构建制度文化,彰显人性之美。制度文化是校园内有序推进各项活动的保障机制,规章制度是组成文化的重要因素。建立健全学校规章制度,形成良好的制度文化,是校园文化建设的一项重要内容和根本保障。构建科学严谨的管理体系,营造宽松和谐的教学环境是老年大学办学的出发点和落脚点。各学校根据老年教育的基本规律和主要特点,找准最佳结合点,制定充分体现"以人为本,服务为先"这一核心理念的管理制度。老年大学处处体现了人文关怀,把以人为本理念与制度规范紧密结合起来,让"硬制度""软文化"相融一体,建立富有人文精神、提升生命价值的校园制度文化系统,为学员素质提升提供了一种全新的制度文化环境。

(3)培育精神文化,铸就群体灵魂。精神文化是校园文化的核心,是学校的灵魂。培育先进、厚重的校园精神文化,是出于发挥校园文化的导向、教育和塑造等功能,促进人的全面发展的迫切需要。校园精神文化是一所学校师生认同的有自身特色的价值观念、理想追求、道德要求、办学理念等,是一种内在的理性文化,是老年大学发展的精神原动力。各老年大学积极培育校园精神文化,努力铸就群体灵魂。一是创新办学理念。高度重视创新办学理念,增强学校发展软实力。有的学校制定了"文明和谐、健康快乐"的办学理念;

有的学校提出了"政治建校,质量立校,科研强校"的办学理念;还有"创建一流名校,构建和谐校园""学校一切工作以老年学员高兴不高兴、满意不满意、拥护不拥护为出发点和落脚点""办人民满意的学校"等理念,具有凝聚力、感召力和生命力。在办学理念的指引下,学校以文化为根基,在教育教学创新上进行不懈的探索,努力培植品牌,深入挖掘校园文化资源,打造出了特色鲜明、影响力大、辐射力强的校园文化品牌。通过开门办学,加强与社会文化的沟通与交流,从而树立和彰显老年大学文化形象,扩大了学校的知名度和美誉度。二是突出"三风"建设。"三风"即校风、教风、学风,有的学校还制定了"校训",校训是校风、教风、学风的本质表现,体现了学校的人文精神。在树"三风"、立校训、铸就校园精神的同时,"唱"校歌,提振师生士气;"制"校徽、校旗,展示学校形象标志;"办"校刊校报、校园网站,强化宣传,扩大影响;"建"校园社团,展示办学效益。通过"树、唱、制、办、建"等举动,打造校园人文品牌。校园人文品牌的打造,优秀文化元素的积极培植、聚集和积淀,凝练了老年大学精神,让幸福老人、风范长者身上散发出的学无止境的进取精神、享受知识的快乐精神、余热生辉的奉献精神以及实现自我、超越自我、成就自我等优秀品质构成校园精神的主旋律。学校品牌战略的实施,让校园文化的累累硕果成为校园中最美的风景之一,校园中的和谐人际、和谐校园,有力助推着和谐社会的建设。三是搭建校园精神文化载体和平台。加强校园精神文化建设,培育先进的办学理念,形成良好的校风、教风和学风,必须要搭建校园精神文化的有效载体和传播平台,因此,有必要增加校园图书资料,办好校园内宣传橱窗,加强校刊理论阵地建设,充分发挥新型媒体的独特作用,以树立老年大学良好的文化形象。四是明确办学愿景。各学校重视以文化为核心的软实力建设,在全面深刻地理解校园文化的内涵与作用的前提下,把校园文化软实力建设纳入学校发展的总体规划,从顶层对其进行设计、规划和构建,全力把学校打造成颇具特色的文化校园,"文明和谐,健康快乐"的精神家园,享有一定知名度和影响力的老年学府。明确的办学愿景和目标,可以凝聚人心、鼓舞斗志、振奋精神,有利于老年人最大限度发挥生命潜能,为学校的发展、社会的进步作贡献。

(4)丰富活动文化,收获活动之乐。丰富多彩的活动是流动的校园文化,是校园文化内涵展示的重要载体。校园文化的内涵总是凭借一定的载体,以最鲜活、最生动的形式展现出来。各级老年大学为真正达到老有所学、老有所乐、老有所为的目标,开展了丰富多彩的校园文化活动,营造良好的校园文化氛围,以达到文化育人的目标;加大了载体建设,按照全校活动层次化、精品化,主题活动系列化、特色化,小型活动社团化、常规化的思路,充分发挥"第二课堂"的教学成果展示作用,精心组织好校庆、毕(结)业典礼、校园文化艺术节等活动;发挥书画研究会、摄影研究会、京剧研究会、军乐队、交响乐团、民乐队、合唱团等学员社团的优势,开展各种笔会、展览、演唱等艺术活动;利用重大节日、纪念日开展主题活动。组织学员进工厂、进农村、进军营、进社区、进学校,弘扬先进文化,传播精神文明;组织学员干部、社团组织负责人参观考察,开阔自身视野,丰富精神世界,提升自身素养;组织开展艺术欣赏讲座、师生才艺展示、学术交流活动、岗位知识培训等,提升师生员工艺术鉴赏力、文化品位和综合素质。

3. 努力发挥校园文化功能

校园文化不仅能陶冶师生的情操,规范师生的行为,而且能够激发全校师生对学校目标、宗旨的认同感和作为学校中一员的使命感、归属感,形成强烈的向心力、凝聚力和群体意识,同时还对广大老年学员起到"润物细无声"的教育作用。老年大学校园文化具有如下主要功能。

（1）教育导向功能。老年大学校园文化中的物质文化、精神文化共同促成了一个健康向上、高雅文明的校园氛围,向师生传递"正能量",它教育、陶冶、感染、规范着每位老年学员,为个体行为提供了价值参考。这是一种无形的精神力量,对老年学员"增长知识、丰富生活、陶冶情操、促进健康、服务社会"起着不可替代的教育引导作用。

（2）宣传激励功能。校园文化体现时代精神,彰显校风、教风、学风。老年大学的广大师生,通过一系列的文化活动,在国际、国内舞台上,展示办学成果,展现银发风采,必然会提高学校的知名度和影响力,在宣传学校的同时,推介所在城市,为发展区域经济也作出了重要贡献,达到了潜移默化的激励作用,使广大老年学员增添了荣誉感、成就感、自豪感。

（3）凝聚辐射功能。校园文化的核心是校园精神。这种校园精神是老年大学在一定的社会历史条件下,为谋求生存和发展,达到既定的教育目标,在长期的校园文化创造过程中积淀、整合、提炼出来的,进而发展到彼此具有共同的理想追求、价值观念、道德情操和行为规范,使生活于同一所学校的人们彼此产生强烈的认同感,升华为强烈的校园归属感、责任感和荣誉感,从而把师生员工紧密地联系在一起。同时,老年大学校园文化作为社会文化的一个特殊的组成部分,它与社会文化密不可分。一方面,它要受社会和谐文化的规范和影响;另一方面,它又以自身独特的魅力回报社会,对社会文化具有感染力,对整个社会风气产生积极的影响。

（4）约束监督功能。校园文化形成的校风、校训、校纪、校规等,是师生共同创造、基本认同、自觉遵守并经过实践检验切实可行的措施。作为大学校园文化的延伸,老年大学校园文化的约束监督作用日趋明显。一方面,它表现为一定的强制性和规范性,要求大家必须沿着其规定的目标行事。另一方面,大学校园文化还有一种隐性约束力存在,使得广大师生心灵得以净化、意志得到强化、情感得到升华。与此同时,老年大学校园中优雅的环境、合理的规章制度、和谐的人际关系、良好的行为举止等,对每位学员都具有监督作用。老年学员在这种校园文化的影响下,人人都能自觉地规范约束自己的言行,促使自己的言谈举止与校园文化相吻合,进而有效发挥校园文化的监督约束作用,使老年大学透射出独特的生命力。

(5)"文化养老"功能。"文化养老",简单地说,就是老年人通过社会文化活动来实现养老的一种途径。文化养老具有十分重大的社会意义。"文化养老"是国家稳定的基石,是经济发展的动力,是和谐社会的必要途径。实践证明,文化养老的目标就是要让老年人实现老有所学、老有所教、老有所乐、老有所为,而老年大学正是打造"四有"老人的最佳平台。经过三十多年的发展,老年大学已成为正能量的聚集地和传播正能量的辐射器,是老年人增知长智的重要场所,是老年人精神文化生活的乐园。特别是校园文化和"文化养老"密不可分,校园文化丰富多彩,对文化养老的促进和推动作用显而易见;校园文化活动的广泛开展,为文化养老增添了丰富的内容,创新了生动活泼的形式,为"文化养老"奠定了坚实的基础。由此可见,在众多老年服务机构中,老年大学具有强大的生命力和吸引力,有着不可替代的优势和特点,已成为推进"文化养老"的主阵地。

第四节 老年大学的国际影响得到明显提升

广泛开展国际交流,加强与国外老年教育机构的交流与合作,借鉴国外老年教育的先进理念和经验,促进我国老年教育与国际接轨,扩大我国老年教育的国际影响力;积极争取联合国教科文组织、国际第三年龄大学协会等国际教育组织的支持,搭建国际老年教育交流合作平台,推动我国老年教育的国际化发展:这些都是我们工作的努力方向。结合我国老年教育三十多年的发展实践历程,我们深感加强老年大学教育国际化合作,扩大老年大学教育开放,是一个非常重要的、有战略意义的问题。三十多年来,中国老年大学协会引领各级老年大学走出国门,开展了广泛的国际交流,积极参与国际事务,吸收外国的先进经验,宣传交流中华文化,邀请国际友人来华参观考察老年大学,接纳外国朋友来中国老年大学学习,有力地提高了我国老年大学的国际声望,扩大了国际影响。

一、参与了国际第三年龄大学协会组织的工作

中国老年大学协会的历任领导多次强调:要有国际视野,要加强国际的交流与合作。他们亲自率团到国外参观、考察、学习、交流;亲自撰写文章参加国际相关研讨会;鼓励各级老年大学走出去,请进来,不断加强国际的交往,提升国际化水平。

1. 高度重视国际协作与交流

中国老年大学协会张晓林会长在 2015 年 5 月于广州举行的"老年大学学生——新一代学生"专题研讨会上提出:积极引进国外老年教育新理论、新经验进行对比研究,并将成果用于我们的老年大学教育实践,促进我国老年教育与国际对接。副会长袁新立、刘平生,前会长张文范等领导亲自率团参加国际会议。2014 年 6 月在法国图卢兹举行的 IAUTA"老年教育与国际合作"国际学术研讨会上,袁新立同志专门做了题为《中国老年大学的国际化合作》的报告。

2. 专门组建协会的国际联络部

为加强统筹与协调,更好地开展国际的交流与合作,中国老年大学协会专门设立了"国际联络部"这一组织机构,代表中国老年大学组织参与国际老年大学协会的活动,组织老年大学参与国际老年大学协会的国际研讨活动,广泛开展老年教育国际的交流与合作。

3. 积极参与和承办国际性活动

1989 年,中国老年大学协会承办了联合国教科文组织在武汉举

办的"老年教育国际研讨会",发表了"武汉宣言",这是我国第一次承办的老年教育国际会议;1994年8月,中国老年大学协会顾问李冀峰、秘书长刘平生率团参加在芬兰举办的国际第三年龄大学协会第17届大会,随之,中国老年大学协会加入了国际第三年龄大学协会,成为该会在亚洲的第一个团体成员;1995年9月,老年教育第四次国际研讨会在我国首都北京召开;1998年12月,中国老年大学协会会长张文范在巴黎召开的第三年龄大学协会理事会议上当选为副主席,成为国际第三年龄大学协会主要领导成员之一;2002年,国际第三年龄大学协会在武汉召开国际研讨会;2004年,刘平生副会长率团在台北出席东亚地区老年教育研讨会;2015年6月,袁新立副会长、广东潮州市老年大学校长陈先哲等出席在西班牙召开的国际研讨会。

二、加强了与国际第三年龄大学间的交流与合作

党的十八届三中全会提出要"提高文化开放水平""扩大对外文化交流"。老年大学的国际交流,无疑是重要的文化交流。为推进老年教育事业的发展,坚持教育面向世界,许多老年大学开展了广泛的国际交流。

1. 走出国门

1998年,"金陵十姐妹"(由金陵老年大学山水画研究班中挑选出的十名女学员组成)出访韩国,与韩国女画家联袂举办了"韩—中美术作品展览会",获得圆满成功;2003年赴法国巴黎举办为期两周的"金陵十姐妹画展",法国画家和市民朋友连连称赞中国画的神奇美妙,各大报纸都盛赞画展为"中国文化年"增光添彩。2012—2013年,广东老干部大学金枫合唱团多次赴俄罗斯、奥地利等地参加国际性合唱大赛,曾登上维也纳金色大厅演唱,载誉而归。武汉市常青花园老年大学是一所社区老年大学,2008年,由该校歌舞班学员

组成的"常青花园艺术团",由国家相关部门选派,先后赴马来西亚、匈牙利演出,向世界展示了中国老年人的风采。广东、福建等地的老年大学多次组团赴韩国、日本、新加坡、马来西亚、泰国等国家以及港澳台等地区,进行艺术和文化等方面的交流,有的已建立了长期合作互访的关系。

2. 邀请来访

据不完全统计,近几年来,各地老年大学先后接待了几十个国家和地区上百个参观、考察、学习团队。2015年5月,德国德累斯顿市民大学一行17人到西安老年大学参观交流。德国友人参观了太极拳、中医按摩、二胡等专业班的课堂教学,并与老年学员互动交流,加深了彼此的友谊和了解。新加坡知名的老年人"快乐学堂",多次组织师生游学团,到我国山东、陕西、山西等地多所老年大学游学。在2—4天的时间内,与当地老年大学的师生一起上课、一起活动,游览当地名胜,体验特色课程,加深了两地老年大学的友谊。广东省妇联办的康怡老年大学,多次接待来自瓦努阿图共和国、印度、刚果共和国涉老机构和老年大学的代表团,专题探讨了妇女权益、老年教育、老年文化等问题。有的老年大学专门聘请了外教,还有的老年大学接纳了一批仰慕中国文化、不远万里来中国求学的老年人。

来华参观学习的团队络绎不绝,参观后各国老年人感慨万千,高高地竖起大拇指。南京青奥会期间,不少国家的运动员、教练员参观金陵老年大学,与老年学员交流。在听了71岁的退休干部顾杭讲解的中国画的意境、中国毛笔的神奇之后,毛里求斯的青年大使亨利告诉记者:"在这些古老的艺术中,我看到了一个伟大的民族。"当金陵老年大学学员周斌,把一把工笔折扇赠予突尼斯赛艇队教练萨哈比时,萨哈比兴奋地说:"中国文化太棒了,我还要带我的妻子和女儿来看看。"2015年5月,日本和歌山县副知事下宏一行四人到山东老年大学进行友好访问。在大观园校区,他们旁听了古筝、京剧、音乐等班级课程。当走进书画班,接过师生赠送的原创的书画作品,下宏一行如获至宝。在颐心苑校区,艺术团为来宾表演了精彩的文艺节目,极具中华民族特色的民乐合奏、太极功夫扇、面塑、剪纸等,令日本友人大开眼界。下宏由衷感叹:"中国的老年大学学员简直就像明星。"他还深有感触地说:"中国老年人高昂的精神面貌以及如此高规格的学校建设规模,令我佩服、惊讶!"他认为,此次山东老年大学之行令他受益匪浅,中国老年人健康、活泼的精神状态,对促进科学养老有着积极作用。国际第三年龄大学协会主席弗朗索瓦·维拉斯教授在听了中国潮州老年大学校长的精彩演讲后说:"中国的老年教育、老年大学的成绩有目共睹。在这里,我要感谢中国对老年教育的重视,感谢中国老年大学协会为国际老年大学协会其他成员带来的宝贵经验。"在参观了山东烟台老年大学、烟台牟平区老年大学和山东南山老年大学后,三所老年大学先进的办学设施、规范的教学管理、一流的教职工队伍以及共享社会资源的办学经验,赢得了维拉斯的高度评价。他说:"要把山东的老年大学办学情况介绍给各国同行,将蓬勃发展的中国老年教育盛景呈现在世界老龄工作者面前,共同促进国际老年教育事业迅速发展。"

三、中国特色老年大学获得国际社会的广泛认同

我国目前的老年教育,办学体制多元化,体现了政府主导、社会参与、全民关怀的特色。学校独立设置,面向社会,自主办学。这种办学模式与国外相比,突现了以下几个特点,给国际友人留下了深刻的印象。

1. 政府对老年大学的支持力度全世界最强

中国的老年大学教育是政府为人民提供的基本公共服务之一,

是一项民生工程。目前公办老年大学经费较为充足,民办学校也有政府支持、社会各方的资助,除此之外,企业办的学校实力也很强。

2. 办学规模全世界最大

许多老年大学都达到了"双万",即校舍面积超1万平方米,学员人数超1万人。国外许多老年大学办在高校内,附属所在高校,规模较小,少的只有几十人。

3. 办学条件全世界最好

由于国家的大力支持,中国老年大学办学实力普遍较强,很多学校都有一流的校舍、一流的设施,并逐步向教育现代化迈进。

4. 课程设置全世界最优

我们的专业课程的设置本着与时俱进的精神,最大限度地满足老年人学习的需求。而国外的老年大学,所开专业大都是以所在高校的专业为主,往往满足不了老年人的需求。而且我国许多老年大学为争创品牌专业,有力地传承了优秀传统文化,弘扬了先进文化,打造了中医保健、书画、太极拳等世界品牌课程。

5. 快乐学习

中国老年人上老年大学无功利性,真正感受到上学是一件快乐的事,无压力、无忧愁。入学自愿、专业自选、退学自由。而国外老人上老年大学还是有一定压力的,因为国外的老年大学都属于学历教育,要考试、要毕业,必然有压力。

中国老年大学的这几个特点,决定了中国老年大学在国际上的地位。中国老年大学吸引了许多国外老年朋友,令他们羡慕和向往,并赢得了许多国际友人、老年教育专家的认同和赞赏。哥伦比亚拉丁美洲联合大学副主席G. R.教授说:"我们对中国印象深刻,中国拥有6万所老年大学和800万老年学生。"国际第三年龄大学协会主席维拉斯教授说:"老年大学在中国的发展也使我们惊叹,这可成为全球学习的榜样。"

三十多年来,中国的老年大学取得了令世界瞩目的办学成果,步入了良性发展的快车道。它为腾飞发展而又日趋老龄化的中国社会注入新的凝聚力,增添了巨大的正能量。我国的老年大学教育,在国际上虽然起步较晚,但由于党和政府的重视,发展较快,后来居上,令国际友人刮目相看。国际友人和老年教育专家们普遍认为:中国的老年大学是世界上最好的老年大学,在中国老年大学里学习的老年人是世界上最幸福的老年人。

第五章　中国老年大学的办学特色和基本经验

为了积极应对汹涌而至的"银发"浪潮，老年大学需要突破瓶颈，进一步发展壮大，不但要对自身的发展历程做回顾，还必须对三十多年来的工作进行科学的认识和客观的评价，对自身办学特色和基本经验进行认真梳理和全面总结。我们既要与国际老年大学相比较，总结我国老年大学的办学特色和基本经验，发现自身的不足，思考改进的措施；又要与国内的普通国民教育、一般成人教育相比较，相互取长补短；还要将我国各级各类老年大学（学校）之间进行比较，大家虽然同属老年学校教育，但由于校情不同，彼此间也存在明显差异，都有各自的办学特色和经验。通过梳理总结，发扬优点、克服缺点，学人之长、补己不足，中国老年大学在党和政府的正确领导下健康快速地向前发展，满足全国广大老年人日益增长和变化着的精神文化需求。

第一节　比较中外老年大学，突显中国办学特色

由于国情不同，各国老年大学的发展主体、发展环境、办学模式、政治思想、管理体制、教育目标、教学内容、教学理念、课程设置等方面也不尽相同。本节主要通过比较中外老年大学的兴起情况与办学模式，发现作为我国老年教育中最重要、最基本的老年学校教育，中国老年大学虽然起步稍迟，但更适合于中国国情，具备东方文化传统与现代文明相结合的中国特色。

一、社会背景角度

综观全球老年大学的兴起,主要受各国经济、社会、政治和文化的发展以及人口老龄化的趋势、终身教育思想的扩展和普及、国际组织尤其是联合国教科文组织倡导的影响。

1. 人口老龄化程度

按照国际标准,当一个国家或地区60岁以上的人口占总人口的10%或65岁以上人口占总人口的7%时,就标志着该国或该地区已经进入老龄社会。1987年,全世界已有48个国家和地区成为老年型国家和老年型地区。截至2001年,全世界已有67个国家和地区进入老龄型行列。甚至一些洲由于老年人口比例达到老龄化标准而成为老龄型洲,欧洲、北美洲、大洋洲和拉丁美洲的加勒比海地区就是如此。2001年,我国65岁及以上老年人口占比达到7.1%,按照联合国标准正式进入到老龄化社会。

2. 经济和社会发展

从国际上发达国家的经济发展和人口结构变化来看,大部分国家都是在物质财富积累到一定程度后,才开始进入人口老龄化阶段,相应的,这些国家有足够的财力来解决老年人的养老问题。而21世纪初我国进入老龄化社会时,物质财富积累则相对不足。2001年,我国人均GDP仅为1 041.6美元,不及德国、英国和加拿大的1/20,仅为美国和日本的3%左右,与发达国家存在较大差距。2012年,我国人均GDP虽然大幅增长至6 188.2美元,但与美国、日本、德国、英国等多数发达国家仍然存在较大差距,经济发展压力依然较大。可见,发达国家是"未老先富"进入老龄化社会,而我国则是"未富先老"进入老龄化社会。

3. 人口老龄化对策

世界老龄人口快速增长,人口老龄化程度日益严重,给社会许多方面造成压力,形成了社会老龄问题。在解决老龄问题的对策方面,西方发达国家较为重视人道主义方面。据西方学者研究,老年人的特殊需求集中在三个方面:物质需求、医疗需求和精神需求。西方学者将其概括为三"M",即"Money"(钱),物质需求;"Medical",医疗需求;"Mental",精神需求,包括精神慰藉、心理满足等。三"M"体现了老年人不同层次的需求:钱和医疗保障方面的需求属于物质需求,又称生存需求,也叫初级需求;而精神需求,又称发展需求,也叫高级需求。因为西方国家老年人拥有得以维持较高生活水平的经济保障,生存问题基本上得到了解决,而精神慰藉、心理满足等需求便日益强烈。按照人本主义心理学家马斯洛的理论,需求层次是按照先初级再高级、先生存再发展的顺序。西方发达国家的老年人在生存权利基本得到保障的情况下,对较高层次的精神需求就表现得十分突出。1971年,在白宫老龄问题会议上,主席霍华德·Y.麦柯拉斯基(Howard Y. Mcclusky)宣称,"对于所有年龄组的所有人来说,教育是一项基本权利。它是持续进行的,而且今后将成为老年人获得丰富和富有意义的生活的途径之一,是帮助他们发挥其潜力,使之成为改善社会的源泉的一种手段。"人们相信,通过老年教育,老年人的许多需求可以得到满足。因此在这样的背景下,1973年,在最早进入老年型国家的法国,诞生了世界上第一所第三年龄大学。

改革开放以来,我国经济健康、快速发展,社会稳定,老年人物质生活得到改善,精神文化需求日益增长;干部制度进行了改革,人口老龄化超前到来;终身教育理论得到广泛认可与政府的支持。在这样的背景下,我国于1983年创办了第一所老年大学。之后,以点带面,从上到下,从城市向农村,形成雨后春笋、千舟竞发的局面。与世界第一所第三年龄大学比较,两者相距仅10年;但与世界各国老年大学比较,中国老年大学发展快,规模大。据统计,目前全国共有老年大学、老年学校等老年教育机构近6.11万所,涉及的学员有810万人,而且现在一些老年大学还借助于远程教育向社区、农村延伸,加上远程教育、社会教育等各种形式参与终身学习的学员,共有1 000多万人,这一切仅用了三十多年。学校数量、学员数量乃全球之冠,被誉为"国际文明史上的伟大创举"。可见,"未富先办""雨后春笋""数量最多"是我国办学特色,也是发展中国家创办老年教育的典范。

二、办学模式角度

老年大学最先形成于西方发达国家,近些年,国际上老年教育的发展也更为迅速。由于各国国情有别,老年大学形成了不同的办学模式。世界上老年教育主要有以下三种相对稳定的办学模式。

1. 自治自助模式

这种模式的老年教育特征主要表现为老年大学由老年人自发组织成立,所有有专长的老年人都可以执教,这个班的教师很可能是另一个班的学员。采用这种方式的国家有英国和澳大利亚等。英国的老年教育起步早,发展较为完善,老年教育提供者颇多,包括高等教育机构、地方教育系统、开放大学、第三年龄大学等。其中第三年龄大学是专门提供老年教育的组织,在英国最具盛名。英国的第三年龄大学是由老年人自发成立、自行组织、自助分享的志愿者团体,是一种第三年龄者为同龄者提供教育服务的模式。1982年,该团体首创于剑桥,经费自给自足,不依赖政府,学员只需缴纳极少的会员费就可参加学校组织的各类活动,其房屋租金、设施设备及主要活动经费都来自慈善彩票事业的捐赠。行政和研习小组活动均完全由无薪的义工负责。澳大利亚作为英联邦的一个成员国,他们的老年教育也深受英国的影响,突显了老年人自治、自助的组织管理特点。

2. 社区管理模式

这种模式的老年教育是将各个老年大学连成网络，依托社区，由学员进行自我管理。主要的代表性国家有美国和加拿大。在美国，支持和举办老年教育的机构有很多，包括大学和社区学院、老年中心、老年寄宿所、退休学习学院等。各种各样依托于社区的非营利性教育机构在美国老年教育体系中扮演主要角色，其中具有代表意义的有以下几种。

（1）老年寄宿所。这是社会学家诺顿和时任新罕布什尔大学宿务总监的毕安可借鉴青年旅舍模式创办的。它受到当地大学的支持，成为独立的非营利性组织，于波士顿成立总部，协调全国的老年寄宿所。现在，它已成为美国最具盛名和规模最大的老年教育机构。老年寄宿所的学员无须特别资格，只要年满55岁，身心健康即可。活动通常于暑假举行，活动时间为一周至三周，让老年人在大学宿舍寄宿，体验大学的日常生活。课程的内容以人文学科学习为主。

（2）退休学习学院。该机构是在社会研究院校的赞助下，由一群退休教师于1962年在纽约市创办。全美大约有240个大学院校支持此种自我管理的老年教育形式，通常是由大学提供空间及行政的辅助，会员自主决定课程内容、学费和其他章程以及细节方面的事宜。课程一般为期6—15周，课程内容包括艺术、人文学科、跨学科研究、乡土历史、社区及跨文化问题、外国事务及热点问题等多个领域，不同的课程会采用不同理论和教学方法。

（3）老年人服务与信息系统。该系统由曼思于1982年在圣路易斯建立，由五月连锁百货公司主办，分布在全美26个城市约30家购物中心和连锁店。它以"丰富老年人生活"为宗旨，为希望继续活跃于社区并为社区作贡献的老年人提供富有挑战性的艺术、人文学科，健康、技术等领域的计划和志愿者服务，并为他们个体的继续发展创造机会。其他诸如老年人网络、老年医学高等教育协会、西部退休组织中学习协会等机构也在美国老年教育发展中扮演着重要的角色。

3. 政府投资模式

这种模式表现为老年教育机构中大部分由国家投资开办,老年学校的各项开支列入政府财政预算。1973年,法国图卢兹大学创办的世界首所老年大学,由大学教师组织与授课,并由政府提供教育经费。学校根据老年学员的特殊需要和困难,采取一些特殊措施进行教学活动。学员多数是非全日制学习,年龄在55—90岁之间,平均年龄为65岁。其课程内容十分丰富,包括:体育锻炼,以延缓生理老化;卫生保健,以预防老年病;研究文学、历史、政治、法律、时事,以提高对国家与时代的认识和责任感。有的学校还设有社会学、老年学课程,增强理论研究。所以法国的老年教育比较正规。

1970年,日本政府开始介入老年教育。教育行政部门和社会福利部门共同负责管理老年教育活动。日本实施老年教育的途径有许多种,较为著名的有高龄者教室、长寿学园或老人大学等。高龄者教室是为提高老年人的社会适应能力,提供其学习机会而开设的讲座。招收对象为60岁以上的高龄者,学习时间一年最多20小时,学习地点通常在公民馆、老人福利中心、公共礼堂等。其学习内容包括理解社会变化、理解年轻一代、维持健康、培养兴趣、参加社会服务活动等。文部省推动的长寿学园或老人大学也是一种重要的老年教育形态,其目的是培育地区高龄活动的领导者。学员修满20学分发修业证书,认定其具有地区终身学习领导者资格,并录入"人力银行"。

瑞典的老年人口比重在世界上占第一位,号称"老人王国"。瑞典的老年教育与正规教育融为一体,所有的大学都对老年人开放。老年大学生在高校中占有相当高的比例。据统计,在瑞典大学生中

55岁以上的中老年人占20%左右，65岁以上的老年人占10%以上。瑞典的广播和电视都设有老年教育节目，图书馆为老年人送书上门，从多方面为老年人服务。

西班牙的老年教育同法国相似，都得益于正规大学和学院教育。老年大学的教师一般都是大学的教师，老年学员通过入学考试还可获得助学金。学员完成规定的若干必修课程和选修课程，成绩令教师满意者，都可领到大学毕业证书。

中国老年学校教育办学模式也属于政府投资型。因为我国老年大学的主要办学模式脱胎于计划经济体制，大多数是由中央部委、省、地(市)、县党委政府和部门、大型企事业单位以及部队、省军区以上级别的单位建立的，其办学体制是政府主导，充分体现了办学体制的多元化特色，一般都有可靠的经费来源。学校有健全的领导班子和专、兼职办学人员；有相对稳定和具备较高水平的教师队伍；有必要的硬件设施，如适合教学和办公的用房；有相应的行政管理和教学业务管理制度；根据各校实际情况编制教学大纲、制订教学计划；本着适应社会需要和满足老年学校需求相结合的原则开设多门类的课程；根据不同水平学员的要求分设不同层次的教学班；根据学科的教学规律安排长短结合的学制；办学有一定基础的学校除课堂教学外，还相应地组织各类社团和各种课外活动，并鼓励学员参与社会实践。

中国老年学校教育一般分为老年大学和老年学校。学校独立设置，在国家法律规定下，根据老年教育的性质、宗旨，从自己的办学条件出发，面向社会，自主办学，属于非学历教育。除在人口集中的城市开办具有一定规模的老年大学外，为适应不同层次老年人的需要，方便老年人就近参加学习，还在城市街道、社区和乡镇、农村建立老年学校。社区老年学校教育总体水平处在"初级阶段"，每周上一两次课，必要的开支列入社区财政预算。农村老年学校以乡镇办学为主，村设分校或教学班，学员免费入学；学校机构一般是乡镇领导牵头，成立校务委员会，请乡镇有关部门参加办学。

中国老年学校教育的办学模式具有"党政主导、部门主办、社会参与、自主办学"的特色，是以贯彻以人为本的科学发展观，面向全社会老年人实施教育的过程。相较于其他国家的老年大学而言，既符合中国国情，办学又比较正规。而国外老年教育虽然办学主体也是多元化的，有政府投资办、自主自治办、民间力量办、高等院校办等，但多数国家是"中间大、两头小"，即自主自治办学、民间力量办学居多，政府办、高等院校办较少。另外，国外老年教育虽然也相对独立，但由于多为民间办学，没有形成从中央一直到村（社区）的网络体系，多数是自定内容、自成体系，办学规模相对较小，提供的载体和共享的社会资源相对较少，影响面相对较窄。

三、行政管理角度

从我国老年大学创建至今，总体看，各地区还没有建立起对老年学校系统、全面而规范的行政管理体系，所以，这里主要就老年大学目前教育行政管理的重要方面——管理体制做简要叙述，它也是规范老年教育行政管理的首要内容。相比国外老年大学，我国老年大学管理体制及其运作有以下特色。

1. 党政领导管理体制多元化

我国老年大学的管理体制大致有三类：一是由各级党委老干部局依托老年活动中心为阵地建校或建设有独立校舍的老年大学，行政上归属于老干部局领导；二是由大型企事业单位依托工会或"职工之家"为阵地创办的老年大学，由单位内部的人事部门或者工会组织负责管理；三是由部分政府部门直接支持老同志依托公益设施（如福利院）和社区活动场所为阵地创办的老年大学，由老同志自己管理，但名义上挂靠当地政府或老龄委。其中以第一种管理体制为主。实践表明,由于管理体制不同,决定了管理方式的不同,亦出现了在实际运作中侧重普惠、教育、休闲等不同特点。

2. 学校领导管理体制多样化

目前中国的老年大学一般有校委会领导下的校长负责制、校董事会领导下的校长负责制、上级主管部门领导下的校长负责制、校党委领导下的校长负责制、校长负责制、"两块牌子,一套班子"的领导体制等六种领导模式。这些模式是各有千秋,各有利弊。不少学校校长一般由上级政府或者主管部门任命。有长期从事领导工作,在本地区有一定威望,热心老年教育事业,既可言上达下,又能重教务实,具有丰富的工作经验和很强的领导能力的老同志;有熟悉离退休干部队伍的基本状况和需求,具有很强的领导能力和社会活动能力,热爱老龄事业的同志;有具有教育专业优势,对教育比较熟悉,懂得教育规律,又热爱老年教育事业的长期从事教育行政工作的同志。

3. 学校人力资源管理特色化

与国外老年大学不太一样的是,中国的老年大学独立设置,所以学校人力资源的管理,主要是对学员、教师、职工三部分资源进行管理,其管理的特征具有相对独立性和符合国情的特色化。

(1)学员是学校的主体。2010年出版的由中国老年大学协会编写的《中国城市老年教育研究》一书的调查数据显示,老年大学平均每校学员在3 000人(次)以上;老年大学毕业(结业)学员已达78万人(次)以上,说明老年人学习积极性很高。建立学员群众组织,发挥老同志自己管理自己的优势;建立各种规章制度,实行"硬规定""软管理";建立激励机制,充分调动学员的积极性。

(2)教师是办学的中坚力量。一般来说,老年大学在编教师极少。2010年中国老年大学协会调查数据显示:中国城市老年大学的外聘教师大体占教师总数的94.8%。学校都把教师管理作为人力资源管理的重点;明确学校以教学为中心,大力提倡尊师重教,使教师有高度的责任感和荣誉感;强调教师在教学全过程中都要贯穿教书育人、教学相长、学用结合和互动式的教学思想和方法,使教师明确提高教学质量的方向;选聘德才兼备、身体健康、热爱老年教育事业、有奉献精神的教师(男性在70周岁以下,女性在65周岁以下),按任课学制时间聘或者一年一聘;教学过程中对其进行检查督促。与国外老年大学的教师相比,我国老年大学志愿者极少,基本是以大专院校、科研院所、文艺团体的在职专家、教授、能工巧匠、社会名流为主的教师队伍。

(3) 职工是办学的骨干。中国老年大学的职工,一般是一专多能、一职多兼,在编的少,聘用的多,尤其是具有教育经历的返聘者多。为适应老年大学学员多、课程变化多的特点,学校重视对职工的培养,职工也注意自身的学习进修,不断提高素质,以胜任本职工作。建立职工工作监督考核机制,奖优罚劣。学校关心职工生活,注意不断提高福利待遇,调动学校职工的工作积极性。

四、文化传承角度

中国老年教育之所以发展得这样快、这样多、这样好,除了改革开放是中国特色老年教育的强大动力之外,还与弘扬优良文化传统与学员内在需求有着密切关系。所以,"继承和发扬中华民族优秀文化传统"是我国老年大学的办学特色。

1. 继承和发扬"活到老,学到老"的优良传统

与发达国家的第三年龄教育产生的历史条件不同,中国的老年教育产生在老龄化社会到来之前。其历史原因,就是继承和发扬了中国传统文化中的"老而好学"的传统。《礼记·王制》中写道:"有虞氏养国老于上庠,养庶老于下庠。""庠"就是学校。汉代刘向的《说苑》记载春秋晋平公时代师旷之论:"少而好学,如日出之阳;壮

而好学,如日中之光;老而好学,如秉烛之明。"北宋的颜之推也很注意勉励后人晚年勤学,他在《颜氏家训·勉学》中便引用了师旷的这一比喻:"世人婚冠未学,便称迟暮,因循面墙,亦为愚耳。幼而学者,如日出之光;老而学者,如秉烛夜行,犹贤乎瞑目而无见者也。"老人读书学习则"秉烛夜行",不学就"瞑目而无见",可见,老而好学的意义是十分明显的。中国自古以来就有终身教育的思想和"活到老,学到老"的优良传统。这既是中国老年教育出现在社会老龄化前的基本条件,又是老年大学发展壮大的不竭动力。

2. 继承和发扬"尊老敬老"的优良传统

我国有尊老爱幼的优良传统,这一点也是跟某些西方国家不同的。在某些西方国家有所谓"儿童的天堂,青年的战场,老年的坟场"的说法。我国传统思想认为,老年人是文化、风俗习惯乃至生产经验的载体,老年人为家庭、家族作出过不可磨灭的贡献,尊老爱幼是社会赖以维持稳定和发展的必要条件。现在的老同志曾为新中国的建立和社会主义事业的建设,立下不可磨灭的功勋,应得到全社会的尊敬。现在的尊老敬老思想,一方面继承了某些优良的传统,同时又与现代文明相结合,有新的时代内涵。所以,老年大学一诞生即受到全社会的广泛关注,迅速发展壮大。

3. 继承和发扬中华民族优秀传统文化

十七大指出:"当今时代,文化越来越成为民族凝聚力、创造力的源泉,越来越成为综合国力竞争的重要因素,丰富精神文化生活越来越成为我国人民的热切愿望。"中国老年大学(学校)正是一个这样的基地。实践证明,优秀传统文化课开启老年智慧,是快乐之道,健康之道,也是安邦之道。它深受老年学员的欢迎,凝聚和激发了老年人的创造活力。

城乡老年大学(学校)的课程有数百种之多,这些课程传递的是社会主义核心价值体系中极富实践性和民族特色的内容,不仅设置得最普遍,而且长盛不衰。我们可以毫无愧色地说,老年教育正在朝着十七大提出的"切实把社会主义核心价值体系融入国民教育和精神文明建设的过程,转化为人民的自觉追求"的目标不断迈进。

五、发展道路角度

中国老年大学协会会长张文范在纪念中国老年教育创办25周年的全国第八次老年教育理论研讨会上做了《论中国老年教育的发展之路》的报告,对中国特色老年教育发展做了概括。从我国老年教育的实践过程和基本经验来看,与国外老年大学不同的具有中国特色的老年大学发展道路可以从以下几个方面突显出来。

1. *党政主导、社会参与的顺势协作之路*

中国老年大学的发展之路是既由党和政府主导办学,又发挥社会力量积极响应和参与办学的"顺势协作"之路。这里的顺势,是说老年教育是应我国改革开放之运而生的。这里又提出"协作",是说要发挥主观能动性,组织社会力量,积极而稳妥地推动老年教育事业的发展。"顺势"是对道家"道法自然"思想的继承和发扬,"协作"是对儒家积极入世、精进力行的思想的继承和发扬,二者结合,才能把老年教育事业办好。这里所说的"协作",也是指我国的老年教育既要有起决定作用的党政主导,又要有广泛的社会参与,调动一切积极因素,发挥社会主义制度集中力量办大事的优越性。

2. *统筹城乡、兼顾各方的科学发展之路*

中国老年大学的发展之路是既坚持"办人民满意的老年教育",又承诺"为每个老年人的人生价值实现服务"的科学发展之路。党中央在回答"我们需要什么样的发展、怎样实现这种发展"这一重大问题时,提出了科学发展观。我国的老年教育也正是在坚持科学发展的轨道上前行。三十多年来,我国的老年教育从以老干部为主要对象逐步扩大到以广大老年人为对象;从大城市向中小城市,再向农村波浪式扩大发展；从社会上层逐步扩大到社会各层，让普通劳动者在养老期间有受教育的机会。所以说，统筹城乡、兼顾各方不是我们的主观设想，而是已成之势。这条路已经开始走，将来还要更加坚定和健康地走下去。

3. 自主创新之路

中国老年大学的发展既是国家老龄事业的重要工作，又是党的老干部工作的重要组成部分，还正逐步纳入到国家终身教育体系。作为朝阳事业的中国老年教育，一切从零开始，摸着石头过河，在探索中及时总结经验，形成了"主体教育""完善教育""自主教育""休闲教育""积极休闲教育""和谐文化教育"等十多个新理念、新方法、新措施。三十多年来，这种创新是适应时代的发展和老年人需求的演变而不断展开的。我国老年大学的课程设置与国外相比较，虽然起步较慢，但是比我国刚起步之时已经扩展和深化了很多，大有赶超国际老年教育之势，令国际友人刮目相看。其原因是我国新时期的老年人的需求具有多样性、层次性、递进性、变化性。按需施教，就必须自主创新。我国老年大学的教材建设，也是从无到有、从少到多，逐渐向建成教材体系的方向发展。中国老年大学的教育教学方法也百花齐放，日新月异。从面授的"第一课堂"，到社团活动的"第二课堂"，到参与社会的"第三课堂"，自主创新之路越走越宽广。

4. 普及、提高老年教育的普惠之路

中国老年大学的发展之路既致力于老年大学办学质量的提高，又注重向全社会普及办学成果。党中央在解释科学发展观时反复强调：改革开放发展的成果，应当惠及全体人民。因此，中国老年教育努力向惠民的方向发展。"惠"就是让老年人受惠，让老年人提高素质、提高生命质量、提升生命价值、美化生命体验、享受幸福生活；"普惠"就是让更多的老年人受惠，就是要普及老年教育。各方面的调查表明，中国老年人群中有入学意愿的大约占20%。中国老年教育今后若干年的普及目标就是让这些有学习愿望的老年人都能够享受法律所赋予的受教育的权利。

第二节 比较国内各类教育,彰显老年教育特色

中国的基础教育、普通高等教育、成人教育以及老年教育虽然有许多共性,但终因各自的办学宗旨、目标任务等不同,各自又有各自的办学特点,这些特点汇聚起来就形成了各自鲜明的办学特色。老年大学作为新兴的老年教育事业,作为终身教育事业的最后阶段,其特色尤为突出。

一、学员主体角度

老年大学教育教学中的主客体关系具有双重性。"学员—教师"同为主体,二者关系是"主体间关系",但也可理解为互为主客体的"主客体关系":在老年学员自主自由学习、教学内容由老年学员需求决定、教师被老年学员选择、教法被老年学员取弃的意义上,老年学员为主体,而教师则成为客体;而在教师适应学员要求的前提下,教师又能转化为主体,引导学员进行学习。所以,主客体关系的双重性是老年大学教育教学的一个特色。

1. 老年学员学习的优势

与中青年相比,老年人在学习上具有相对独特的优势。

(1)老年学员的学习动机不是求职谋生,不是升职加薪,不像普通国民教育和一般成人教育的学习主体那样或多或少都带有"被迫学习"的色彩,因而具有很大的压力。老年学员是"我要学"而不是"要我学",因此,一旦报名入学,其学习的主动性、积极性都很高。

(2)老年学员人生阅历丰富,见多识广,拥有正确的世界观、人生观、价值观和较高的辨别能力、理解能力、学习能力,这是老年大

学学员的一个明显的学习优势。

2. 老年学员学习的劣势

与中青年相比,老年人在学习上存有不可避免的劣势。

(1) 生理变化的影响。年老体弱,病痛缠身,耳聋眼花,注意力难以集中,对信息编码的精细度和深广度均下降,记忆容易被干扰和抑制。同时,老年人肌体的柔韧性、灵活性减低,动作的敏捷性和准确性也就大打折扣。所以老年学员到课率一般不高,想学会一点较难的东西,常常是心有余而力不足。

(2) 离退休综合征的影响。离开工作岗位后社会角色和日常活动环境的变化,必然会带来心理上的变化。因此,一些老年人会产生不良的心理反应,进而造成性情的改变,变得任性、冲动、争强好胜、过分自尊、固执倔强、刻板,有时偏执得不近人情。这些消极心理和情绪容易影响教学,导致人际关系的紧张和不协调,势必给班级管理、教育教学组织与学校管理带来一定的难度。

(3) 文化基础参差不齐。老年大学学员有研究生学历的、有大中专学历的、也有小学学历的,甚至还有文盲、半文盲的,这就给课程设置、教学目标确定、教学质量要求以及教学方法的选择带来不小影响。

3. 老年学员学习的要求

上老年大学为的是实现老有所学,图的是学有所乐、身体健康,追求的是老有所为。所以,老年大学办学首先应符合学员学习的实际需求。

(1) 入学无门槛,来去自由。只要符合学校招生简章条件者皆可以报名入学,并且可以根据自己诸方面的实际情况,中途插班、复读、休学、弃学或者长期学习下去。

(2) 课程、教师可自由选择。学员根据自身需求,可以选择自己感兴趣的课程和教师进行学习。

（3）学习无压力，学期末不考试。老年大学教学应特别注重学员的身体状况，因为没有健康，其他一切优良的教学方式、方法都是徒劳的。所以无压力与不考试的学习使学员在宽松的环境中更容易体验到学习的快乐感。享受学习的快乐是人生的一种乐趣，可以促进学员自身健康长寿。

二、学习目标角度

许多学校通过多年来的实践和调研，发现老年学员有以下学习动机，表现出"学习目标多元化"的特色。

1. 寻求康乐型

老年生活健康、快乐最重要。所以，相当一部分老年学员上老年大学，就是想通过学习寻求让自己健康快乐的新途径。

（1）学员最关心身体健康。因此，一般情况下选学最多的是中医保健、西医保健、心理养身、饮食保健、家庭护理与急救等内容的课程。这些课程为学员提供了丰富的医学、心理、养生知识，这些知识是老年学员最需要的，能很好地指导学员科学、健康的生活。老年人懂得只有身体健康才能延长生命，提高生命的质量。

（2）学员懂得快乐能促进身心健康。所以，一般情况下体育、声乐、戏剧、器乐、朗诵与表演、古文学、诗词格律、书法、国画、家庭养花、泥塑、编织艺术等课程成为他们的首选。这些课程能培养手眼协调能力，能有效地锻炼身体，陶冶情操，促进身心健康。

（3）老年人在满足物质生活需求后，对精神生活的需求日益增长。他们除了选学以上康乐型课程外，更希望通过学校平台，广交朋友，畅谈人生，诉说衷肠，消除寂寞，交流经验，共同提高，结伴旅游，加深友谊，使自己在健康快乐的学习与生活中安度幸福晚年。

2. 求知习艺型

有人把一个受过正常教育的人的人生划分成三个阶段：学习、

准备阶段;工作、贡献阶段;退休、养老阶段。对这第三阶段当然是仁者见仁,智者见智。相当部分的老年人不甘于传统养老方式,而认为退休是人生"第二春",应该珍惜时间去学点什么,去做点什么,于是,进入老年大学求知习艺成为他们一个不错的选择。

(1) 退休后闲暇时间多了,可以做自己想做的事,可以在自己感兴趣的领域遨游,以弥补年轻时留下的遗憾。学习书画、摄影、文艺、花卉、烹调、器乐、手工制作等课程是老年人很好的选择。通过学习提高生活质量,使自己的生活内容更精致多彩。

(2) 有些学员在书画、摄影、文艺、花卉、烹调、器乐、手工制作等方面有一些基础,但是属于"三脚猫"水平,有点"不登大雅之堂"。所以,有些人希望通过老年大学的学习,使自己的这些特长得以巩固和提高。

(3) 有些学员在书画、摄影、文艺、花卉、烹调、器乐、手工制作等方面有相当基础,但由于是自学成才,难免有"不经厨子手,总有酱腥味"的缺憾,所以,抱有学习后可以实现"更上一层楼"的愿望。经过名师指点后终于"脱胎换骨",实现"鲤鱼跳龙门"的目标,学成后被老年大学或者其他学校聘为教师,或成为能工巧匠、社会名人。

3. 追求完美型

人生能够十全十美者几乎不存在,影响因素太多,其中许多是不以人的意志为转移的。但是,谋事在人,如果能抓住机遇,奋发努力,完全可以完善人生、完美人生。所以,不少老年人自从进入老年大学后就像海绵吸水般孜孜不倦地学习。特别是一些低龄、身体健康、有追求的老年学员,为了使自己在老年大学学习更多的知识,一学期能报十几门课程。对于一般的地市级老年大学而言,每天上午、下午共两次课,这些学员整天都在上课学习。实践证明,这些学员数年后,基本都成为"一专多能"型人才,不少人成了老年大学教师或者社会上的相关专业的后起之秀。

不少老年学员不仅依据自身兴趣选课,更注意知识的系统性。例如,某学员用七年的时间,系统地学习了历史、地理、政治、中外文学史、文学原理、现代汉语、古代汉语、普通话、汉语拼音、汉语语法修辞、唐宋诗词鉴赏、格律诗词写作、写作基础等文史系课程,达到相当水平。当他用这些结业证书换取学校颁发的文史专业毕业证书时,还流下了激动的眼泪。

许多老年人对参加老年大学学习还有更高的期冀。他们希望通过学习可以了解自我,认识自然,融入社会,与他人和谐共处。他们不满足在课堂、校园中求学、求乐,内心有走出校园、参与社会实践活动的强烈愿望,想在社会实践活动中服务社会、展示自我、实现人生价值。

三、教育内涵角度

从教育主体对象的特点和需求看,老年教育的内涵主要包括:落实老年人享有的教育权利和国家关于"终身教育"的目标;满足老年人日益增长的精神文化需求,实现老年人自我完善、自我提升、自我超越的愿望;不断提高老年人整体素质,以适应社会发展、时代进步。因此,"普惠性、对等性、完善性"是老年大学的重要特色。

1. 教育对象的普惠性

1996年10月1日公布实施的《中华人民共和国老年人权益保障法》中明确规定"老年人享有继续受教育的权利",老年人受教育作为公民的权利受到了国家法律保护;同时规定"国家发展老年教育,鼓励社会办好各类老年学校""各级人民政府应当加强领导,统一规划"。这就表明发展老年教育事业的主体是国家,是国家意志的体现。所以,我国老年教育是一种普惠性的教育。

(1)全纳教育。这是1994年6月10日在西班牙萨拉曼卡召开的世界特殊需要教育大会上通过的一项宣言中提出的一种新的教育理念和教育过程。它容纳所有学生,反对歧视排斥,促进积极参与,注重集体合作,满足不同需求,是一种没有排斥、没有歧视、没有分类的教育。随着老年大学不断发展,我国的老年学校教育,正逐步从只招收离休干部发展到面向社会所有老年人,就是体现了全纳教育的教育理念。现在,在我国凡是老年人,不论其性别、民族或种族、生活状态、文化程度、社会地位和经济条件,只要身体条件允许,自己有入学意愿,都可以分散或就近到老年大学(学校)继续学习和接受教育。

(2)学费低廉。城市的老年大学学费为一门课程平均60元左右,这是退休老年人基本都能承受得起的;而农村的老年学校是全部免费的。对于特殊困难家庭的老人,不少学校根据其实际情况,还给予学费减免或者适当补助。老年大学本身属于非盈利单位,因此,学校坚持以人为本、为老服务的方针,把满足全体老年人精神文化需求作为工作的出发点和落脚点,坚持公益性、普惠性的原则,把学校努力办成人民满意的学校。

2. 教育主客体的对等性

与其他学校教育相比,老年学校教育实质上是一种对等性教育。所以,对等关系在老年大学教学以及管理中较为明显,它为自主管理、自主学习、自我提升、教学相长创造了良好条件。

(1)老年学员一般是教育的对象、客体,更是学习的主体。在实施教学的过程中,因课堂教学实际情况不同,学员和教师之间的主客体之间的关系也会发生变化,经常处于一种动态平衡状态,这为维系教学和谐氛围奠定了基础。

(2)一般来说,老年学员的年龄较大、资历较深,可能是老年大学授课教师的长辈或领导,甚至是幼时的师长。因此,他们在很多方面往往比授课者更有阅历、更富知识和经验,授课者只在代际或时空差上具有某些方面更新、更丰富、更系统的知识和技能。因此,两者是相互学习、良师益友的对等关系。

（3）师生角色不很明显。老年大学校园里经常会出现这种情况：在这个班上课的老师，可能在那个班是学员。在教学过程中，当讲授某些知识或者技能时，学员在这方面可能更有优势，而教师这时还须认真向学员学习。

3. 教育目标的完善性

老年教育的特殊本质之一就是具有完善性，即"完善性素质教育"。当然，它与普通教育中的"素质教育"有区别。"素质教育"是反映教育的一般本质，所有的教育都是改变和提高人的素质教育。但这却未能抓住老年教育的特殊性。问题在于，青少年时期的素质教育跟老年时期的素质教育特点不同。青少年时期是人的素质的生长期、形成期，而老年人的素质已经形成甚至相对固定，对他们进行教育，是要完善其素质结构。一般来说，老年大学的"完善性素质教育"通常包括思想素质教育、道德素质教育与心理素质教育。

四、教学特点角度

老年大学学员的年龄、文化程度、知识结构、社会经历、健康状况等各不相同，参加学习的动机和要求也不尽一致。因此，课程设置必然层次丰富，教学方法灵活，具有"多样性、灵活性、即时性"的教学特色。

1. 教学过程的多样性

老年大学由于生源结构、文化程度、教学设施、教师水平、管理水平等方面的差异性比较明显，所以在办学过程中自然会出现多样性。

（1）课程较多。一是在课程设置上，既有时事政治、道德修养等思想教育方面的课程，又有科学、文化与艺术等文化教育方面的课程，还有合理的养生之道、科学的保健方法、运动健身、心理卫生等保健方面的多种课程。二是在课程教学形式上,这些课程又以动、静、动静组合或室内室外、校内校外、国内国外等多种形式进行教学。

(2)层次较多。一是在教学层次上,同一专业初级班(基础班)、中级班(提高班)、高级班(研究班)并存。二是在教学班规模层次上,根据学科的教学特点、教学场地以及学习的人数,可分为特大班、中班、小班(一般不少于20人)。

(3)方法多样。老年教育是"休闲教育""益智教育""快乐教育",同时也是"积极休闲教育"。所以在教学过程中,教学方法必然讲究多样性。一是讲授教学法(讲述法、讲解法、讲读法、讲演法);二是演示教学法(示范法);三是训练教学法(练习法);四是谈话教学法(问题教学法、谈话提问法);五是讨论教学法;六是探究式教学法;七是欣赏教学法;八是电化教学法(多媒体教学);九是其他教学法(观察教学法、实验教学法、评点教学法、情境教学法和复式教学法等)。方法虽多,但一般都体现三个特点:一是激发兴趣,增强学习主动性。教学材料是老年朋友感兴趣的内容,教学方法的应用上力求通俗幽默、生动有趣。通过生动活泼的教学来弥补老年人记忆力衰退的生理缺陷,通过轻松愉快的课程来调整老年人孤独失落的心态,这样才能增强学员学习的动力,课堂才能留得住人,学员才能学有成效。二是营造快乐氛围,调动学习积极性。加强对老年大学课堂教学中精神享受价值的认识,教学中以让老年人得到精神上的满足与享受为主要目的,注意"授人以渔"。三是学用结合,保持学力持续性。为学员搭建展示学习成果的平台,提供学用结合的机会,让学员利用在老年大学学到的各种知识,在社会、在家庭发挥作用,使其保持旺盛的求知欲。

2. 教学管理的灵活性

教学工作是老年大学工作的重心,教学管理则是学校管理的核心。老年大学管理与其他学校管理的最大区别,就是要讲究教学管理的灵活性。

（1）灵活设置学制和课程。普通教育的专业、学制都比较稳定，至少要一个教学周期才能变更，而老年大学则相对灵活，可以根据不同的学习对象设置不同的专业。一是根据学科内容的难易程度设置学制；二是根据教材内容多少设置学制；三是根据学员的兴趣爱好设置学制；四是根据学员实际情况设置学制。

（2）根据学员实际情况进行教学。老年大学的学员特点是年龄偏大、健康状况一般、接受新事物比较慢。所以，教学中要根据学员特点与实际进行教学。一是要因人而异。比如同样是学习计算机、书法、美术，原来从事室内精细工作的学员掌握得就快些；而学习太极拳、养生保健时，原来从事室外操作工作的学员接受得就容易些。教师要根据实际情况调整授课节奏。二是要简明扼要。教师授课时要侧重于实践，语言通俗易懂，易于操作。三是采用案例教学。如上保健课时，教师可以请一名患有颈椎病的学员上前，当场为他按摩，并讲解穴位选定和按摩手法。这样更易于学员理解和掌握。

（3）灵活安排教学活动。老年大学教学过程不能从家门到校门、从书本到书本地日复一日循环进行，这种沉闷教条的教学过程不受老年人欢迎。所以，许多老年大学根据老年人的身心特点，为贯彻学乐结合、学为结合的原则，结合教学实际需要，适时组织多种有益活动。比如学习美术的班级，定期组织学员外出写生；学习摄影的班级，定期组织外出采风；学习书法与绘画的班级，定期组织作品展览；学习文体的班级，适时安排文艺成果展示。

3. 教育特点的即时性

因为老年教育的特殊性，所以老年大学的教育教学活动中的即时性与其他学校相比尤为突出，其作用也不可小觑。

（1）老年教育是即时性教育。中国传统的学校教育是学习"过去"，为了"未来"，注重传递"昔时"的知识、技能、思想、道德。因为中国老年教育是完善性教育，所以学员的学习注重"即时"更新思想、观念，学习当代最新的知识、技能、科技，以适应当代社会发展和社会生活的需要。这一特性在保健、服装、金融理财、家电维修、电脑、智能手机使用、数码摄影、图片制作、时事政治等课程的教学中表现得尤为突出。

(2) 老年教学中即时性评价作用大。即时性评价是指在老年教育教学活动过程中，评价者（一般指教师、班主任、同学）对于评价对象（老年学员）的具体学习表现所做的即时表扬或批评，它通常与教学活动过程相结合，没有严格意义上的评价方案和评价结论，强调对具体行为的评判。即时性评价是以"质的记述＋价值判断"为主，而非"量的记述＋价值判断"的评价。即时性评价也是一种与教学过程紧密结合的"进行性的评估"，贯穿于学习的全过程，其主要作用在于"给个人提供关于自己学习情况的信息"。当老年学员良好的行为与学习成绩出现之后，及时得到相应的认可，便会产生某种心理满足，形成愉悦的心境，并使同类行为继续向更高层次发展。即时性评价起点低、目标小、评价勤、反馈快的做法，学员最感兴趣，最容易接受，也最能拨动他们孩子般的心弦。当然，即时批评一般不用，即使用也要注意方法。如今，即时性评价已成为老年大学教学活动中教师教育智慧和能力的体现。

五、各地学校角度

中国地域广阔，人口众多，各地经济、文化、风俗等方面存有差异，导致办学发展阶段不同、办学目标和规模不同，因此，各地各级各类型的老年大学发展严重不平衡。其主要表现如下：

1. 地域发展不平衡

这种现象主要表现在各地老年大学（学校）的建立时间、分布状况和发展程度之间的差异性造成的不平衡上。

（1）横向分析。全国范围内人口老龄化发展与老年教育发展具有明显的由东向西的区域梯次特征。东部沿海经济发达地区明显快于西部经济欠发达地区。最早进入人口老龄化行列的上海（1979年）和最晚进入人口老年化行列的宁夏（2012年）之间的时间跨度长达33年。据中国老年大学协会2015年统计，华东地区老年大学36 296所，占全国总数的59.6%；西南地区6 925所，占全国总校数的11.4%；华北地区9 823所，占全国总数的16.1%；中南地区5 349所，占全国总数的8.8%；东北地区2 294所，占全国总校数的3.8%；西北地区425所，占全国总数的0.7%。

（2）纵向分析。各层级老年大学发展不平衡。据中国老年大学协会2015年统计，在全国32个省、市、自治区中，老年大学（老年学校）的学校数有80所；全国395个地级市，老年大学（老年学校）的学校数为492所；全国2 793个县（市）中，老年大学（老年学校）的学校数只有2 379所。

2. 类型发展不平衡

（1）城乡悬殊。据全国老年大学协会2015年统计，全国123 774个乡镇中，老年学校数为9 881所，学校数占乡镇数的比例为8%；全国584 712个行政村（社区）中，老年学校数为45 078所，学校数占行政村总数的比例为7.8%。而在全国的城市中，全国省（市）、地（市）、县（市）有3 219个，共有老年大学2 951所，学校数占比90%左右，大大超过全国乡镇老年学校数占比和全国村级学校数占比。

（2）类别差距。据全国老年大学协会2015年统计，全国国家机关的老年大学有25所，全国大型企业的老年大学（学校）有491所，全国事业单位（高等院校）的老年大学（学校）有365所，全国解放军部队的老年大学有358所。以上各类别老年大学的学校数占比均较低。

老年大学发展严重不平衡，既是我国各地区经济发展不平衡的具体表现，又反映出全国老年人接受老年教育存在着不同程度的条件不平等,显示出各地老年教育存在着程度不同的教育不公平。

3. 总体绩效较低

联合国教科文组织的教育绩效指标体系中有以下指标:教育供给、教育需求、入学率与参与、教育内部效率、教育产出。根据这些指标,全国老年大学总体教育绩效低,各地各校差异大。

(1) 老年大学的入学率很低。以上述指标考量全国老年大学的教育绩效,根据中国老年大学协会的统计数据和中国老年大学协会学术委员会的各专项调研数据,得出以下判断:中国老年大学的入学率与参与度极低。入学率是考量学校教育绩效的极为重要的变量之一。根据2015年全国老年大学协会的统计数据,截至2012年年底,全国老年大学(学校)的在校老年学员为7 643 100人,另外,接受远程教育的老年人有2 282 200人。这两者相加,入学人数约为9 925 300人。以2012年我国老年人总数21 110.6万人计算,老年大学(学校)的入学率仅为3.62%,若加上接受远程老年教育的老年学员,入学率也仅为4.71%。如此低水平的入学率表明,我国广大老年人没有充分享受到《中华人民共和国宪法》赋予每个公民的接受教育的权利。

(2) 老年大学获得的各种教育资源差异较大。全国范围内教育供给最好的是上海市。上海市不仅提供了充足的政策保障,先后出台了一系列关于老年教育发展的地方性法规,而且在经费投入上,上海市不断完善老年教育经费投入保障机制,各级人民政府将老年教育经费列入本级政府教育经费预算。每年上海市教委拨付给上海老年大学1—2亿元经费,其中,每个区的老年大学每年所获得的经费均在1千万元左右,并且在逐年增长,使上海老年教育发展处于全国领先地位。

而同样是直辖市的重庆市,在老年教育的"教育供给"方面情况迥异。总体上来看,重庆市委市政府对于重庆老年教育的教育投入是"给政策、给一定经费",具体情况是:在体制安排上,重庆市老年大学呈现为"六龙戏水"之状，即行政管理职能分别归属于市老干部局、民政局、文化局、教委、企事业单位和社会自办，以市老干部局为主。老干部局主管的重庆市老年大学每年可获得总经费93万元；民政局主管的万州老年大学每年获得总经费20万元；文化局主管的璧山县老年大学每年获得总经费6万元；中石油主管的重庆市老年大学石油分校每年获得经费13.8万元。在法规政策支持上，重庆市委市政府提供了一些法规政策，但不如上海市；在经费投入上有一定的保障，但还没有建立经费投入的体制机制。以上状况决定了上海市老年大学与重庆市老年大学在教育绩效之间的差异。

（3）不同地区老年大学的教育需求差异极大。上海市、南京市等华东地区和中部经济较发达地区的老年大学，往往一座难求，甚至出现一二十年不愿意离校的"恋校生"。根据上海市民政局、上海市老龄工作委员会办公室和上海市统计局发布的"2013年上海市老年人口和老龄事业发展基本信息"中有关老年教育的统计数据显示：全市市级老年大学共计4所，老年学员人数全年共计1.81万人；全市区县、高校老年大学和市级老年大学分校、系统校共计68所，老年学员人数全年共计5.92万人；全市街道、乡镇老年学校共计212所，老年学员人数全年共计18.81万人；全市居、村委会老年教学点共计4 758个，老年学员人数全年共计20.78万人；全市远程老年大学集中收视点共计5 179个，老年学员人数全年共计37.90万人。以上数据折射出上海市老年人对接受老年教育的渴望和需求。而经济不发达地区则呈现为老年大学的"零"状态和"多座待求"状态。我国西部地区和有些贫困地区到目前为止还没有一所老年大学；有些地区老年大学很少，如海南省仅有13所老年大学，在校学员数共计4 235人，青海省老年大学有18所，在校学员数共计4 909人。在物质生活水平不高的地区，老年人精神需求的内容和水平也不一样。

（4）各级各类老年大学的教育效率和产出迥异。教育绩效是科学反映学校办学质量和水平的指标体系。从学校硬件来看,经济发达地区的老年大学硬件很强;而经济落后地区的老年大学硬件简陋。从学校软件来看,经济发达地区老年大学的软件水平呈现为逐步上升趋势,教学管理水平和教学质量正逐步由规范化走向全方位现代化;而经济欠发达地区的老年大学的软件呈现为举步维艰之状,教学管理水平和教学质量还处于"实现规范化"的"努力"状态。

老年教育的产出与国民教育的产出的内涵不同。老年大学的教育产出主要表现在将老年人培养为"现代老人",以及所培养出的老年人才对现代社会的贡献上,即老年人口红利的多少。由于数据的局限,现以金陵老年大学微观个案为例,加以说明。金陵老年大学的书法系和美术系培育出大量老年书画人才,被称为"老年书画家的摇篮"。书画研究院集中了400多位老年书法、绘画的爱好者,其中的100位已成为各级书法家协会和美术家协会的会员。在有202位创作研究员的文史研究院中,中国作家协会会员7人、江苏省作家协会会员18人、南京市作家协会会员26人。初步统计,文史研究院研究员们的创作成果和研究成果在2006—2012年间达到690多万字,有的论文被《新华文摘》转载,有的著作在文化界产生了一定影响。

第三节 不断总结经验教训,努力探索发展规律

中国老年大学事业已经走过三十多年的创业、创新之路,积累了许多宝贵经验。我们有必要认真地总结经验,努力地探索规律,不断创新办学理念,实现老年大学科学的、规范的、可持续的发展。中国老年大学协会的历任领导,通过对各地老年大学(学校)的实地考察调研,分析并总结归纳出中国老年大学发展的一系列基本经验。中国老年大学协会前任会长张文范同志在全国第八次理论研

讨会上从宏微观上提炼、总结了中国老年教育二十五年来的基本经验,概括起来是:坚持以党的基本理论为指导思想,坚持用科学发展观统领老年教育;坚持正确的办学方针、办学原则、办学宗旨;实行党政主导、社会办学、开门办学、联合办学;坚持在改革中创新、在创新中办学;面向社会,面向基层,面向实际;实行"学、乐、为"相结合和"实用、灵活、情感、和谐"的教学内容和教学形式;实行尊严管理、民主管理、科学管理的规范化管理模式;坚持积极的老年教育观;坚持以老年人为本的核心理念;创立形成了具有中国特色社会主义的老年教育体系和制度。中国老年大学协会会长张晓林总结了六条经验:一是矢志不渝地坚持政治建校的方向;二是矢志不渝地恪守以人为本的宗旨;三是矢志不渝地追求让人民满意的目标;四是矢志不渝地弘扬改革创新的精神;五是矢志不渝地践行求真务实的作风;六是矢志不渝地彰显与时俱进的品格。这六个"矢志不渝"与以往的成功经验一脉相通,既有继承,也有新的拓展。这些基本经验虽然表述不尽相同,但是它们都凝结着中国老年大学教育事业发展的集体智慧,融汇着中国老年大学教育事业发展的实践力量。这对我国老年大学的发展壮大、再攀新高峰有着极其重要的现实意义和指导意义。

一、坚持正确的政治方向

我国要办的老年大学应该是具有中国特色的老年大学。它既是老年人学习科学文化知识的场所,也是党和政府团结教育老年人,为实现党的中心任务而奋斗的阵地。我国老年大学的发展之路应该始终坚持这个正确的政治方向。因此,各级各类老年大学的领导班子应坚持把政治建校摆在办学工作的首位,在强本固基、政治建校上下功夫,使学校始终在社会主义的正确轨道上阔步前进。

1. 把加强学员政治思想教育和开展各项活动结合起来

全国老年大学紧跟形势,把党的基本理论的学习同我国老年教育的具体实践密切结合起来,把党和国家的方针政策与地方集体的发展利益结合起来,通过多种形式的政治思想教育,取得了很好的效果。

(1)紧密联系学员思想实际,及时开展多项主题的政治思想教育活动,对师生员工进行时事政治、"两会"精神、党的十八大会议精神、社会主义核心价值观等思想教育,并把参加政治学习的表现作为师生员工评先、评优的重要标准。

(2)一些学校还坚持每月上一次时政大课,适时开办政治讲座,请有关领导、理论专家到校,进行形势通报与热点问题解答、理论辅导等,并把课上学习与参观调研相结合,不断加深学员对中国特色社会主义理论体系、党的路线方针政策的理解,在思想和行动上始终与党中央保持一致。

2. 发挥党组织战斗堡垒作用和党员先锋模范作用

"支部建在连队上"是人民解放军加强基层建设的历史经验和优良传统。根据老年大学的特殊性,不少学校继承与发扬了这一党的优良传统,这对学校各项工作的开展都起到支持与保障作用。

(1)许多学校成立了党支部,把加强对办学工作的组织领导列为党支部的主要职责,定期分析教职员工和学员思想状况,分析办学形势,适时提出加强和改进办学工作的意见。学校开办业余党校,举办党史知识讲座,组织"党在我心中"演讲比赛,评选"感动校园人物"。通过这些教育活动凝心聚力,充分发挥党组织的战斗堡垒作用。

(2)在班级建立党员互助小组,党员学员和群众学员随时进行思想学习互助。推选党员担任班长和学生会主席,充分发挥党员在学习中的骨干作用、办学中的先锋模范作用,积极当好学校管理者的参谋和助手,成为学校各项工作中的排头兵,成为广大学员的知心朋友。全体党员用党员标准严格要求自己,成为学校、班级的各项工作的旗帜、镜子,以实际行动为学校发展、社会和谐增添正能量。

3. 把服务党和政府的中心工作与学校各项工作紧密结合起来

中国的老年大学是社会主义的老年大学,社会主义的老年大学必须为社会主义建设服务,为党和政府献计献策,贡献力量。

(1) 围绕党和政府的中心工作办学。各地老年大学、老年学校紧紧围绕党委、政府的重大决策部署,组织和引导学员、教师通过第二、第三课堂,热情参与和支持社会各项事业发展,在党建工作、精神文化建设、社会平安建设、环境治理、拥军优属、创建卫生文明城市、积极应对社会老龄化、关心下一代、新农村建设、"规范化学校"和"示范校"创建等多项工作中发挥作用。邀请党政主要领导来校举办群众路线教育实践活动讲座,收集学员、员工意见建议,为社会主义建设建言献策,奉献余热。

(2) 切实加强学员的政治思想工作。不少学校注意尽力寻找党的中心工作与学科的内在联系,选准结合点,在学科教学中贯穿和渗透"中心"精神。例如,为落实党中央提出的社会主义荣辱观,各班级组织师生认真学习精神要领,身体力行,利用所学知识,齐做"配合"的文章。书画班紧紧围绕"八荣八耻"创作书画作品;音乐班以"八荣八耻"做歌词,进行谱曲传唱;舞蹈班赶排专题节目,各班带上各自的作品,浩浩荡荡走上街头田边,深入社区学校,进行生动形象的展示宣传,不但配合了党和政府的中心工作,还赢得社会的广泛好评。

二、恪守以人为本的宗旨

老年大学的办学宗旨是在中国社会主义理论和社会主义精神文明建设的方针指导下,在老年教育实践中产生和不断完善的。由于老年教育目标的一致性,各地老年大学对办学宗旨的提法基本相似,但在具体表述上又不尽相同。比较完整和精炼的提法是1996年在福建会议上由张文范会长根据全国情况概括的"增长知识,丰富生活,陶冶情操,促进健康,服务社会"。《国家中长期教育改革和发展规划纲要(2010—2020年)》明确提出要"重视老年教育",强调"坚持以人为本、全面实施素质教育是教育改革发展的战略主题,是贯彻党的教育方针的时代要求"。由此可见,老年大学的办学宗旨的核心思想就是全面提高老年人的素质,达到完善自我,服务社会,创造幸福生活的目标。实现办学宗旨,首先要实现老年大学管理的规范化。老年大学管理的规范化一般分为行政管理的规范化与教学管理的规范化。因为老年大学的中心工作是教学工作,教学工作的质量高低,直接关系到以人为本的办学宗旨贯彻质量的优劣。这里,主要对老年大学教学管理规范化的经验进行简要总结。

1. 把践行办学宗旨与管理规范化结合起来

老年大学规范化管理是以全面贯彻老年教育工作方针、践行办学宗旨、提高教学质量为根本指导思想,宏观上加强调控,微观上加强管理,在制度规范的框架内有序开展工作。许多学校主要从以下几个方面入手。

(1)明确发展方向,规范教学管理。老年大学的规范化管理,以科学规划为导向,围绕实现规划确定的目标,制订长、中、短期的工作计划,包括课程设置、教学大纲、教学内容、学制安排等。在具体规划目标时,强化创新意识,规范课程设置,尤其强调增加课程的实践性、参与性,注重知行统一,加强对学员学习需求的研究,以固定科目和菜单式讲座相结合的形式,试行分班教学,等等。

(2)完善规章制度,做到有章可循。制度就是"规矩"。老年学员的特殊性决定了学校在管理上必须有一套与之相适应的管理制度和管理模式。

(3)重视队伍建设,提高管理水平。既加强教师队伍管理,又充分发挥学员班、组长自管自律的作用,使之成为联系学校、教师、学员之间的纽带和桥梁,搞好学校与班级活动。同时加强对工作人员的教育与管理,提升工作队伍水平,强化全心全意为学员服务的宗旨意识和对学员负责的责任意识,明确岗位职责,分工合作,让他们对学员怀有尊重之情、关爱之心,大力开展人性化服务、亲情化管理,提升队伍素质,树立老年大学的良好形象。

2. 把办学宗旨内容与细化教学管理结合起来

许多学校按照贴近老年人实际,贴近社会需求,贴近时代发展的原则,精心设计专业与课程。在此基础上,进一步抓好各学科教学活动的全程管理,这是一项重要且细致的工作,直接关系到老年学员的满意度。

(1) 认真制订和执行教学计划。教学计划是指导与规范教学活动的依据。学校按照不同学科的特点与学制编制总的教学计划。每学期,在教务处的统一要求和部署下,主要由任课教师、班主任和班长根据学校总计划制订各学科课程教学进度计划,其中包括教学目的要求、教学方法与相应的措施,以此具体安排各学科课程的教学活动,也是学校对学科教学工作督查评估的主要依据。这对规范教学工作具有十分重要的作用。

(2) 认真抓好课堂教学。课堂是教学工作的主要阵地,抓好课堂教学是提高教学质量的关键所在。许多学校充分发挥教师的主导作用,任课教师认真备课,教学目的明确,重点突出,有针对性和指导性;教学方法符合老年学员特点,对不同教学内容采取灵活多样的教学方法,联系实际,讲练结合,重视复习巩固;课堂语言准确、生动、有启发性;板书清楚,有条理;能充分调动学员的学习积极性,确保教得实在,学有所获。

(3) 积极开展课外活动,促进学、乐、为密切结合。在进行常规教学的同时,开展有利于教学的课外活动,如举办书画展、期末学习成果汇报表演,参加社区和机关的文艺演出,办好宣传栏、简报、校刊,组织学员向报刊、电台、网站投稿等。把课堂教学成果向社会实践活动延伸,既能巩固学校里所学的知识,又能在实践中实现他们"老有所为"的愿望,既丰富了学习内容,又能提高大家的学习热情与积极性。

(4)做好教学质量评估考核。老年大学对教学质量的评估考核,不宜采用普通学校考试的办法,可以从不同角度,运用适当方式,依据教学目的要求进行考核。质量标准:一看学员对所学课程的到课率;二看对所学知识和技能的掌握与应用;三看学员作业、作品和实践能力;四看学员身心健康和精神状态的改善。质量检查:进行问卷调查;召开班干部、学员代表评教、评学座谈会;学员写或谈心得体会;举办展览、学习成果汇报演出等;听课和查阅课堂日志。质量分析与服务:通过质量检查,将了解到的情况和问题按质量标准进行分析,通过数据和典型事例,分析倾向性的问题,找出原因,研究解决办法,帮助教师和学员解决教学过程中的实际困难,克服教学过程中的薄弱环节,优化教学设施配置,改善教学环境,提高教学质量。

三、制定明确的办学目标

各地老年大学由于建校时间有先后、规模有大小、层次有高低,所以具体办学情况与办学目标亦不尽相同。

1. 把学校办成有中国特色的老年大学

不少学校以"四个坚持"为主线(即坚持理想信念,注重讲政治;坚持弘扬主旋律,传播正能量;坚持与时俱进,学习科学文化知识;坚持老有所为,热情服务社会),以共圆中国梦为目标,以十八大精神为方针,把"四个全面"战略布局落实到学校工作的全过程,把老年大学办成具有中国特色的老年大学。

(1)把学校建设成构建和谐社会的阵地。十七大指出:"社会和谐发展是发展中国特色社会主义的基本需求。"社会和谐的核心是以人为本,所以,老年教育是构建和谐社会的重要组成部分。它能准确把握构建和谐社会的新要求,坚持以科学的理论武装人,以正确的舆论引导人,以高尚的精神塑造人,以优秀的作品鼓舞人,能够在着力打牢政治思想基础,营造和谐舆论环境,提供强大精神动力,培养文明道德风尚,创造良好文化条件等方面,为构建和谐社会贡献力量。俗话说"家有一老,如有一宝"。老年人不仅在社会中担当着重要角色,在家庭中也起到不可替代的作用,如传承文明、教育子孙等。通过参加老年大学的学习,老年人可以更好地了解当今社会的变迁,掌握更多的新知识、新技能,了解年轻人的生活方式,减少代际冲突,更好地与其家庭成员沟通,也有利于调剂好社会关系。广大老年学员通过学习,提高了素质,增添了活力,思想常新,理想常存,老有所为,余热生辉,用学到的知识和才艺服务家庭、教育晚辈、奉献社会。许多学校经常组织服务社会的活动,如发挥老年大学艺术人才优势,以精彩纷呈的文艺演出,为社区文化活动增光添彩;发挥老年大学书法、绘画优势,传播中华民族优秀文化;发挥老大学的团队优势,积极参与社会公益活动;发挥老年人在社会和家庭中的地位优势,促进家庭和谐和代际和谐。

(2)把学校打造成提高学员素质的平台。有位哲人曾说过:"懂得怎样在老年成熟是睿智的杰作,是生活技巧中最难的章节之一。"可以说,活到老、学到老、接受教育到老、永不言败到老是成熟的标志,是老年人生存的重要章节。永远紧跟时代而不落伍,生活才有乐趣。老年人在老年大学坚持学习、不断接受教育,不但有利于身心健康,而且能够更好地适应社会的发展,更好地融入社会,成为一个有用的"社会人"。不少学校坚持把老年大学办成老年人学习知识、应用知识的基地,努力把学校创建成老年人健康有为的精神家园。

(3) 把学校建成老年人修身养性的场所。老年人是最容易出现精神空虚的社会弱势群体。为此,许多老年大学务实创新,牢记办学宗旨,做到"一切为了学员,为了学员的一切"。在这个大家庭里学员可以自由选学课程,讨论共同感兴趣的话题,在交流中产生共鸣,消除孤独寂寞,产生一种归属感;可以学习文化知识,感受欢乐友情,体悟人生真谛。学校还组织文艺演出、文体比赛等活动,激发了学员的表现欲,老人们仿佛回到了年轻时代。通过上老年大学,学员增强了自信心,生活愈加精彩。学员们在这里学本领、秀才艺,韵味、气质、风度从内而外地透出来,绽开如化的梦,抒发未了的情,大大提升了生命的质量,难怪老人们都把老年大学看成修身养性的最佳场所。

(4) 把学校办成老年人完善人生的学苑。根据学校的自身特点、学员的学习诉求以及时代发展的形势,把学校办成老年人完善人生的学苑成为不少学校追求的工作目标。随着时间的推移,老年学员的年龄结构、文化结构、职业结构在不断变化,学员的需求也在不断发生新的变化,学校根据老年学员的需求,制订出符合老年学员实际的教学计划,及时设置、调整老年学员所喜爱的专业课程,最大限度满足老年学员的需求。根据老年学员的身体状况、文化程度、认知特点,开设除易知易懂的综合课外,还设置一些专业基础班和提高班,尽可能使教学考虑到不同层次、不同文化程度学员的实际,使老年学员听得进、跟得上。此外,积极开辟和丰富第二课堂,建立学用一致的教学实践基地,使不同层次、不同程度的学员能找到适应的学习环境,不会把学习当作苦差事而感到压力,真正把学习当作是一种精神上的享受、一种高层次的追求。

2. 努力把学校办成"规范化""示范性"老年学校

为了使老年教育工作有法可依、有章可循、有标准可参照、有尺度可衡量,许多学校一致认为加强老年大学"规范化""示范性"建设,对落实"老有所教",促进"老有所学",提升办学水平,加快老年教育健康有序发展,具有十分重要的现实意义。

(1) 加强老年大学机构建设,促进办学管理规范化。领导班子是领导老年大学办学管理和持续发展的核心。以老年学校教育行政主管部门为老干部局的老年大学为例,一些市、县自建校伊始,就成立了由市、县委常委或组织部长任校长、老干部局局长任常务副校长、老干部局副局长和退休干部任副校长、教育局和财政局等有关部门负责同志为成员的校务委员会。老年大学的日常工作由常务副校长和分管副校长主持。得力有为的领导班子建设,为抓好老年大学"规范化"与"示范性"建设提供了重要保证。

(2) 加强老年大学制度建设,促进教学管理规范化。加强制度建设,整合教务教学、活动项目、后勤服务、精神文明等各要素,确保各项工作高效运转,使老年大学步入规范化、制度化轨道。许多学校做到了规范各项规章制度、规范职责分工、规范科室设置、规范教学内容、规范学籍档案等"五规范",建立了"老年大学教师职责""微机室管理制度"等各类规章制度,从学习、组织、人事、活动、经费、财产等方面做了具体规定,为老年大学规范化建设提供了管理和制度保证。

四、弘扬改革与创新精神

我国老年学校教育三十多年的发展证明,没有广大工作人员勇于进取、开拓创新的精神,就没有老年学校教育突飞猛进的发展。全国许多老年大学坚持在改革中创新、在创新中办学,面向社会、面向基层、面向实际,推进教育教学的创新,把时代发展、老年学员需要的变化同老年教育教学的总体设计紧密结合起来,坚持教学模式、教学内容、教学形式、教学管理、成效标准上的改革创新,从而大幅度提高了学校教学质量,走出一条中国特色老年教育之路。

1. 教改理念创新

理念是行动的主宰。全国县级以上的老年大学在实现创建省"规范校"和"示范校"的目标后,许多学校便提出了"巩固、创新、发展"的新愿景,开始用新理念开发教改资源,推动教学改革,促进学校发展。

(1) 坚持以人为本,聚集教改人才。学校在教改实践中,把"以人为本"作为办校的核心理念,坚持以老年人为本,把维护老年学员的根本利益和提升他们的生命质量与幸福指数作为教改的价值取向,使生命教育、素质教育、创新教育、情感教育、特色教育、人文教育有机统一;把"为了老年人、服务老年人、依靠老年人"作为教改的基本方针,用"完善人生,再造幸福"的生活愿景激励师生立志教改;用"颐养天年,快乐有为"的积极休闲观动员师生参与教改;用"开发潜能,挑战极限"的奉献余热观激励师生投身教改;用"个性化发展,社会化服务"的主体责任观要求师生坚持教改。让大家追求完美,体验成功,分享快乐,感受幸福,成为教改的目标。

(2) 遵循管理规律,完善激励机制。管理是创新的"风向标"和"遥控器"。许多学校的教学管理围绕完善"六个追求"(追求教学理念的先进性、追求教学目标的远大性、追求教学内容的适应性、追求教学过程的完整性、追求教学方法的多样性、追求教学效果的实用性)的目标激励机制做文章,由外在激励向内在激励转型。一是实施情感激励。坚持以德示人,以情感人,以理服人,用真诚打动师生,使之生发创新灵感与冲动。二是实施民主激励。一些学校通过每年2次的教学经验交流会、每期1次的"班级管理工作创新研讨会"、每周1次的"教务工作调度会"和每期开学第一堂课的教学意见征询会,调动教与学两个方面的积极性,体现"我的学习我做主"的教学民主精神。三是实施荣誉激励。开展"创先争优"活动,建立考核评价体系,在各系、部中评选"和谐班级";在教师中评选"教学效果优良奖"得主；在学员中评选"优秀干部"和"模范学员"等。四是实施舆论激励。对个人和集体的教学创新成果，除在校内予以公布、宣传、表彰外，还推荐到有关报纸、杂志发表，并予以奖励，这样大大激发了师生的创新热情。

2. 课程设置创新

课程设置由休闲型向发展型转变，满足需求、引导需求、提升需求，拓宽、延伸、放大老年教育的社会功能。坚持"学、乐、为、教"相结合，既努力顺应老年人的需求，又积极树立更高、更新目标，推动教育内容由"休闲性教育"为主向"发展性教育"为主转变，有利于培养政治坚定、思想常新、与时俱进的现代老人。

（1）从选择教学内容上入手。教学内容主要是解决学什么的问题，所以要确定教学内容，必须弄清楚学习主体的学习诉求。对于为了追求健康快乐而来的学员，学校注重优选体育、艺术类教学内容；对于为了求知习艺而来的学员，除考虑以上因素外，还要研究、考虑医学、卫生、保健、厨艺、手工、人文等方面的教学内容；对于为了追求完美，塑造新我而来的学员，学校则通盘进行考量，这样才能使学员有选择余地。

（2）在丰富教学内容上着力。教材是知识的载体，编选教材是决定教学内容优劣的关键。许多学校着力从注重"四个原则"上考虑，即注重科学性、实用性、趣味性与针对性；做好"三个结合"，即理论与实际相结合，简明与新颖相结合，静态与动态相结合。

（3）从学校课程设置上考虑。在课程设置上，许多学校能把握好"三性"：一是时代性。社会在飞速发展，如何使所学的内容紧跟时代的步伐，是老年大学教学成功的一大关键。二是多样性。有相当一部分老同志不满足于普通知识的学习，有更高层次、更多元化的文化需求。三是群众性。设什么课不能光学校说了算，要多听听老同志的意见。前不久，《中国老年报》报道了青岛老年大学的做法,他们将学员想学、学校想开的课程挂牌公示出来,只要达到编班人数就开班上课。这一做法很值得推广。

（4）注意课程的衔接。按照不同层次学员的需求,在开设基础班、提高班的基础上,新开各种进修班、研修班、专题研讨班,选择不同层次的专业教材,实行"分层施教",满足学员需求。

3. 教学方式创新

创新教育教学方式是为了解决新时代教与学相适应的问题。成功的课堂教学经验表明:必须由传统型向现代型转变,即运用先进的教学理念和先进的教学方法与手段,使学校教育教学质量大幅度提升。

（1）优化教法。创新教学方法很重要的一点是改变传统的"满堂灌"的教学方式,使教师和学员实现知识互动、情感交融与心灵相通。为此,一些学校提出了"三注重"的教学原则,优化自己的教学方法:一是注重学员学习自主性的发挥。让学员养成自主学习的习惯,提高独立思考的能力。教师在教学过程中尽量让不同个性特征、不同思考类型的学员主动参与、自由表达,提出与众不同的见解,展示自己别具一格的风采。二是注重教学过程中情感的调动。国学研讨班教师在讲授《道德经》时,从说文解字入手,引导学员感悟人情之美、人性之美、人格之美,唤起情感共鸣,弘扬人文精神,为学员参与道德建设提供了智力支持;诗词写作班教师当场点评学员作业、解答学员提出的问题、请学员上讲台谈学习方法和体会等,让学员切实体会到传统文化是民族之"根"和"魂",学习国学能汲取丰厚的思想资源,为中国现代化建设增添正能量。三是注重教学资源的整合。一些学校鼓励学员选学其他学科,让不同学员的思想情感相互交流,多种知识相互启发,不同教学方法相互兼容,使教学资源产生了放大效应。

（2）优化方式。优化老年大学课堂教育教学方式的重要一点就是改变传统的授课方式。现在几乎所有学校都推行"以二促一"的教学方式,即用第二课堂活动促进第一课堂教学。首先,通过第一课堂教师"授人以渔"的讲解及师生的知识、情感、心灵互动,使课堂教学焕发出生机与活力,让每个人的潜能、特质得以发挥;其次,通过第二课堂丰富多彩的课外活动、社团活动,使学员在第一课堂学到的知识内化为才能和智慧;最后是通过第三课堂,面向社会,开门办学,把课堂教学与社会实践活动相结合,寓教于活动之中。不少老年大学能根据老年学员特点,采取"表演式""开放式""讨论式"等老年人喜闻乐见的教学方式,把课堂教学延伸到课外、延伸到社会。在教学方式上,还要改变传统的口授教学方式,做到口授与现代电化教学手段相结合,与远程教育、参观访问、采风实习、游学考察、实验操作、课题研究、著书立说等方式结合起来,通过形式多样的教学方法,提高学员的学习兴趣和学习效果,促进老年大学的良性发展。

五、发扬求真务实的作风

在老年教育实践中,发扬求真务实的作风,就是要坚持"积极老年教育观",把促进老年教育发展的能动精神与严格从中国实际出发的科学态度密切结合起来;努力推动老年教育的科学发展,把普及农村、社区的老年教育和提高已办老年大学的办学水平密切结合起来,通过教育转型、重心下移、远程教育、教育网络全覆盖等,打造中国特色老年教育。

1. 认清国情,求真务实

当前,中国老年大学正处在科学发展新时期,如何在即将出台的《全国老年教育发展规划(2016—2020年)》指导下,迎接我国老年教育的新发展是一项重要的工作。因此,我们要认清国情,总结成功经验,对我国老年教育迅速发展的基本因素和已经呈现的发展态势做符合实际的分析,以便抓住关键,因势利导,继往开来,科学发展,再创新业。

我国是发展中的社会主义国家,相对于世界上经济发达的资本主义国家而言,建国时间短、底子薄、人口多、摊子大、待办事情多。我国又是老龄人口最多、发展最快的国家。为此,许多学校从国情出发,面向当地实际,发挥主观能动性,坚持开源节流,发扬艰苦奋斗的传统作风,坚持勤俭办学的方针,做到花小钱办大事、少花钱多办事、不花钱能办事,从而闯出了新的发展壮大的办学路子,办出了各自的特色。如湖北省宜昌市的老年学校就是坚持了"先就简,后发展"的办学路子。又如湖北省军区老干部大学,1993年有学员406人,其中将军60人,办学7年来一直是3位师团级职离休干部负责该校的全部工作。刚接受办学任务的时候,除了一份3 000元开办费的批条外,一无所有。教室要自己找,课桌凳要自己寻,学员要自己招,教师也要自己去请。他们暂借机关的一间大办公室做教室。这3位同志均身兼"四职",即办事员、采购员、通讯员、服务员,仅凭3人,却靠求真务实的精神,勤俭办学,把老年大学办得红红火火。1985年12月7日全国老年大学经验交流会上,国家教育委员会副主任邹时炎指出:"勤俭办学,几千块钱就办大学,发挥这么大的作用。咱们现在办普通大学办不起,不敢问津,办小学、中学都要好多钱。而办老年大学勤俭办事,这个精神很好。大家并不去讲排场,不比阔气,只讲实际效益。有人还慷慨解囊,拿出钱来办老年大学,这种精神更可贵。"

从我国国情出发,我国老年大学的发展显然不能依靠政府统包统揽。学校要生存、要发展、要壮大,"等、靠、要"的思想是不可取的。所以,不少老年大学从学校改革创新思路出发,有效利用当地一切可以利用的教育资源,不断给自己输入新鲜血液;因地制宜实行联合办学,不断使自己发展壮大;别开生面开展跨地域办学,使学校名满天下；坚持走多元化办学道路，使学校的老年教育事业做大做强。江苏省各地老年大学的办学管理模式各具特色，除了各级党委、政府部门主办的老年大学外，社会力量办学也是江苏省的一大特色。目前，非政府创办的正常运营、具有活力和规模的老年大学有：江苏省空中老年大学、江苏省老年文化大学、江苏省老年女子大学、江苏青春老年大学、江苏夕阳红老年大学、南京华夏老年大学、南京群艺文化老年大学、南京市职工老年大学、南京协和老年大学、江苏社科进修大学老年学院、江苏开放大学老年学院、南京钟山学院长者学院、南京医科大学老年大学、南京航空航天大学老年大学、南京农业大学老年大学等15所。一些养老机构和企业，也内设老年大学，开展老年教学活动。尤其是元林基金会近几年来共投资2个多亿，捐助建成了江阴、泰兴、靖江三所老年大学。其中，江阴市（元林）老年大学，投资1亿多元建成12 507平方米校舍，并采取以奖代补的形式，每年对考核通过的老年大学提供100万元的办学经费支持。可见，江苏省社会力量办学形成了一定数量和规模，对于正在发展中的我国来说，无疑能够减轻国家财政负担，为发展壮大我国老年大学开辟了一条新路。

2. 因势利导，创新转型

1995年，在全国科学技术大会上，中央领导同志在讲话中指出："创新是一个民族进步的灵魂，是国家兴旺发达的不竭动力。一个民族缺乏独创能力，就难以屹立于世界民族之林。"回顾中国老年教育走过的历史道路，每前进一步，都是改革创新的结果；每一次重大突破，都与创新转型有关。所以，许多学校能够与时俱进，脚踏实地，因势利导，做好创新转型工作，取得了辉煌的业绩，积累了宝贵经验。

（1）从"康乐教育"向"康乐有为教育"转型。"要转先得理念转"，这是基层老年教育工作者的共识。从党的十六大以后，老干部工作就实现了第一次转型,即面对离退休干部队伍结构与需求的变化,从"物质养老型"向"休闲养老型"转变。基层的老年大学(学校)这时也蓬勃发展,"康乐"成为老年教育的主旋律,老年人从快乐健康中提升生命的质量,对学校的满意程度成为评价学校办学优劣的唯一标准。随着改革开放的不断深入,中央一系列社会保障政策措施的出台,城乡老人的养老、医疗基本解决,"学、康、乐"也实现之后,许多学员自然产生人老心雄、宝刀未老的英雄气概,要把他们在老年教育中汲取的新的知识营养,运用到社会活动中,使自己的智力得到发展,能力得到提高,潜能得以释放,梦想得以实现。因此,许多基层老年大学(学校)审时度势,及时抓住机遇,认为老年大学(学校)的性质主要是"教育"而不是"养老",应从现阶段的"康乐教育"向"康乐有为教育"转型,并认真研究制定出具体的转型发展规划,充分整合与利用各种教育资源,因势利导,全力以赴。

(2) 由"单一型"向"多元型"转型。合理利用社会资源、开辟多种渠道、促进优质学习资源向老年教育汇聚,发挥合力作用,使老年大学不断发展壮大。加强老年大学(学校)与社会各界的广泛合作,完善资源整合机制。充分利用现有的社区教育机构、县级职教中心、乡镇成人文化技术学校等教育资源,利用群艺馆、文化馆、体育场、社区文化活动中心(文化活动室)、社区科普学校、厂矿企业的职工学校、乡村文化活动中心、地方曲艺馆、民间民俗文化馆、农家书屋、中小学整合后的闲置校舍、业余农校、业余党校等单位的优势,采取挂牌、联合办班、委托办班等多种形式,开办老年学校,建立健全"县(市、区)、乡镇(街道)、村(居委会)"的社区老年教育网络。重视和加强城乡社区老年学习点的建设,方便老年人就近参加学习。另外,依托高校的资源优势,积极开展老年学校教育,积极推进城乡老年教育对口支援,鼓励发达地区与边远地区、城市与农村结对,通过建立分校或办学点、选送教师、配送学习资源、提供人员培训等方式,为边远地区和农村社区老年教育提供支援,使中国老年学校教育呈现各显神通、百花齐放的喜人局面,使中国老年学校教育的教育教学质量在不同地域、不同层次、不同规模的老年大学(学校)都有一定程度的提升。

(3)尝试从非学历教育向与学历教育相结合转型。一些条件好、规模大、档次高的城市老年大学尝试开设老年大学学历教育,为中国老年大学的非学历型教育向学历型教育扩展开辟了先河。2011年,上海老年大学与上海开放大学合作,创建了上海老年教育学院,开创老年大学学历教育的先河。该学院开设"声乐""钢琴演奏""体育保健""摄影摄像技术"四个专业,共招收74名学员。经过三年学习,已经有64名学员修完所选专业的课程,获得了大专毕业文凭。截至目前,该校已经招收了三届学员,共有在校学员181名。继上海老年教育学院之后,金陵老年大学开展老年学历继续教育的实践与探索,从2014年4月21日正式开学至今已近三年。该校学历教育开办有本科和大专,本科是文化产业管理专业,分为诗词赏析和摄影两个培养方向;大专分为摄影、汉语(培养方向为诗词赏析)两个专业。报名的学员经过前置学历审查认证,正式取得学籍进入学校的学员共有26人,其中摄影本科班学员18名、摄影专科班学员2名,诗词赏析本科班学员3名,汉语专科班学员3名。这些学员中,年龄最长的已85岁,既有离休干部也有退休干部和一般退休人员。他们在本专科两个层次、摄影和诗词赏析两个专业方向接受正规学历教育,毕业时将由江苏开放大学颁发国家承认学历的高等教育毕业证书。目前,随着我国老年学员的年龄趋向低龄化,文化程度较之前有较大提高,对学习文化知识、技能的要求也越来越高,因此,在部分高等院校试点为老年人开设学历教育是可行的,这将推进我国老年教育事业的新发展。

(4)从提高现代化水平向基层巩固普及转型。没有提高就没有真正意义上的普及,但提高需要广泛而深厚的基础。目前县级以上的老年大学基本都是省级示范校,但仅占老年学校总数的一小部分,而面广量大的则是基层老年学校。要全面提高中国老年学校教育的整体水平,必须从省市提高向基层普及转型。从这个意义上讲,没有普及就没有提高。具体的方法就是将办学重心下移,面向基层,大力推动和发展城乡社区老年教育。推动农村和社区老年教育的发展,一是要抓载体建设,形成办学体系。不少地市老年大学协会明确提出县区老年大学必须达到一定规模和水平;乡镇街道老年学校必须建设独立校舍;社区村居老年学校必须有以教学为主的场所。例如,截至2015年底,安徽省和县有老年学校100所,入学率达15.5%,实现了老年教育城乡全覆盖。二是要因地制宜,形成自身办学特色。基层老年学校由于学员成分、人数、环境等有别于县区以上老年大学,要体现出积极的教学效果,必须办出自身特色。例如合肥市蜀山区井岗镇老年学校为多吸收老年人入学,采取"组织教学""陪读"和"免费学习"等方式;瑶海区基层老年学校为调动教师和学员积极性,坚持"民主办学、规范办学和情感办学"方略;学苑社区老年学校围绕弘扬祖国传统文化,在"老有所学"方面享有盛誉;二十埠社区是区内文化宣传中心,社区老年学校的手工制作和歌舞表演等远近闻名;东七社区是卫生资源丰厚的社区,社区老年学校在"老有所医"方面做出成绩;紫竹苑社区是社会治安综合示范点,社区老年学校在"老有所为"方面让公安部门和群众交口称赞。

六、彰显与时俱进的品格

与时俱进办好老年学校教育,是老龄化社会对老年教育的必然要求,也是实现老年教育现代化的要求。其涉及方面较多,如老年学校的课程设置、名师队伍建设、教材建设、教学管理等,这些前文多有论述,下面仅对扩大教育开放性方面的经验做简单介绍。

1. 实行开门办学,积极应对老龄化

习近平总书记日前对加强老龄工作作出重要指示,强调有效应对我国人口老龄化要提上重要议事日程,"十三五"期间要部署好、落实好。为了积极应对社会老龄化,景德镇老年大学等一些老年学校注意发挥中国特色老年教育优势,实行开门办学,加快了积极老龄化战略进程,取得了明显实效,积累了宝贵经验。开门办学、开放教学,是对过去"闭门办学"理念质的突破,对老年教育的纵深发展具有重要的导向作用。

(1)"开门办学"的意义。面对我国人口老龄化"未富先老"的突出矛盾和"地域差异大,发展不平衡"的老年教育基本特征,实行开门办学可以有效解决这样三个问题:一是老年教育在党政主导下,因地制宜地吸纳社会力量,整合社会资源,为办多、办好老年大学创造条件;二是发挥中国特色老年教育的特有优势,为老年人提供"参与社会又服务社会,共享成果又奉献社会"的平台;三是从本地的实际情况出发,找到有特色的教学创新之路。

(2)"开门办学"的内容。一是"党政主导",从领导体制、政策上为老年教育工作提供组织和政策保障:通过党委、政府发文,制定加强老年教育工作的政策和相关部门的职责要求;通过党政相关部门组成的老年教育工作委员会,把老年教育工作纳入到党政相关部门的职责和工作计划中,形成在党委、政府直接领导下,相关部门各司其职、齐抓共管的合力,充分发挥了党政主导作用。二是"社会化办学",在党政主导下,实行投资主体多元化、办学资源社会化。除政府拨款外,充分整合、共享各类社会资源,改善办学条件,为老年人参与社会提供载体和平台,形成动员社会各方面力量支持办学的社会环境。三是"办学社会化"。走出校门,利用共享的社会资源,开门办学、开放教学,在参与社会中教学,在服务社会中活动,在适应社会中既提高自己又奉献社会。引导老年学员走出校门,根据老年学员和社会的双向需要来确定教学、活动的内容和形式,按照"四服务"的要求(为中心工作服务、为老年人服务、为基层服务、为社会服务),采取"三联合"的形式(联合办学、联合办班、联合办活动),通过"五进入"的渠道(进入社区、进入学校、进入企业、进入部队、进入农村),不断延伸和拓展教学链,逐步形成以学校的小课堂为基点,向社会各行业、各部门、各阶层全方位、多层次、立体化拓展的开放式创新教学体系。

2. 加强国际合作,跻身世界先进行列

2011年,由国务院印发的《中国老龄事业发展"十二五"规划》中明确指出要广泛开展双边、多边国际交流,增进相互了解,积极深化国际合作。中国政府鼓励和支持中国老年大学开展国际化合作。许多老年大学,尤其是地市级以上的老年大学与时俱进,特别重视老年教育的国际交往,把对外开放、吸收国际第三年龄教育的发展成果同独立自主、走出中国特色老年教育之路密切结合起来,积累了不少成功的经验。

(1)积极探索国内外合作办学。一是因不少国家与地区的老年人把学习中华民族的优秀文化艺术作为一种追求与享受,一些学校特别是沿海地区学校解放思想,搭建对外开放交流的平台,走出去,请进来,大胆地把我国的老年教育向国外延伸发展。在国外办学,可以使国内外老年人甚至中年人有更多的机会互相学习与交流,促进老年教育在更大范围、更大规模和更高层次的发展。二是争取建立校际间友好合作关系。一些学校与国外老年大学正式签订友好合作交流关系协议书,互聘顾问。

(2)主动开展老年教育国际交流。一是让世界了解中国。多年来,不少学校通过自己联系、地方政府支持、中国老年大学协会国际联络部组织,利用出国参观访问、国际会议、学术研讨、海外办学、影像资料、网络传播等方式,努力把中国老年大学的办学成果展示给国际社会。其中最值得高兴的,是通过 IAUTA 网站、国际研讨会和 *Newsletter*(IAUTA 刊物)将我们的理论成果和经验向世界发布,让世界了解中国老年教育。二是让中国了解世界。多年来,不少学校通过办海外班、聘用外教、邀请国际上的老年大学来校参观指导、组织不同范围的理论研讨、引入和翻译国外老年教育的优秀理念、理论经验和做法,为国内老年教育工作提供参考。三是组织中国老年大学协会代表团参加 IAUTA 每年 2 次的理事会议和国际研讨会,感受高层次学术氛围,实现高层次学术对话。四是中国老年大学协会各会员校可以积极主动地开展国际的互访和交流合作,与办学地的外事部门建立联系,取得他们的关心支持,把老年大学作为对外交往的窗口单位。

(3)不断提升老年教育国际地位。这些年来,通过中外老年大学的国际交流,中国老年教育的国际形象,已从学习借鉴国际先进经验的后起之秀迅速成为一个颇具发展特色的重要国家。

一是中国老年教育办学的规模乃世界之最。我国有 6.11 万所老年大学,其中万人以上规模的老年大学有 18 所(见表 5-1)。

表 5-1 万人规模老年大学简表(2015 年 5 月统计)

学 校	专业数	班级数	在校学生人数
广州市老年干部大学	91	278	11 029
西安老年大学	40	200	60 000(含分校)
青岛市老年大学	80	352	15 000
南京金陵老年大学	72	268	11 325
武汉老年大学	127	494	13 800
宁波老年大学	113	252	12 149
哈尔滨老年人大学	168	566	20 299
上海老年大学	150	370	13 488
天津市老年人大学	66	701	25 891

(续表)

学　　校	专业数	班级数	在校学生人数
山东老年大学	60	770	18 000
昆明老年大学	61	235	10 200
苏州市老年大学	68	167	10 400
长沙市老干部大学	47	113	10 090
成都市老年大学	43	200	10 000

二是中国老年大学有内涵丰富的课程体系。中国老年大学约有各种专业350—400门，涵盖人文、历史、哲学、科学、医学、艺术等多个领域。目前，开设课程较多的老年大学有哈尔滨老年人大学（168门）、上海老年大学（150门）、武汉老年大学（127门）等。其中歌舞、器乐、书法、绘画、保健、养生类课程较受中国老年人的欢迎，所占的比例也较大。近年来，随着信息化时代的来临，老年大学为了让老年人跟上时代的步伐，掌握享受社会科技发展成果的必要技能，不断加强计算机、互联网、摄影摄像、智能手机等相关课程的开发。

三是中国老年大学取得了丰硕办学教学成果，成为世界老年大学教学成果百花园里一朵绚丽多彩的、具有东方特色的奇葩。全国性的文艺汇演至今已进行了4次。2015年10月在河南的三门峡市举行的第4次全国汇演，参加汇演的老年人达到3 400人。2015年11月在广州举行的全国老年大学钢琴演奏比赛，湖北老年大学的老年学员赢得冠军奖。全国老年大学的学员比赛还有绘画、书法、摄影等，都已开展了多次。中国老年大学协会在中国6个片区的协作组，也分别开展跨省、跨区的老年大学教学成果展示活动。中国大多数老年大学都定期举行一些到社区、到广场、到附近中小学的文艺演出、书画创作展览、经络按摩义诊、摄影展览等活动。正是这些丰富的展示，让全社会认识了什么是老年大学，同时也让全世界的老年大学体会到大中华办大教育的恢宏气魄，领略到中国老年学员"学、乐、康、为"的精神风貌。

　　加强国际合作，推进中国老年教育与国际接轨，是中国老年大学自身发展的需要，也是全球老龄化背景下民心相通的重要环节。因此，这种国际对接更是符合国家整个"一带一路"发展战略的需要，也是中国老年教育应该达到的高度。中国教育开放大有作为，中国老年大学在与国际老年大学合作的道路上任重道远，前途无量。

第六章　中国老年大学面临的问题和未来展望

党的十八大报告提出了"两个一百年"的奋斗目标。2015年我国改革开放和全面建设小康社会取得了令人瞩目的成绩。国内生产总值达到67.7万亿元,比上年增长6.9%,居民收入和经济效益持续提高,全国居民人均收入实际增长7.4%,农村贫困人口减少1 442万人,城乡居民收入差距继续缩小。教育、科技、文化、卫生领域取得新进步。这些充分说明中国完全有能力、有智慧建成小康社会和现代化国家。党的十八届三中全会针对我国发展中存在的深层次问题,提出全面改革的方针;党的十八届四中全会做出依法治国的决定,用法律规范国家治理和政府一切行为,提高国家治理体系、治理能力的现代化水平;党的十八届五中全会对我国"十三五"发展目标做出高起点、稳跨步的安排。所有这一切表明我们全面建成小康社会、实现现代化发展的目标一定能实现,而中国老年教育、老年大学也一定能实现更好更快的发展。

第一节　当前我国老年大学发展的机遇和挑战

中国老年大学的发展将长期面临机遇和挑战并存的局面。我们应当牢牢把握稍纵即逝的机遇,勇敢地迎接各种严峻的挑战,努力办好每所老年大学,积极发展人民满意的老年教育事业。

1. 抓住机遇,趁势而上

中国老年大学的发展并非孤立、片面的,而是全面、联系的,离不开国家政治、经济、社会的发展。国家政治、经济、社会的发展经常给中国老年大学的发展创造各种条件,提供多种机遇。我们要善抓机遇，利用有利条件，推动老年大学的健康、科学发展。

1. 党的十八届五中全会高度重视我国人口老龄化问题

2015年10月召开的十八届五中全会对我国国民经济和社会发展第十三个五年规划做出安排，明确了到2020年全面建成小康社会，实现我们党"两个一百年"奋斗目标的第一个百年奋斗目标，即经济保持中高速增长，在提高发展平衡性、包容性、可持续性的基础上，到2020年国内生产总值和城乡居民人均收入比2010年翻一番。全会深入分析了"十三五"期间我国发展环境的基本特征，认为我国发展处于可以大有作为的重要战略机遇期，也面临诸多矛盾叠加、风险隐患增多的严峻挑战，包括人口老龄化给发展带来的影响。党和国家如此重视人口老龄化问题，无疑为老年大学的发展提供了新的契机。

2. 国家法律对我国老年教育工作提出了明确要求

《中华人民共和国教育法》第一章第九条规定："中华人民共和国公民有受教育的权利和义务。"进入老龄期的公民同样有享受教育的权利和义务。第一章第十一条："国家适应社会主义市场经济发展和社会进步的需求，推进教育改革，促进各级各类教育协调发展，建立和完善终身教育体系。"发展老年大学，正是建立和完善终身教育体系的重要途径。第二章第十九条："国家鼓励发展多种形式的成人教育，使公民接受适当形式的政治、经济、文化、科学、技术、业务教育和终身教育。"第五章第四十一条："国家鼓励学校及其他教育机构、社会组织采取措施，为公民接受终身教育创造条件。"老年大学从办学形式到教学内容都符合终身教育的要求，兴办老年大学受到法律明文的鼓励、支持和保护。

2009年8月27日重新修订后颁布实施的《中华人民共和国教育法》对老年教育事业做出法律条文规定。2015年4月24日，国家修订后颁布实施的《中华人民共和国老年人权益保障法》，对老年人终身接受教育的权利和义务做出法律规定，对开展老年教育、兴办老年大学做出法律支持和保护。《中华人民共和国老年人权益保障法》第一章第三条:"老年人有从国家和社会获得物质帮助的权利,有享受社会服务和社会优待的权利,有参与发展和共享发展成果的权利。"第一章第四条:"积极应对人口老龄化是国家的一项长期战略任务。国家和社会应当采取措施,健全保障老年人权益的各项制度,逐步改善老年人生活、健康、安全以及参与社会发展的条件,实现老有所养、老有所医、老有所为、老有所学、老有所乐。"第七章第六十五条:"国家和社会应当重视老年人的知识、技能经验和优良品德,发挥老年人的专长和作用,保障老年人参与经济、政治、文化和社会生活。"第七章第七十条:"老年人有继续受教育的权利,国家发展老年教育,把老年教育纳入终身教育体系,鼓励社会办好各类老年学校。"第七章第七十一条:"国家和社会采取措施,开展适合老年人的群众文化、体育、娱乐活动,丰富老年人的精神文化生活。"

以上这些都为大力发展老年大学提供了法律依据,让老年人能够借助老年大学这个平台,实现"六个老有",参与发展和共享发展成果,为经济建设和社会进步释放余热。

3. 老年大学三十多年的发展成就打下了良好的基础

我国老年大学发展虽然起步晚,但启动后形成了一定的加速度,发展的总体水平提高幅度较大,很快与国际老年教育接轨。经过三十多年的探索与实践,明确了中国老年大学发展的指导思想和办校方针:坚持以人为本,依法发展老年教育,以学校教育为重点方式,辅以远程教育和社会群体教育,努力提高全社会老年人入学率,让越来越多的老年人接受终身教育,努力提高老年学校的教学质量,用以提高老年群体的素质,形成积极老龄化社会态势,助推经济和社会健康发展,实现中华民族伟大复兴梦想。

目前,全国老年大学、老年学校和远程教育的入学率达5.4%。全国各省、市、自治区和地级市都办起多所老年大学,并作为龙头,牵动着本地区老年大学的发展。国家机关、全国大型企业、事业单位、高等院校、部队都相应开办高质量的老年大学,并作为行业老年教育的骨干力量,支撑起行业内的老年教育事业。全国已有90％的县(区)办起了老年大学,接近了每县(区)都有一所老年大学的目标,普通老年大学教育的基础性工程基本完成,承接和传带作用正在得到较好的发挥。全国已初步形成高中低、宽中纵的立体式老年大学教学网络,其中地市级和县区级老年大学成为骨干和中坚。通过借鉴国际第三年龄学校教育管理办法,结合中国自身特色,经过三十多年的实践、总结、提高,各级老年大学教学管理章程已经形成,正与时俱进,走向成熟。

广大老年人入学兴致渐浓,已实现了从"要我学"到"我要学"的转变,尤其是省、地级市和行业开办的老年大学,出现了一座难求的局面。2016年春学期江苏盐城老年大学招录学员3 600多人,近几年每年入学人数都以10％的幅度增长。在地市级老年大学的示范带动下,县区级老年大学学员招收开始由冷转热,这又牵动了社区、乡镇和村老年学校招收学员的升温,给老年学校教育向基层普及开拓了广阔的路径。

4. 党和国家重视民生工程,逐步加大对老年教育的投入

近年来,从中央到地方各级人民政府都把重视民生和发展经济摆在同等重要的位置,依法、依规加大了对民生的投入。老年教育是一项重要的民生工程,得到的支持力度在加大,投入的资金在逐年增多。各级人民政府都将用于发展老年教育的经费列入国民经济发展规划和财政预算。国家机关、全国大型企业、事业单位(高等院校)和部队将发展老年教育、兴办老年大学的经费列成专项资金,进行预算和决算,并开展审计和督查,保证专款专用。经费的有效供给,保障了各级老年大学越办越红火。如江苏省盐城市,经济发展处于江苏中等水平,每年用于市老年大学发展的费用就有近200

万元。所辖6县(市)3区,每年各用于发展老年大学的经费在20—50万元不等。市、县(区)、镇三级政府都将老年教育经费列入财政预算,并且按比例逐年增长。

二、直面问题,迎接挑战

机遇和挑战往往是并存相伴,老年大学三十多年的发展,积累了丰富的经验,取得了让人信服的成绩,当然也面临许多问题和矛盾。我们只有正视这些问题和矛盾,才能勇敢地面对挑战,主动地接受挑战,取得更大的进步。

1. 我国人口老龄化趋势严峻,对社会经济发展形成巨大压力

清华大学课题组于2014年3月发布了《中国老龄社会与养老保障发展报告》,以老龄社会发展指数对政策影响下的中国社会老龄状况和发展战略进行了评价。该指数由人口老龄化、实际老年赡养比、养老资产结构和老年人口红利等5个一级指标和20个二级指标构成(见表6-1)。其中实际老年赡养比、养老资产结构和老龄人口红利赋权分值偏高。评价结果显示:中国已经进入老龄社会,由于生育政策、收入分配、产业结构、社会保障政策存在缺陷,处于"未富先老""未备先老"的阶段,中国事实上已经进入深度老龄社会,且人口老龄化发展速度很快。

表6-1 中国老龄社会发展指数

一级指标	权重	二级指标	权重	三级指标	权重	测量值	指标数	评价数
人口老龄化	0.15	人口总和出生率	0.05			1.600	0.05	0.030
		初生婴儿预期率	0.02			73.500	0.02	0.019
		老年人口比例	0.02			0.084	0.02	0.012
		老年人口增长速度	0.02			34.543	0.02	0.004
		人口中位数年龄	0.02			34.543	0.02	0.013

(续表)

一级指标	权重	二级指标	权重	三级指标	权重	测量值	指标数	评价数
		老龄社会阶段	0.02	距离进入老龄化年限	0.006 7	0.007	0.006 7	0.000
				距离进入深度老龄化年限	0.006 7	0.007	0.006 7	0.004
				距离进入超级老龄化年限	0.006 7	0.007	0.006 7	0.004

表6-2 世界主要国家老龄化进度时间表

	美国	德国	日本	中国	世界平均水平	发达国家	最不发达国家
进入老龄化(7%)	1950	1950	1970	2000	2005	1950	2050
发展所需时间(年)	65	25	25	25	35	50	40
深度老龄化(14%)	2015	1975	1995	2025	2040	2000	2090
老龄人口赡养比1∶5	2015	1965	1995	2030	2035	1995	2085
发展所需时间(年)	10	35	15	10	35	25	10
超级老龄化(20%)	2025	2010	2010	2035	2075	2025	2100

从清华大学的《中国老龄社会与养老保障发展报告》最新研究数据可知,中国目前已经提前15年进入深度老龄化社会,而且人口老龄化发展速度很快。中国社会科学院发布《中国老龄事业发展报告(2013)》蓝皮书指出,我国将迎来第一个老年人口增长高峰,2013年老年人口数量突破2亿大关,在2025年之前,老年人口将每年增长100万人(见表6-2)。中国人口老龄化这一严峻形势,将对我国政府的高层决策产生重要影响,国家将会更加注重"积极老龄化"理念的进一步普及,更加注重对老年人才资源的开发和利用,在现有基础上进一步逐年提高对老年教育的投入;将会把实现包括老年人口红利在内的人口红利作为发展战略,纳入国家以收入分配和社会保障为主的综合配套改革,再根据老龄社会进展的时间表倒计时地解决问题。同时,各地各级政府也将注重对老年教育的投入和提供

2. 我国的社会经济发展不平衡，影响老年教育事业均衡发展

根据许多地区多层次的调研表明，各地方经济发展的不平衡是老年教育发展不平衡的一个比较重要的因素。因为老年教育的发展需要必要的社会供给，经济发展不足，供给就受到制约，老年教育的发展也就受到限制。尤其是行政体制管理下的老年大学，所得到的政府提供的服务内容和水平不同，其发展的社会环境和资源环境也不同，因而发展的速度、质量和前景就会存在区别。总体看，全国东部沿海地区，由于经济处于较发达水平，对老年大学的财力支持、供给有力，老年大学数量多、质量高，老年人入学率高，老年教育的水平处于领先地位。中部地区经济处于次发达水平，所辖行政区域内的老年大学得到的政府有效资源供给不如东部沿海地区的多，老年大学无论从数量还是质量上看都要次于东部地区。西部地区经济发展比较落后，老年大学发展的数量和质量都与东、中部地区有明显差距。

对老年大学发展的投入不足，除了地方经济发展水平不高的原因，还有其他一些原因，比如对老年教育事业重视不够，老年大学发展在政府经济供给序列上排位靠后。这样就出现了在少数经济发展较快的地方，老年大学发展却滞后的现象。而有不少经济并不发达的地区，由于对老年大学发展的财政供给充裕、支持有力，老年大学的发展水平明显高于区域平均水平，甚至跻身全国前列。

表 6-3 各省、市、自治区经济发展水平与老年教育普及状况对照表

地区	省区市	2013年GDP（万元）	人均GDP（元）	老年人口数（万人）	老年学员人数（万人）	入学率
华北	北京市	19 500.6	94 237.66	254	1.57	0.62%
	天津市	14 370.16	101 688.85	176.4	20.45	11.59%
	河北省	28 301.4	38 835.49	989	22.65	2.29%
	山西省	12 602.2	34 901.12	402.5	6.77	1.68%
	内蒙古自治区	16 832.38	67 603.99	306	1.6	0.52%

(续表)

地区	省区市	2013年GDP（万元）	人均GDP（元）	老年人口数（万人）	老年学员人数（万人）	入学率
东北	辽宁省	27 077.7	61 694.46	659	3.96	0.60%
	吉林省	12 981.46	47 017.24	369.77	12.04	3.26%
	黑龙江省	14 800	38 601.98.	510.4	6.32	1.24%
华东	上海市	21 602.12	90 748.81	331.02	54.04	16.33%
	江苏省	59 161.75	74 699.37	1 258	33.03	2.63%
	浙江省	37 568.49	68 593.19	789.03	11.54	1.46%
	安徽省	19 038.9	31 795.09	969.4	30.39	3.13%
	福建省	21 759.64	58 056.67	471	62.5	13.27%
	江西省	14 338.5	31 835.53	559.99	6.87	1.23%
	山东省	54 684.3	56 463.64	1 337.28	63.66	4.76%
中南	河南省	32 155.86	34 186.54	1 272	12.62	0.99%
	湖北省	24 668.49	42 686.43	795.5	19.14	2.41%
	湖南省	24 501.7	36 906.26	895	11.27	1.26%
	广东省	62 163.917	58 678.47	1 072	7.29	0.68%
	广西壮族自治区	14 378	30 709.1	633	3.04	0.48%
	海南省	3 146.46	35 491.06	104.84	0.71	0.68%
西南	重庆市	12 656.69	42 976.88	538	12.59	2.34%
	四川省	26 260.77	32 516.25	1 317	35.31	2.68%
	贵州省	8 006.79	22 981.6	534	13.49	2.53%
	云南省	11 720.91	25 157.57	532	22.32	4.20%
西北	陕西省	16 045.21	42 752	467.46	8.98	1.92%
	甘肃省	6 300	24 668.15	315	1.6	0.51%
	青海省	2 101.05	36 656.66	56.32	0.45	0.80%
	宁夏回族自治区	2 600	40 173.67	65.05	0.91	1.40%
	新疆维吾尔自治区	8 510	2 232.78	212.63	4.94	2.32%

从表6-3数据可以看出，各地老年教育发展不均衡，辽宁省、北京市、广东省这三个经济较发达省（市），老年教育居全国第28、第27和第26位；而贵州省、四川省、安徽省三个经济欠发达省份却把老年教育办成了全国第8位、第7位和第6位。可见，经济发展得好并不自然带来老年教育的发展，经济比较落后的省份发挥自己的能动

性,也能较多、较快地办好老年大学。

3. 人们对老年教育的认识滞后,制约老年大学健康发展

对老年教育社会身份的认知不同,对老年教育在"政治承认、行政承认和学术承认"上存在态度的差异,这是各级领导对老年教育思想认识的现实状况。依然有不少人对老年教育的认识滞后,有些领导还没有认识到老年教育的重要意义。上海市和苏州市的市委市政府对老年教育在"政治承认、行政承认和学术承认"三个方面均走在全国前列,使老年大学得以健康、稳定、协调、持续地发展,但更多的区的党委政府对老年教育的本质属性和社会身份认知度的差异较大,有的认为老年大学是"哄老人开心的地方",有的认为老年大学是"养老的地方",等等,在"三个承认"上呈现出相当的不一致。这既是各地老年教育发展出现较大不平衡的思想根源,也是老年教育不公平的意识因素。

各级老年大学的领导对于先进教育思想和先进老年教育思想的把握程度不同,因而形成教学管理质量的差距。首先,一些老年大学的管理教育者将老年大学的本质属性认定为"养老"而非"教育",或者认定为既"养老"又"教育",但以"养老"为主。在这种状态下,他们自然就不关心老年大学的"教育内部效率",让他们抓教育思想的学习、研究、宣传、运用是不可能的。其次,教育思想缺乏问题导向。中国老年大学三十多年的发展,从无到有,由少到多,培养出一大批老年人才,这些成绩让一些老年大学管理者"问题"意识较为淡薄,更多地关注所取得的表面成绩。最后,改革意识较淡薄。目前,我国老年大学学界的改革意识并不十分强烈,很多老年大学没有转型发展意识,更谈不上研究如何转型发展、怎样转型发展。

老年教育的教育对象对接受终身教育的自觉程度还不够高。尤其是县、乡镇、村和街道社区所办的老年学校招收的学员比较少,施教区域内老年人入学率不高,广大老年人还没有完成从"要我学"

到"我要学"的转变,他们还没有看到老年人接受终身教育会给自己、家庭和社会带来的益处,一些人还在为几十元、几百元的学费纠结着。这也折射出我们对老年教育事业的宣传不到位,办起的老年学校吸引力不足,解决老年学员经济负担的措施不完善。

4. 老年教育法律法规不健全,领导管理体制机制不够规范

由于历史的原因,我国政府在老年教育诞生之初,对老年教育体制进行了选择性安排。随着老年教育的发展,其利弊逐步显现。据中国老年大学协会老年教育学术委员会2013年组织的课题报告《老年教育管理方式的调查分析》,我国逐渐形成了四种老年教育管理体制:最早有适应对离退休干部进行教育的需要而形成的老干部局的部门管理体制;其后的适应向老人开放的需要而形成的建立地区老年大学协会或老年教育协会,以协调老年教育工作的体制;再后来的克服老年大学协会不能行使行政管理职能的弱点而形成的建立地区教育委员会或教育领导小组统一管理的体制;最后的以上海市为代表的在政府统一管理中加上教育厅局承担老年教育行政管理职责的体制。上述四种老年教育管理体制各有利弊。当老年教育建立了上层老年大学和基层老年学校后,老干部局的部门管理体制逐渐失去了"适应性"。而就"管理效率"而言,第四种体制的"管理效率"最高。所谓老年教育的体制问题就是许多省、市、自治区所坚持的部门管理体制阻碍着老年教育向基层拓展,从而加大了地区间老年教育发展的不平衡性。

《中华人民共和国教育法》中尚没有老年教育专章条例来对老年教育的法律地位做出专项规定,而一些省、市、自治区却通过了老年教育条例,许多省、市、自治区还发布了老年教育的专项条例。由于缺少老年教育专项法律依据,已经实施的地方老年教育条例内容也不够完善,法规性也不够强硬,对老年大学的发展缺乏应有的推进力度。就连管理老年教育的单位名称都不统一,有的叫老年教育委员会、老年教育领导小组,有的叫老年教育协会、老年大学协会,

还有的叫老年学校促进会、联谊会。老年大学工作人员的组成有公务员、事业编制人员、企业性质人员，还有外聘人员。经费供给渠道有财政拨款、学员缴纳的学费、社会集资、企事业单位赞助款。因此，目前我国老年大学人财物管理可谓是"五花八门"。

5. 全国老年教育发展参差不齐，基层老年教育发展尚未普及

从系统表层来看，全国老年大学教育在发展中的不平衡现象比较严重，这是老年大学三十多年发展以来较为突出的问题，主要表现在以下两方面。

(1) 总量发展不足。据全国老年大学协会2015年的统计数据，老年教育经过三十多年的发展，在校学员7 643 100人，入学率占全国60岁及以上老年人口总数的3.62%。据南京市江宁区在东山、汤山、淳化三个街镇的调查，老年人中有求学愿望和需求的约有36.4%。这说明，目前的老年教育规模远远不能满足老年人的学习需求。总量发展不足与增速缓慢是联系在一起的。与2011年相比，我国2012年60岁及以上老年人口增长8%，而老年教育发展的速度远远达不到8%。因此，老年教育发展速度与全国老年总人口的增速形成相当大的落差。

(2) 结构严重不平衡。据中国老年大学协会2013年统计，全国六大区域的老年教育的严重不平衡状况如表6-4、表6-5所示。

表6-4 全国六大区域老年教育入学率

区　域	老年人口数（万人）	老年学员数（万人）	入学率（%）
华东区	5 415.72	263.03	4.60
西南区	2 921.00	83.71	2.86
华北区	2 137.91	53.03	2.48
西北区	1 116.46	16.88	1.5
中南区	3 627.54	54.07	1.49
东北区	1 540.17	22.32	1.44

以上数据显示:华东区的老年学员入学率为华北区、西南区的1.5倍,西北区、中南区、东北区的3倍。

表6-5 全国六大区域老年学校数量和占总量百分比

区　域	老年学校数（所）	占全国老年学校总数（%）
华东区	37 073	62.02
华北区	9 943	16.65
西南区	5 764	9.65
中南区	2 733	4.58
东北区	2 165	3.63
西北区	1 646	2.77

以上数据表明:华东区的老年学校占全国老年学校总数的62.02%,为其他五个区域总和的近1倍。这就不是常态的不平衡,而是一种严重的不平衡。

截至2015年底,在全国60 867所老年大学(老年学校)中,乡镇(社区)学校数9 881所,仅占全国乡镇(社区)总数(123 774个)的8%。乡镇(社区)老年学校办得如此之少,是因为在各个大区之间,中西部广大省份的基层老年教育基本处在空白状态。

截至2015年底,省(市、自治区)级、地(州、市)级、县(区、市)级老年大学的总数为2 951所,在校老年学员2 108 436人,平均每校学员905人;国家机关办的老年大学25所,老年学员24 747人;企业办的老年大学491所,学员221 587人;高等学校和其他事业单位办的老年大学365所,老年学员74 443人;解放军部队主办的老年大学358所,老年学员27 566人。以上不同系统办的老年大学学校总数为1 239所,老年学员348 343人,平均每校老年学员281人。这里的严重不平衡就表现在:企事业单位数量庞大,远多于县级以上行政单位,但办学面很小,每校平均学员数更少,说明这些单位的办学潜力远未被充分开发。特别是7 000所高等学校,办学面不足

5%,尚有大量的资源可供老年教育使用。

第二节 今后我国老年大学发展的方向和展望

老年大学的未来发展空间广阔,前景无限辉煌。中组部、国家教育部、民政部、文化部、全国老龄办对全国老年教育未来的发展目标、基本原则、计划布局、体制机制、实施构想等已基本形成共识,为全国老年大学的科学、快速发展指明了方向。

一、围绕宗旨,全面发展

围绕老年大学的办学宗旨,加快全国老年大学现代化发展步伐,努力把老年大学办成老年人满意的幸福快乐生活之家。

1. 老年大学的生命力在于不断与时俱进,实施转型发展

中国的老年大学未来要健康、快速、有序发展,延续其强大的生命力,必须站在新的历史起点上,不断开拓创新,实施转型发展。

(1) 树立转型发展观念。中国的老年教育转型,要从组织形态、价值取向、培养目标和教学方式等诸多一般状态向现代化迈进。在功能上,要由享受型教育转向享受型和发展型相结合的教育;在结构上,要由政府办的老年大学为主体转向以高等学校向老年人开放为标志的多元办学,由地区间的发展的严重不平衡状态转向相对平衡的状态,以提高整体教育系统的功能;在管理体制上,要由部门多头管理转向政府统一管理、教育部门牵头,其他政府部门协同管理的体制;在教育形态上,要由教育形态的单一化转向多元化,由教学的不规范转向全方位规范,进而逐步迈向现代化。

(2) 确立转型发展战略。中国老年教育和老年大学的转型发展战略,需要中央政府进行顶层设计。因体制改革等诸多问题,须中央政府足够集权,进行多方协调,统一安排,系统、科学地设计转型

发展战略。

（3）确立转型发展的具体方略和实现路径。由中国老年大学协会配合政府相关部门共同设计，在深入调研的基础上汲取发达国家先进经验，结合中国老年教育和老年大学的具体实际，进行统筹规划、科学设计，形成的方案可先行试点，在实践中做方案的修正完善，成型后再全面推开。

（4）各地老年大学做好转型发展的实施准备。深入学习研究世界先进教育思想和世界终身教育及老年教育先进思想，确立老年教育和老年大学转型发展观念，深入调研本校发展经验和存在问题，研究确定对策。

2. 老年大学的凝聚力在于提高综合素质、发挥正面能量

老年人是一个差异性很大的群体，不同的文化背景、社会经历、家庭环境及志趣爱好，使他们的学习动机也不尽相同，老年大学的凝聚力就在于能够提高老年人的综合素质、充分发挥他们的正能量。

（1）培养现代老人，展现老年学员正能量。老年学员对学习的广泛需求，对老年大学的课程设置在知识的广度和深度上提出了更高的要求，不仅要向多学科发展，扩大知识的覆盖面，而且要注重多层次、比较系统的知识结构。通过老年教育展现出老年群体的正能量，助力经济发展和社会进步，形成积极老龄化社会状态。通过老年教育，使广大老年人做文明公民、现代老人、风范长者。各地老年大学要积极争取得到政府的大力支持，努力办成现代化的老年大学，更有效地展现老年群体内在正能量。要坚持实事求是原则，从本地区发展对人才的需求出发，从老年群体现有潜能出发，从老年学员内在需求出发，实现现代化的教学管理，培养出与本地区发展所需求对位的多类型老年人才。

（2）挖掘老人潜能，增添老年学员正能量。需要将思想教育与

文化学习相结合,重视老年人思想教育,突出老年教育政治、思想性,及时做好学员的思想政治工作,让他们的思想与党中央保持一致,紧跟国际国内政治经济社会发展形势,怀着爱党、爱国、爱社会的情怀,参与老年大学的课程学习,激发出勇于提高自我综合素质、余热积极奉献社会的内在动能。需要校园文化建设与课堂教学相结合,校园文化建设在老年大学发展中处于突出的位置,开发老年人的力量,使之为社会主义建设的重要手段,让老年人身心活跃,享受晚年快乐的广阔舞台。把"学生社团"和教学班级当作老年大学的"两条战线",把课堂教学活动和学员的社会活动并轨连线,激发他们社会活动潜能。需要满足学员感受性需求的适应性课程设置与启发学员产生本质性需求的引导性课程设置相结合,学员感受性需求主要是促进健康快乐的娱乐性课程,学员的本质性需求则是在娱乐性需求得到满足,需求水准提高之后,经过老年大学的引导能理性地认识到的需求,这种需求具有开发智力和潜能、引导老年人达到"价值自我实现"的境界功能。需要将科学规范的管理和人文爱心的管理相结合,科学规范的管理依靠制度的约束,人文爱心的管理则以心理劝导、以情感人,让老年学员得到心灵的陶冶,提高遵守规划的自觉性,人文爱心的管理应当是科学规范管理的内核。

(3)搭建公共平台,发挥老年学员正能量。要建立与地方政府行政部门的正常联系,让老年学员展现参与经济社会发展决策的功能;要建立与社会单位的正常联系让老年学员展开扶贫帮困、教育失足青年,进行多种公益活动等服务社会的功能;要建立与工业、商业企业的正常联系,让老年学员展现生产技术、经营之道、管理经验的功能;要建立与国内外相关单位的正常联系,让学员参加校外活动、社会实践和相关演出、竞赛活动。有条件的学校可以领着学员走出省门、国门访问演出,展示学员学习成果。要建立与多种媒体的正常联系,帮学员发表文化作品,展现发展社会主义文化的功能。通过各种公共平台,连成一个社会活动的大舞台,让老年学员挥洒自如地释放出正能量,助力经济社会发展,提升生活品质。

3. 老年大学的吸引力在于实现人生价值、促进健康长寿

向往新生活,追求人生价值的实现是伴随人一生的理念。助力老年群体实现人生价值,促进文化养老、健康快乐、幸福长寿,正是老年大学的吸引力所在。

(1) 准确预判老年人精神文化需求走向。我们应该有一个清醒的认识,时代发展和社会进步的所有成果,将会促进我国老年人群体发生"自身重组",即出现结构性变化,产生新一代老年群体。

(2) 实现老年大学教育理念的不断进位。预判准未来老年人群体精神需求的趋势,以此为导向,实现老年大学教育理念的进位。现在,众多的老年大学仍坚守最低层次的老年教育理念即"健康快乐"是老年大学办学的最高理念。老年大学的办学理念应当从"健康快乐"理念到"文化养老"理念,再到"价值实现"理念,最后进展到"服务社会"的理念。我们老年大学的办学者,把"服务社会"纳入宗旨,这是老年大学集体对社会的承诺,引导他们在社会需要的时候为社会的繁荣发展作出自己的贡献,实现人生自我价值。

(3) 尝试非学历教育向部分学历教育拓展。要实现老年教育中的学历教育应先解决认识问题,要认识到老年教育的属性是教育,要有经教育行政部门批准、有国家认可的文凭颁发权力的学校及其他教育机构的参与,老年人要有获取学历的愿望。在我国老年人接受学历教育还是新鲜事。开设老年学历教育是满足部分老年人深层次精神文化需求,充分体现人生价值的创举。一旦大学向老年人开放,会激发更多老年人接受学历教育的欲望。尤其是随着老年大学学员的年龄趋向低龄化,文化程度较前有较大提高,对学习文化

知识、技能的要求越来越高,因此,在部分高等院校为老年人开设学历教育是可行的。

(4) 用积极老龄化诠释老年人的生命价值。老年人身体、精神健康,不仅减轻了国家医疗财政的负担,而且还可以让他们为社会服务,为国家创造财富。展望未来,培养出健康长寿老人,是各类老年大学所肩负的历史重任。积极老龄化从新的高度诠释了老年人的价值和生命意义,老年大学的教育不能停留在满足老年人兴趣、爱好、求知方面,而应向健康、参与、保障延伸。以适应"感受性需要"为主而开设的课程体系转换为以满足"本质性需要"为主而开设的课程体系。

总之,未来的老年大学教育既要满足老年人个人兴趣爱好,又要提高老年人整体素质,提升老年人群体的生活和生命质量,要同时满足老年人的"健康快乐""文化养老""价值实现""服务社会"需要,培养精神愉悦、身心健康、乐于奉献、快乐生活的老年人。

二、把握原则,明确目标

今后,全国老年教育工作,要深入贯彻落实党的十八大和十八届三中、四中、五中全会精神,深入贯彻落实习近平总书记系列重要讲话精神,紧紧围绕"四个全面"的战略布局,深入贯彻落实《国家中长期教育改革和发展规划纲要(2010—2020年)》。从我国人口老龄化的国情出发,坚持以人为本,以法律法规为依据,以扩大老年教育供给为重点,以完善老年教育治理体系为关键,以整合社会资源、激发社会活力为抓手,不断扩大老年教育规模,不断提高老年教育质量,不断提升老年教育现代化水平,努力形成具有中国特色的老年教育发展新格局,进一步提高老年人的生命和生活质量,促进老年人终身发展,努力实现老有所学、老有所乐、老有所为,让老年人共享经济转型、社会进步、教育发展、文化繁荣的成果,让老年教育进一步促进社会和谐发展。

1. 把握基本原则,切实制定和实施老年教育发展规划

中国老年大学的发展经过30多年的实践初步进入正轨,迎来光明前程,在迈向既定的目标过程中要按照事物发展的规律稳中求进。当前,要把握准以下几项至关重要的原则。

一是保障权益、机会均等原则。接受老年教育是每个老年人的权利。要从维护最广大人民最根本利益和促进公平入手,积极推进老年教育发展,努力让不同年龄层次、不同文化程度、不同收入水平、不同健康状况的老年人,均有接受老年教育的机会和权利,最大限度地满足各类各层次老年群体的学习需求,彰显老年教育的普惠性。

二是政府引导、市场调节原则。社会公益性是老年教育的基本社会属性。要发挥好政府的作用,制定好发展规划、营造制度环境、完善公共财政体系、加大支持力度等。充分发挥市场在资源配置中的决定性作用,激发社会活力。继续探索和完善政府购买服务,引导社会力量积极参与,政府与市场"两手"协同推进老年教育发展。

三是重心下移、面向基层原则。老年人群主体在基层、在农村。在办好现有老年教育的基础上,将老年教育的增量重点放在基层、农村,形成以基层需求为导向的老年教育供给结构,优化城市与农村的老年教育空间布局。

四是统筹协调、整合资源原则。统筹协调各部门老年教育工作,引导和支持社会力量参与,引导普通高校、职业院校等教育机构积极开展老年教育。统筹推进区域发展、城乡一体化发展,促进老年教育与经济社会协调发展。

五是开放便利、灵活多样原则。促进各类老年教育机构敞开门,为全体老年人创造学习机会。引导社会公共资源开放,为全体

老年人提供学习服务。推动老年教育信息化,拓展老年人学习通道。实现就近学习,畅通学习渠道,努力办好家门口的老年教育机构。

六是因地制宜、分类指导原则。从区域发展不平衡的实际出发,从老年群体多样化的学习需求出发,有针对性地开展老年教育活动。鼓励各地结合当地的历史、人文资源和民俗、民风等特点,因地制宜,推动老年教育特色发展。

2. 谋划发展思路,基本形成我国老年教育的新格局

到2020年,以各种形式经常性地参与教育活动的老年人口应达到老年人口总数的20%以上;必须认真谋划发展思路,基本形成我国老年教育覆盖广泛、灵活多样、特色鲜明、规范有序的新格局。

一是初步形成老年教育治理体系。充分发挥政府、市场、社会在发展老年教育中的作用,形成定位科学、职责明确、主体多元、平等参与、管办分离的现代老年教育治理体系和运行机制。

二是老年教育覆盖面更加广泛。到2020年,基本形成灵活多样、覆盖城乡的老年教育服务体系,使有学习意愿和学习能力的老年人基本都能享有不同形式的学习机会,地区、城乡间老年教育的差距逐步缩小。

三是老年教育结构布局更加合理。形成社区老年教育、社会老年教育、学校老年教育、远程老年教育、老年人自主学习等多种老年教育发展形势,取长补短、协同共进。

四是老年教育发展环境更加优化。老年人参与学习活动的积极性进一步提高,全社会形成关注和支持发展老年教育的氛围,老年教育法规、制度逐步完善,监督机制基本形成,理论成果不断丰富,等等。

3. 创新思维方式,努力推动老年教育转型发展

三十多年的发展积累起丰富的经验,为今后的发展提供了良好

的条件，但切不可墨守成规，应当与时俱进，谋求创新。适逢中国经济、社会进入创新时代，老年大学的发展可乘风乘势，尽快调优思维方式，推动老年大学、老年教育的转型升级。

一是丰富老年教育的内容和形式。要充实老年教育内容，拓展老年教育形式，鼓励老年人自主学习。

二是大力发展城乡社区老年教育。完善基层社区老年教育服务体系，发展农村社区老年教育，推进城乡老年教育对口支援。

三是鼓励普通高校和职业院校开展老年教育。鼓励普通高校和职业院校对老年人开放，鼓励学校系统为老年人提供课程资源，促进学校教育与老年教育的紧密结合。

四是推动老年大学转型发展。进一步拓展老年大学的服务对象，进一步明确老年大学的功能定位，进一步完善老年大学的发展模式。

五是运用信息技术推进老年教育。建设远程老年教育支持服务体系，加强数字化学习资源共建共享，将信息技术融入教学全过程。

六是融入养老服务，探索养教结合新模式，让老年教育进入养老服务机构，推动养老服务机构开办老年教育。

七是加强老年教育学科建设与养老服务人才培养、培训。

八是进一步形成积极开发老年人力资源的社会共识。为老年人继续服务社会提供教育培训与咨询，积极支持老有所为，鼓励老年人积极参与"银龄行动"，不断探索"老有所为"的新形式。

三、锐意创新，狠抓落实

中国老年大学未来的发展方向已经明确，现在的任务就是狠抓落实。要以踏石有印、抓铁留痕的劲头，将各项措施一一变成现实，一步一个脚印地向前迈进。

1. 逐步实现体制机制问题的突破

我国老年大学创办三十多年来，制约其发展的主要瓶颈是体制机制问题。对此,应当通过大胆创新来取得突破。

(1) 要完善老年教育管理体制。建立健全党委、政府统一领导,教育、文化、组织、民政、老龄等部门密切配合,相关部门参与的老年教育部门间协作配合机制。各相关部门按各自职能及原有分管职责积极推进老年教育,形成齐抓共管的管理体制和工作推进机制。

(2) 要引入多元主体的市场机制。加强规划指导和外部监管,营造平等参与、公平竞争的市场环境。充分激发市场活力,推进创办主体、资金筹措渠道的多元化,通过购买服务、项目合作等多种方式支持和鼓励各类社会力量通过独资、合资、合作等多种形式创办或参与老年教育,形成主体多元、平等参与、优势互补、共同发展的老年教育新格局。运用市场机制,调节老年教育供需关系,进一步优化老年教育的市场结构、内容和布局。

(3) 要推进老年教育机构管、办、评分离。各级政府应支持党委组织部门、老干部工作部门、离退休工作部门、教育部门、民政(老龄)部门、文化部门、企业等创办的老年大学、老年学校的建设和发展,保持现有行政隶属关系、经费来源渠道;不断提高现有老年大学、老年学校的办学质量,扩大办学规模和服务面向;引入第三方评价机制对办学水平进行评价,将老年教育工作列入对各级政府相关部门的绩效考评之中。

(4) 要鼓励社会组织服务老年教育。社会组织是发展老年教育不可或缺的重要推动力。搭建社会组织参与老年教育的服务平台,充分发挥老年协会等社会组织在反映老年群众诉求、提供学习服务、承担实验项目、开展教育评估、参与政策制定等方面的作用,丰富老年教育资源供给。

(5) 要完善社会公共资源开放供给机制。大力倡导社会公共文化、体育、科技资源向社会开放,引导各级各类教育机构,特别是普通高校、职业院校为区域内老年人开放场地、图书馆、设施设备资源等,为老年人学习提供便利与支持。加强对社会公共资源开放工作的指导、协调和监督,积极探索"区域终身学习共同体"等长效机制,推进社会资源开放和供给。

2. 积极推进老年教育的各项计划

围绕老年大学的发展,从顶层设计出发,已经制订出一系列计划,这些计划非常有针对性,对推动老年大学的发展有着重要的指导意义。

一是社会主义核心价值观培育计划。各地和各类老年教育机构要贯彻落实全国老龄办等部门印发的《关于培育和践行社会主义核心价值观 加强老龄宣传教育工作的通知》精神,把培育和践行社会主义核心价值观作为老年教育的重要内容,结合老年人身心特点,开发相关读本,将核心价值观融入老年人的学习和活动之中;围绕"富强、民主、文明、和谐,自由、平等、公正、法治,爱国、敬业、诚信、友善"开展丰富多样的主题教育活动,积极承担起社会主义核心价值观进社区、进农村的宣传工作;通过社会主义核心价值观教育,使老年人树立长者风范,发挥其特有的社会影响力,引领全社会特别是青少年培育和践行社会主义核心价值观。

二是社区基础能力整合和建设计划。鼓励各地因地制宜,整合社区资源,逐步推进老年教育机构基础能力建设,建设一大批在本区域发挥示范作用的乡镇(街道)社区老年人学习场所,建设好村(居委会)老年社区学习点,探索老年人学习场所在"养、医、为、教、学、乐"等方面的有机结合,改善基层社区老年教育机构设施设备,根据老年人的生理特点和心理特点,营造更为安全、卫生、舒适的教学环境,不断提升服务能力。

三是学习资源建设与整合计划。发挥学习资源建设在老年教育发展中的积极引领作用,加强优质老年教育课程和学习资源的开发与建设,结合优秀传统文化、非物质文化遗产项目和地方特色文化,鼓励各地开发、整合一批优质的老年学习资源,加快形成多层次、多形式的老年教育学习资源体系,指导各地形成系列优质课程推荐目录,促进跨地区、跨校际的学习资源合作与建设,重视国际特色学习资源的引进和推介,鼓励社会组织开展老年教育优质课程推介交流活动。

四是远程老年教育推进计划。以国家开放大学与广播电视大学系统为主体,积极与有关部门合作,开发、整合老年远程教育多媒体课程资源。支持国家开放大学率先建设在全国发挥示范作用的老年健康艺术教育体验基地,支持和鼓励有条件的省、市老年大学、开放大学和广播电视大学建设具有地方特色的示范性老年教育体验基地。开展养老服务人才远程教育培养模式试点,通过养老服务从业人员的学历与非学历教育,探索适合养老服务从业人员的人才培养模式。

五是养教结合推进老年教育试点计划。拓展养老服务机构功能,在城市社会福利院、农村敬老院、托老所、社区老年人日间照料中心等机构开展"养教一体化"的老年教育试点,鼓励教育机构与养老机构的合作。师范类院校为养老机构服务人员、志愿者队伍提供教育培训,普通高校、职业院校与各级老年学校等合作在养老机构开设教学点;养老服务机构提供教育活动场所,有条件的养老服务机构配备教学设备,为老年人提供学习指导和支持服务。

六是各层次人才培养培训计划。有条件的普通高校要根据国家和地方老年教育发展需求,积极开展老年教育学学科研究和人才培养工作,加强老年教育学学科建设工作。通过全国范围内的专业资源整合共享、实行单独(自主)招生、增加招生计划等形式,逐年扩大职业院校养老服务相关专业招生规模。面向全国职业院校遴选建设一批养老服务类示范专业点。修订专业目录,增设养老服务相关专业,制定专业教学标准,组织开发特色教材。依托职业院校和养老服务机构重点建设一批养老服务实训基地,研究开发养老服务实训基地建设标准。成立区域性或全国性现代养老服务职业教育集团。

七是老有所为行动计划。充分发挥广大离退休干部的政治优势、经验优势、威望优势,不断为党和人民的事业增添正能量。通过老年教育,组织引导老同志讲好中国故事、弘扬中国精神、传播中国好声音。积极搭建服务平台,建立由离退休干部、专业技术人员以及其他有所专长的老同志组成的老年教育兼职教师队伍。推动关心下一代工作委员会以及老教授协会、老科技工作者协会、老艺术家协会等社会团体与老年教育机构的合作,发挥好离退休专业技术人员在教育和引导青少年与中青年专业技术人员继承优良传统、培育科学精神、弘扬优秀文化等方面的示范、表率作用;积极开展针对青少年的普法宣传、科技创新、艺术欣赏与实践等活动,保护未成年人的合法权益,提高青少年的科学文化素养,帮助青少年树立正确的世界观、人生观、价值观。同时,要广泛开展老年志愿服务活动。

3. 确保老年教育目标任务的完成

认准目标、下定决心的同时,要采取科学的工作方法,调动多方积极因素,形成推动老年大学发展的合力,确保各项任务的完成。

(1) 要明确各部门职责分工。贯彻实施规划,是各级政府的重要职责。各有关部门要按照规划的部署和要求,对目标任务进行分解,明确责任分工,抓好贯彻落实。各地老年教育相关组织和老年大学、老年学校要主动配合,积极参与,发挥主力军作用。各级党委组织部门、老干部工作部门和人事社保工作部门要抓好本系统创办的老年大学的管理工作。精神文明建设指导部门要将老年教育工作与精神文明建设相结合,推进社会主义核心价值观宣传教育活动，让更多老年人参与社区文明建设。发展改革部门要将发展老年教育纳入区域经济社会发展规划。教育部门要将老年教育纳入教育发展规划，明确目标任务，进一步整合、挖掘教育资源，服务老年教育。民政部门要积极推进养教结合，将老年教育纳入社区公共服务体系，推进老年教育进家庭、进社区、进养老服务机构，引导社会力量参与相关事业。财政部门要积极支持，逐步加大老年教育投入。文化部门要将老年教育纳入现代公共文化服务体系建设，加大对各级各类老年大学的指导力度，不断满足老年人多样化的精神文化需求。老龄工作部门要负责宏观指导区域内包括老年教育在内的老龄事业，统筹协调老年教育与老龄事业其他领域的发展。

（2）要推动法规制度建设。国家层面上，要完善老年教育相关法律制度，有条件的地方要研究制定相关地方法规，促进老年教育事业长足发展。在老龄事业的有关政策措施中要重视发展老年教育，逐步完善老年教育事业发展相关信息的收集、整理和分析，研制老年教育评估指标体系，支持社会组织等第三方开展老年教育发展状况的评估和监测。各省（区、市）由政府主导、各有关部门协同参与，围绕规划提出的目标任务、运行机制、推进项目、保障措施等，结合实际，制定本区域老年教育发展规划，提出具体实施方案和举措，分阶段、分步骤组织实施。

（3）要加强老年教育工作者队伍建设。鼓励普通高校、职业院校相关专业毕业生及相关行业优秀人才到老年教育机构工作，支持老年教育机构教师、技术和管理人员的专业发展。各级各类学校要鼓励教师参与老年教育相关工作，并纳入校内工作考核，支持教师到校外老年教育机构兼职任教或从事志愿服务。建立老年教育师资库与老年教育教师的岗位培训制度，不断提高教师业务水平和服务能力。要确保专职人员在薪酬福利、业务进修、职务（职称）评聘、绩效考核等方面享有同类学校工作人员的同等待遇和权利。

（4）要完善经费投入机制。各级政府要认真执行新修订的《中华人民共和国老年人权益保障法》中的规定："对老年教育应当加强领导,统一规划,加大投入。"老年教育经费应主要用于老年教育公共服务。要拓宽老年教育经费投入渠道,鼓励民间资本以多种形式参与老年教育,形成多渠道的老年教育经费筹措机制。

（5）要加强老年教育研究。以研究解决重大理论和实际问题为重点,依托有关高校、科研院所、各级老年大学等建立若干个老年教育研究基地。开展老年教育基础理论研究和国际比较研究,形成中国老年教育学的学科体系;开展老年教育政策研究,为政府提供决策咨询服务;开展老年教育应用研究,更好地指导老年教育教学工作。以研究项目为引领,构建团队协同攻关与个人自由探索并重的研究体系,大力提高老年教育研究质量和创新能力。加强老年教育学术期刊建设,搭建优秀成果共享和推广平台。鼓励社会组织开展老年教育优秀研究成果的交流活动。

（6）要营造老年教育发展氛围。各地应利用报刊、广播、电视、网络等媒体及其他途径,广泛宣传党和国家关于发展老年教育的方针政策,以及各地老年教育的经验、做法和成效。要充分调动老年人参与学习的积极性和主动性,积极培育老年人学习文化的自觉性,营造全社会关心、支持、参与老年教育的浓郁氛围,树立老年友好型社会理念,使学习风尚融入老年人的生活。将推选终身学习的"老年之星""星级团队""星级老年活动品牌"等活动常态化,在"老人节""敬老月""全民终身学习活动周"等重大节日、大型活动期间予以宣传推荐。

（7）要加强国际交流合作。广泛开展国际交流,借鉴国外老年教育的先进理念和经验,加强与国外老年教育机构的交流与合作,推动我国老年教育与国际对接,宣传推广我国发展老年教育的经验与成果,扩大我国老年教育的国际影响力。积极争取联合国教科文组织、国际第三年龄大学协会等国际教育组织的支持,搭建国际老年教育交流合作平台,推动我国老年教育的国际化发展。

老年教育是一项年轻而又永恒的事业,中国老年大学三十多年的发展史正是广大老年教育工作者用心血和汗水谱写的一部创业史。天降大任,让我们用生命的光和热来继续谱写中国老年教育事业新的篇章。

参考文献

1. 本刊记者.国际老年大学协会主席维拉斯到烟台参观访问[J].老年教育(老年大学),2014(9):40.
2. 陈福星.老年教育概论[M].济南:山东人民出版社,2004.
3. 陈乃林.关于终身教育与学习型社会的多维解读[J].成人教育,2008(1):13-17.
4. 程晓利.老年大学校园文化建设的思考与探索[J].老年教育(老年大学),2011(12):15-18.
5. 董利华.浅谈老年大学的培养目标[J].老年教育(老年大学版),2013(7):7-10.
6. 林元和.提升我国老年教育的国际化发展水平[J].广州老年教育研究,2015(1).
7. 陆剑杰.国家意志:从"重视老年教育"到"发展老年教育"[A].金陵老年大学学报文萃[M].南京:江苏科学技术出版社,2016:1-7.
8. 陆剑杰.一个老年教育工作者参与编制"全国老年教育发展规划"工作的文字轨迹[A].金陵老年大学学报文萃[M].南京:江苏科学技术出版社,2015:1-18.
9. 罗炳权,陆剑杰.老年教育学学理探索[M].南京:南京出版社,2008.
10. 罗炳权.论中国老年教育的特色[J].老年教育(老年大学版),2009(11):37-43.
11. 邵瑞珍.学与教的心理学[M].上海:华东师范大学出版社,1990.
12. 王小荣.创新思路 突出地域文化特色[J].老年教育(老年

大学),2015(5):27-28.

13. 王友农,潘宇翔.中国老年大学的国际化合作[EB/OL].(2015-04-25)[2015-09-21].http://www.caua1988.com/nzcms_show_news.asp?id=5940.

14. 于梦慈.日本和歌山县副知事访问山东老年大学[J].老年教育(老年大学),2015(6):34.

15. 袁新立.与时俱进 改革创新 把我国老年教育事业推进到一个新阶段:在中国老年教育高峰论坛上的讲话[J].老年教育(老年大学),2014(6):9-15.

16. 岳瑛.英国的老年教育概况[J].中国老年学杂志,2009,29(5):1993—1995.

17. 岳瑛.终身教育体系构建中老年教育的合理定位及发展任务[J].天津市教科院学报,2011(2):33-35.

18. 张文范.回顾 总结 展望——在中国老年大学协会第八次理论研讨会上的讲话[J].老年教育(老年大学),2008(12):7-11.

19. 张晓林.以改革创新精神推进中国老年教育事业发展——在第十一次老年教育理论研讨会上的讲话[J].老年教育(老年大学),2014(12):13-15.

20. 中国老年大学协会.中国城市老年教育研究[M].北京:高等教育出版社,2010.

21. 中国老年大学协会课题组.全国老年教育历史发展、现实状况和未来展望课题研究报告[J].学术通讯,2015(1).

后 记

在中国老年教育事业发展三十三周年之际,为庆祝江苏省盐城市老年大学创建三十周年,在老领导张炳贤校长的积极推动下、在中共盐城市委老干部局局长唐宏的关心支持下、在李从道副校长的直接参与下,由常务副校长陈勇同志牵头组织编写了《中国老年大学发展研究》一书,通过对中国老年大学三十多年发展历程的剖析、经验的凝练、教训的吸取,将其规律性的东西呈现给老年教育工作者共商同享。为此,我们同心协力,竭尽所能,用近一年时间,达成了这一心愿。

盐城市老年大学的领导和同志们怀着推进中国老年大学健康快速发展、助力经济社会加速前行的责任感和使命感,利用工作间隙和休息时间,认真研讨编写提纲,反复推敲编写内容,集思广益,分工协作。由教务处主任龚培华负责编写第三章,教研室主任崔华负责编写第五章,教研室王振琦顾问负责编写第四章,教研员刘殿伯同志负责编写第一、第二、第六章并统稿。学校教务处、办公室的工作人员在编写过程中也付出了辛勤的劳动。

本书的编写出版得到了中国老年大学协会领导的高度重视,袁新立常务副会长亲自为本书作序,并给予充分肯定和具体指导,在此表示衷心的感谢。本书编写过程中还得到了许多领导、专家、同行的关怀指点,参考、采用了各级领导的讲话精神和专家学者的数据观点,在此深表谢意。最后,还要特别感谢南京师范大学出版社的领导和编辑对本书出版的大力支持。

受时间和能力限制,本书所写内容尚不尽如人意,有些观点不够鲜明准确,许多论据缺乏力度,得出的结论难免会有失偏颇或者流于浅显,敬请各位专家和读者批评指正。

编 者

2016 年 8 月